U0085145

讓人生更圓融的
經典4堂課——
《周易》《論語》
《老子》《金剛經》

4 讀經典 堂課

盧志丹—著

【前言】

老子說：上善若水。

孔子說：智者樂水。

佛祖說：智慧如海。

萬水歸流，千江彙聚，方成大海之大。然而，再深廣遼闊無窮無盡的智慧大海，也有它的源頭。因為這個世界上從來沒有無源之水。

如果探尋到智慧的源頭，我們就會擁有取之不盡、用之不竭的智慧之水，就會成為智慧如海的智者。

中華民族是一個富於智慧傳統的民族，五千年的文明史，更是璨若辰星的智者們，縱橫揮斥的歷史。

中華民族智慧之海的源頭在哪裡？中國人的智源在哪裡？

有道是：書籍是智慧的載體，人們自然會深入到傳世的典籍中去尋找智慧之源。

然而，上下五千年，傳世典籍何其多也！其種類之繁多，篇幀之宏富，用汗牛充棟為喻，是遠遠不夠的。顯然，一個無論多麼勤奮的人，終其一生，是無法遍覽祖先流傳

下來的，數以千萬冊的煌煌巨典的。

正如江海必有其源頭一樣，群籍之中必有其核心。找到了這個核心，我們就抓住了中華大智慧的總綱；抓住了這個總綱，我們就扭控住了中華大智慧的源頭。

從三皇五帝迄至於今，中華數千萬冊典籍的核心和總綱在何處？中國人的智慧發源於哪些經典之中？

這是自有書籍以來，無數智者都在孜孜探求的千古命題。

孔夫子曾「韋編三絕」地反覆閱讀，並向他的弟子們極力推薦過《周易》。唐太宗時的宰相虞世南更是斷言：不讀《易》不可為將相。

漢武帝時的大學者董仲舒、大宋名相趙普、北宋理學家程頤、南宋哲學家朱熹，曾向讀者特別是天下士子推薦過《論語》，認為該經典乃「五經之管轄，六藝之吼吟」。

唐明皇李隆基、明太祖朱元璋都親筆御注，並向普天下臣民推薦過《老子》，認為該經典——「乃萬物之至根，王者之上師，臣民之極寶」。

禪宗六祖惠能、一代女皇武則天、明成祖朱棣向世人廣泛宣傳過《金剛經》，認為該經典「百千萬劫難遭遇」，「誠諸佛傳心之祕，大乘闡道之宗，而群生明心見性之機括也」。

目錄

《周易》——群經之首生命的智慧

目錄

《論語》——儒家的處世智慧

《老子》——道家的萬物智慧

《金剛經》——佛家的「第一般若」

《周易》——群經之首生命的智慧

不讀《易》不可為將相。

——唐太宗的宰相、著名書法家 虞世南

《易經》是中華民族文化之源。

——當代著名的古文字學家、歷史學家、東方學家、思想家 季羨林

《易經》是中華民族傳統文化的最高典籍。

——當代著名的哲學家、哲學史家、國學大師 張岱年

周易哲學可以稱為宇宙代數學。

——現代著名哲學家 馮友蘭

《易經》是中華民族的文化瑰寶。

——著名的思想家、哲學家、現代新儒家的早期代表人物之一 梁漱溟

中國人也曾注意到抽象的思想和純粹的範疇。古代的《易經》是這類思想的基礎。《易經》包含著中國人的智慧，是有絕對權威的。

——德國古典哲學家 黑格爾

甲 智典概貌

【書名探微】

《周易》是一部古老而神奇的書，就連它的書名也是那麼的神奇。「周易」二字，令人乍看之下，不知所云。其實細細味之，這兩個字含義蘊藉，頗有來歷。

先說「周」字。這個字有四種解釋。

(1)說「周」為「周代」，是朝代名。

鄭玄《易贊》：「夏曰《連山》，殷曰《歸藏》，周曰《周易》。」唐代孔穎達《周易正義》：「又文王作《易》之時，正在羑里，周德未興，猶是殷世也，故題周別於殷，以此文王所演，故謂之周易。其猶周書、周禮，題周以別餘代。」朱熹《周易本義》：「周，代名也。」

(2)說「周」為「周地」，是地名。

孔穎達《周易正義》：「連山、歸藏並是代名，則周易稱周取岐陽地名。《毛詩》

云：『周原月無月無』是也。」「周地」即岐陽（今陝西省岐山縣）。

(3)說「周」為「周普」。

鄭玄《易論》：「周易者言易道周普，無所不備。」唐人陸德明《經典釋文》：「周，代名地，周至也，遍也，備也，今名書，義取周普。」清人姚配中《周易姚氏學》以鄭玄說為是，並舉《繫辭傳》「易與天地準，故能彌綸天地之道」、「知周乎萬物」、「周流六虛」等語句為佐證。

(4)說「周」為「週期、周環」。

「周易」就是週而復始的變易規律。這從《周易》卦爻象與卦爻辭中可以得到證明。如六十四卦從乾、坤開始到既濟、未濟，是一個運動週期（「既濟」為本次週期的完結，「未濟」為下次週期的開始）。循環、週期是《周易》揭示的宇宙生命的最根本規律。

再說「易」字。「易」字之義，古今歧異之說尤多。擇其主要者，約有七種——

其一，許慎《說文解字》認為，「易」是壁虎類「蜥蜴」的名稱，是個象形字。

如果將篆文「易」字把它橫過來看，正像一隻壁虎，頭、身、足、尾俱全。這種「蜥蜴」，舊說能在一天十二個時辰中改變十二種顏色、以作為掩護而免遭外物侵害，故假借為「變易」之「易」。

《周易》言陰陽運行、萬物變化之理，於是取「易」字為名。

其二，《周易乾鑿度》認為，「易」字含有「簡易」、「變易」、「不易」三層意義。簡易，指《周易》的陰陽之理在人類社會、大自然之間處處可見，無所隱奧，毫不繁雜；變易，指《周易》之道，盡在於「變」，如四季更替周轉，事物運動、變化、發展之類均是；不易，指《周易》又把某些事理看成是不可變易的，如天在上、地在下，父尊、子卑之類均是。

其三，《說文解字》又引「祕書說」認為，「易」字的部首由上「日」下「月」構成，謂「日月為易」，即取日月更迭、交相變易為說。

其四，毛奇齡撰《仲氏易》，略總前人之說，認為「易」兼有「變易」、「交易」、「反易」、「對易」、「移易」五義。所謂「反易」，即三國虞翻所言兩卦「反對」（卦體相互顛倒）；所謂「移易」，即東漢荀爽所言陰陽「升降」（陽爻上升，陰爻下降）；所謂「對易」，亦即虞翻所言兩卦「旁通」（兩卦六爻相互交變）。可見，毛氏多取漢魏《易》家說《易》條例以釋「易」名。

其五，吳汝綸《易說》認為，「易」字本指「占卜」，古代掌占卜之官亦稱為「易」。《周易》為占卜之書，遂取以為書名。

其六，余永梁著《易卦爻辭的時代及其作者》一文，認為筮法是周人所創，以代替或輔助卜法，較龜卜為簡易，以其簡易，故名其書曰《易》。此說與上舉《周易乾鑿度》所云「簡易」之義，名同而實異。

其七，黃振華著《論日出為易》一文，認為殷代甲骨文「易」字形象徵「日出」，上半部尖頂表示初出的太陽，中間弧線表示海的水平線或山的輪廓線，下半部三斜撇線表示太陽的光芒。認為「日出」體現陰陽變化，因此取「易」字為書名，其主旨不離前人的「變易」之說。

當前，歐美諸國漢學界對《周易》書名的西語意譯，多作《變化的書》（The Book of Changes），顯然是立足於「變易」之義。

【內容結構】

今天我們可以看到《周易》的全部內容，包括「經」、「傳」兩部分。

1 《周易》「經」部

《周易》的「經」部，包含六十四卦的卦形符號和六十四卦的卦、爻辭。

1．六十四卦的卦形符號

要弄明白《周易》的六十四卦是怎麼回事，不能不先敘及「八卦」；而敘及「八卦」，又不能不先推述「陰陽」概念。不論是八卦，還是六十四卦，均由「陰」、「陽」兩種符號組構而成。《周易》的「陰」、「陽」符號，分別呈中斷的與相連的線條形狀，其式如下：

⚊ 陽　⚋ 陰

古人用這兩種符號代表「陰」、「陽」，其所喻示的事物、現象至為眾多。在古人心目中，寒暑、日月、男女、晝夜、表裏、正反、勝負、黑白等等，均屬陰陽範疇。

此後，古人將這兩種符號三疊而成八種不同形狀的三劃線條組合體，構成不同的卦形，命為不同的卦名，這就是八卦（也稱「經卦」）並擬取不同的象徵物，賦予其特定的象徵意義。其間的對應關係大致如下：

卦形	卦名	象徵物	象徵意義
☰	乾	天	健
☷	坤	地	順
☳	震	雷	動
☴	巽	風	人
☵	坎	水	陷
☲	離	火	麗

☶	艮	山	止
☱	兌	澤	悅

由於八卦的象徵旨趣在六十四卦大義中得到反覆印證，因此，理解、熟悉八卦的構成形態與名義，是探討《周易》的基礎。

南宋易學大家朱熹的《周易本義》卷首載有一首《八卦取象歌》說：

☰乾三連，☷坤六斷；

☳震仰盂，☶艮覆碗；

☲離中虛，☵坎中滿；

☱兌上缺，☴巽下斷。

這八句，把八卦的卦形特點講述得十分明白易懂，有助於初學者熟記八卦的卦形。

後來，古人又將八卦兩兩相重，於是產生了六十四種不同形狀的六劃線條組合體，即「六十四卦」（也稱「別卦」）。每卦中居下的三劃稱「下卦」（或「內卦」），居上的三劃稱「上卦」（或「外卦」）。六十四卦各有各的卦名及所喻示的象徵涵義。其中，凡屬八卦自相重成之卦，仍以八卦之本名為卦名。如兩乾相重，仍名《乾》卦（請造字，下同：☰下☰上），擬取天體運行不止之象，喻示開創萬物的「陽剛元氣」之發展規律。凡八卦交錯重成之卦，則別取一名。如坤下離上相重，則為《晉》卦（☷下☲上），擬取火在地上，如日升起之象，喻示事物「晉長」之時的情狀。

六十四卦出現的重大價值在於：形成了《周易》以陰陽線條為核心，以八卦物象為基礎的完整的符號象徵體系。

六十四卦的每一卦，皆有六條線條，這些線條被稱為「爻」。⚊具有陽剛、積極、獨立的性格，用奇數一、三、五、七、九中最大的九代表，所以又稱作「九」；⚋具有陰柔、消極、依附的性格，用成對偶的偶數二、四、六、八、十中間的六代表，所以又稱作「六」。因此，《周易》所言「九」，皆指陽爻；所言「六」，皆指陰爻。

六十四卦，每卦六劃，又有高低不等的「爻位」，自下而上，分別稱為「初位」、「二位」、「三位」、「四位」、「五位」、「上位」。於是，各卦凡是陽爻（九）居此六位者，依次稱「初九」、「九二」、「九三」、「九四」、「九五」、「上九」；凡是陰爻（六）居此六位者，依次稱「初六」、「六二」、「六三」、「六四」、「六五」、「上六」。下面舉《乾》、《屯》兩卦為例，以展示每卦中陰陽爻位及下卦（內卦）、上卦（外卦）的程式：

爻	爻位	卦
⚊	上九	
⚊	九五	上卦
⚊	九四	
⚊	九三	
⚊	九二	下卦
⚊	初九	

爻	爻位	卦
⚋	上六	
⚊	九五	上卦
⚋	六四	
⚋	六三	
⚋	六二	下卦
⚊	初九	

有人要問，為何六十四卦中每卦六爻位序均自下而上排次呢？前人解釋說：這是《易》氣從下生的原理，因為一切事物均是從小及大、由低漸高、自幼而壯發展的。

通過上述分析可知，六十四卦的構成，以八卦為基礎；八卦的產生，又以陰陽爻劃為根柢。因此，陰陽兩爻，實屬《周易》六十四卦符號系統的內核。

2．六十四卦的卦、爻辭

《周易》「經」部分的另一方面的重要內容，就是六十四卦的卦辭以及諸卦各爻的爻辭。

卦爻辭是附系於六十四卦符號下的文辭，分別表明各卦各爻的寓意。卦辭每卦一則，總括全卦大意；爻辭每爻一則，揭示該爻旨趣。

《周易》共有六十四卦，三百八十四爻，故相應有六十四則卦辭、三百八十四則爻辭（因《乾》、《坤》兩卦分別多出「用九」、「用六」文辭，故有人亦將之合入爻辭計算，這樣一來就有三百八十六則爻辭）。

卦爻辭的出現，使《周易》「經」部分成為卦形符號與語言文字有機結合的一部特殊的哲學著作。本來，僅有六十四卦符號，不過是一套自成象徵體系的圖案而已；加入文字，圖文參證，則使之具備哲理書籍的規模。

如果僅憑隱晦的卦爻符號，一卦一爻的內在含義未能顯明；有了卦辭、爻辭的說明，則方便於讀者的理解。

卦爻辭的基本特色是「假象喻意」，即借用人們生活中習見常聞的物象，通過文字的具體表述，使卦形、爻形內涵的象徵旨趣更為鮮明生動。如《中孚》卦（☱下☴上），卦名「中孚」的意思是「中心誠信」，九二爻以陽居下卦第二位，與上卦九五真誠相應，象徵篤實誠信的「君子」，其爻辭用譬喻性語言說道：「鳴鶴在陰，其子和之；我有好爵，吾與爾靡之。」意思是：「鶴在山陰鳴唱，其子聲聲應和；我有一壺美酒，願與你共飲同樂。」這些擬取生動的事象、物象來說明卦義、爻義的文辭，稱為「擬象辭」。擬象辭中有不少是用韻文寫成的，如上引《中孚》卦九二爻辭甚至採用了「比興」的手法。所以宋代陳騤《文則》認為《周易》的文辭像詩歌，並說有些卦爻辭足以與《詩經》相媲美，此言不虛。

卦爻辭的另一個特色，是常用「吉」、「凶」、「利」、「貞」、「無咎」等詞來表示該卦該爻所寓含的對事物、現象或褒或貶的義理。這些揭示利弊之詞，稱為「占驗辭」。占驗辭在《周易》六十四卦、三百八十四爻中出現很多，使《周易》經文帶有濃厚的卜筮色彩。

《周易》六十四卦經文有一定的編排次序，前三十卦（自《乾》卦到《離》卦）為「上經」，後三十四卦（自《咸》卦至《未濟》卦）為「下經」。

先秦文獻（如《左傳》、《國語》等）所稱「《周易》」者，特指「經」部分。

2 《周易》「傳」部

《周易》的「傳」部，包含闡釋《周易》經文的專著。這些解經之論，包括《彖（音tuàn ㄊㄨㄢˋ）傳》上下，《象傳》上下，《文言傳》，《繫辭傳》上下，《說卦傳》，《序卦傳》，《雜卦傳》等七種十篇。這十篇的創作宗旨，均在解說「經」文大義，猶如「經」之羽翼，故漢代人合稱之為《十翼》，後世統稱之為《易傳》。

1．《彖傳》

《彖傳》隨上下經分為上下兩篇，共為六十四節，分釋六十四卦卦名、卦辭，及一卦大旨。

「彖」字之義，猶言「斷」，謂「斷定一卦之義」。《彖傳》闡釋卦名、卦辭、卦義的體例，往往取上下卦象、主要爻象為說，多能指明每卦中的為主之爻，而以簡約明瞭之文字論斷該卦之主旨。

2．《象傳》

《象傳》也隨上下經分為上下兩篇，闡釋各卦的卦象及各爻的爻象。「象」字之義，猶言「形象」、「象徵」。其中釋卦象者每卦一則，共六十四則，稱《大象傳》；釋爻象者每爻一則，共三百八十四則（《乾》、《坤》兩卦多出「用九」、「用六」文辭之象，若合計入，即有三百八十六則），稱《小象傳》。

《大象傳》的體例，是先釋每卦上下象相重之旨，然後從重卦的卦象中推衍出切近人事的象徵意義，文辭多取「君子」的言行、道德為喻。如《損》卦的《大象傳》稱「山下有澤，損，君子以懲忿窒欲」，即表明該卦上艮（☶）為山、下兌（☱）為澤，有「損澤益山」、「損下益上」之象，君子當效法此象，時時懲戒忿怒、抑止邪欲、自損不善。其他諸卦《大象傳》的義例，無不如此。

《小象傳》的體例，是根據每爻的性質、處位特點，分析爻義吉凶利弊之所以然。如《明夷》卦六二爻《小象傳》曰：「六二之吉，順以則也」，即指明此爻柔順中正，不違法則，故獲吉祥。其他諸爻《小象傳》義例亦無不如此。

《象傳》以言簡意明的文辭，逐卦逐爻地解說六十四卦、三百八十四爻的立象所在，使《周易》經文的象徵意趣有了比較整齊劃一的闡說。

3．《文言傳》

《文言傳》分前後兩節，分別解說《乾》、《坤》兩卦的象徵意旨，所以前節稱「乾文言」，後節稱《坤文言》。

「文言」兩字之義，即謂「文飾《乾》、《坤》兩卦之言」。《文言傳》所闡發《乾》、《坤》兩卦的卦辭與爻辭的意義，是在這兩卦《彖傳》、《象傳》的基礎上做出進一步的拓展，因而其文意至為深刻詳明而廣為引伸旁通。

為什麼《文言傳》只釋《乾》、《坤》兩卦，不涉及其他各卦？朱熹先生在《周易本義》中認為：是衍發《彖傳》、《象傳》之旨，以盡《乾》、《坤》兩卦的意蘊；而其餘六十二卦之說，即可依此例類推。

4．《繫辭傳》

《繫辭傳》又稱《繫辭》，是《易傳》的第四種，因其篇幅較長，分為上下兩篇，前篇稱《繫辭上傳》，後篇稱《繫辭下傳》。《繫辭傳》通論《易經》和筮法大義，對一些重要的觀念和爻辭又做了重點詮釋。

《繫辭傳》可視為早期的《易》義通論，對《周易》「經」文的各方面內容，做了較為全面、可取的辨析、闡發，有助於後人理解八卦、六十四卦及卦爻辭的通常義例。其中有對《周易》作者、成書年代的推測，有對《周易》「觀物取象」創作方法的追述，或辨陰陽之理，或釋八卦之象，或疏解乾坤要旨，或展示《易》筮略例，並穿插解說了19則爻辭的象徵意義（集中見於《繫辭上傳》者7則，集中見於《繫辭下傳》者11則，散見於《繫辭上傳》者1則，共19則）。當然，《繫辭傳》在通說《易》義的過程中，也充分表露了作者的哲學觀點。但就其創作宗旨分析，這些哲學觀點，又無不歸趨於《易》理範疇。

一言以蔽之，《繫辭傳》的本質意義，在於抒發《易》理之精微，展示讀《易》之範例。

5．《說卦傳》

《說卦傳》是闡說八卦取象大例的專論。全文先追述作《易》者用「蓍草」演卦之歷史；再申言八卦的兩種排列方位（宋代人稱為「先天」、「後天」方位）；然後集中說明八卦的取象特點，並廣引眾多象例，是今天理解、探討《易》象產生及推展的重要資料。

朱熹《周易本義》將《說卦傳》分為十一章。第一、二章講的是「六畫而成卦」、

「六位而成章」，顯然是就六畫卦而言。第三至第十一章是「專說八卦」。很明顯，大體言之，《說卦傳》可分為兩大部分。言及八卦的最基本象例：乾為天，坤為地，震為雷，巽為風（為木），坎為水，離為火，艮為山，兌為澤；以及與之相對應的八種大體不變的象徵意義：乾健，坤順，震動，巽入，坎陷，離麗（附著），艮止，兌說（悅）。這在《周易》六十四卦象徵義理中幾乎是每卦必用的象喻條例，對於明確《周易》卦形符號的構成原理，具有不可忽視的參考價值。

總之，《說卦傳》在論述《周易》的象數、闡發《周易》義理方面，提出了不少見解，對後人理解《周易》奧義，大有幫助。

6．《序卦傳》

《序卦傳》旨在說明《周易》六十四卦的編排次序，揭示諸卦相承相受的意義。全文分兩部分：前部分敘上經《乾》至《離》三十卦次序，後部分敘下經《咸》至《未濟》三十四卦次序。這種卦序，顯然是相沿已久的。而文中所明各卦相次依承的意義，含有事物向正面發展或向反面轉化的辯證觀點。可以說，《序卦傳》是一篇頗具哲理深度的六十四卦推衍綱要。

7．《雜卦傳》

《雜卦傳》取名為「雜」之義，猶言「雜糅眾卦，錯綜其義」，即打散《序卦傳》

所揭示的卦序，把六十四卦重新排成三十二組兩兩對舉，同時以精要的語言概括卦旨。文中對舉的兩卦之間，其卦形的構成狀態或「錯」（亦稱「旁通」，意為六爻相互交變，如《乾》與《坤》即是），或「綜」（亦稱「反對」，意為上下卦體相互倒置，如《比》與《師》即是），其卦義多成相反。這種「錯」、「綜」現象，是六十四卦符號形式的重要特徵。從《雜卦傳》，可以窺探出該傳作者對《周易》卦形結構的進一步認識，其哲學意義在於表明事物的發展在正反相對的因素中體現其變化規律。

綜上可知《易傳》諸篇的創作，儘管其抒論角度各不相同，或敍述的重點各有所側重，但「萬變不離其宗」，其基本宗旨無不是就《周易》經文而發。作為《周易》經文出現之後而產生的，並成為自古以來眾所公認、無與倫比的解經專著的《易傳》，不但是今天研究《周易》經文的最重要「津梁」，而且其本身的智慧內涵也發人深省。

還應當明確，《易傳》七種最初都是單獨刊行，後來被合入六十四卦經文並行。所以，今本《周易》中，凡《彖傳》、《象傳》均附於相應的六十四卦卦爻辭之後；《文言傳》分附於《乾》、《坤》兩卦之後；而《繫辭傳》、《說卦傳》、《序卦傳》、《雜卦傳》則依次列於六十四卦後。這種經傳合編的《周易》本子，是古代《易》學家們為了便於初學者將經文與傳文相對照誦讀而編成的。大約編定於漢魏期間。

後代學者多依此種本子研習《周易》，由於影響至為廣泛，遂使《易傳》的學術價值，提高到與「經」並駕齊驅的地位。乃至人們在論及《周易》一書時，往往兼指「經」、「傳」兩部分的「合璧」。

【作者簡介】

《周易》這部神奇而偉大的智慧經典，其作者是何代何人呢？這既有傳說，又有學者的考證，至今仍然莫衷一是。

在中華民族的古老傳說中，上古之時，伏羲氏因風而生，草生月，雨降日。黃河汛期時，龍馬負圖，「伏羲坐於方壇之上，聽八風之氣，乃畫八卦」（《太平御覽》卷九《王自年拾遺記》）。神農氏（炎帝）做耒耜以興農業，嘗百草而為醫藥，並作《連山易》，所以神農氏又稱「烈山氏」、「連山氏」。軒轅氏（黃帝）敗炎帝，戰蚩尤，命大橈作甲子、容成造曆法、伶倫造律呂、隸首作算數，令羲和占日、常儀占月、鬼臾區占星，並作《歸藏易》，所以又稱黃帝為「歸藏氏」。

中古之時，周文王姬發居岐山之下，為諸侯所擁戴。殷紂王一怒之下將他囚禁在羑里，文王日思夜想，終於將八卦推演成六十四卦，並做成卦辭、爻辭。

下古之時，孔夫子周遊列國，四處碰壁，五十歲時開始學《易》，下過「韋編三絕」的功夫，並以超人的才智寫成「十翼」……

這就是關於《周易》的著作時代和作者的美妙傳說。

東漢班固《漢書．藝文志》將它概括為「人更三聖，世歷三古」。「三聖」、「三古」的美妙傳說固然無從考證，但至少說明卦爻符號早於卦爻辭。卦爻符號和卦爻辭形成的歷史與中國文化形成的歷史是同步的。

那麼，古代歷史學家記述和現代學者眼裏的《周易》的作者，到底是誰呢？有一點可以肯定，即《周易》的八卦、六十四卦、六十四卦卦爻辭，以及《易傳》出自不同時代的不同作者之手。

1 八卦的作者與時代

在古今學者的眼裏，八卦的作者與時代主要有兩種觀點。

一種認為，上古伏羲畫八卦。

《周易．繫辭下傳》：「古者伏羲氏之王天下也……於是始作八卦。」

司馬遷《史記．太史公自序》：「余聞之先人曰：伏羲之純厚，作易八卦。」

班固《漢書．律曆志》：「伏羲畫八卦。」古人多持此說。

另一種認為，殷商卜者作八卦。

近人據殷墟遺址甲骨、四盤磨甲骨、張家坡甲骨、灃鎬遺址甲骨，以及商、周金文、陶文考察，發現其上有數字卦的雛形。因而多數學者認為八卦創立時間為殷商或西周，其作者為眾多的卜者、筮者，非一人一時所作。古代聖賢可能參與了八卦的製作、整理，並起了重要作用。

當代學者很多人否定了伏羲氏作八卦。也有人認為對伏羲氏作八卦這一說法不要輕易否認。

2 六十四卦的作者與時代

是誰將八卦兩兩相重而推衍成六十四卦的呢？這有許多說法。

《史記．周本紀》記述：文王囚羑里「益易之八卦為六十四卦」。

《魏志．高貴鄉公紀》說：「包犧（伏羲）因燧皇之圖而製八卦，神農演之為六十四卦。」

《淮南子．要略訓》說：「然而伏羲為之六十四變。」

《周禮．春官．宗伯》記載夏、商、周三代太卜掌三易之法，「其經卦皆八，其別卦皆六十四」，說明夏、商、周已用六十四卦符號，也就是說易卦符號至遲在夏代就已出現。近代一般認為六十四卦是殷商或西周卜筮者所作。

今人依據一些出土文物認為六十四卦直接由數字演化而成，六十四卦比八卦更早或兩者同時出現在周初（約西元前11世紀）以前。（參見張政烺：《試釋周初青銅器銘文中的易卦》，載於《考古學報》一九八〇年第4期）

3 卦爻辭的作者與時代

用來解釋六十卦的卦辭、爻辭的作者又是誰呢？

司馬遷、班固等歷史學家認為，卦爻辭是周文王所作。

這種觀點古代就有人反對。「五四」運動以後，學術界普遍認為「易經」非文王所作。證據是卦爻辭中講到的歷史人物和歷史事件有的出於文王之後。不少學者認為《易經》是西周初葉掌卜筮之官所作。

陳夢家認為是殷之遺民所作，郭沫若認為是楚人馯臂子肱所作，日本人本田成之亦認為是楚人馯臂肱所作，李鏡池認為是周王室太卜、筮人所作。

關於《易經》的成書時代，顧頡剛認為是西周初期或前期；李鏡池始認為是西周初期，後認為是西周晚期；陳夢家認為是西周；郭沫若認為是戰國初期；本田成之認為是戰國晚期。

近代大多數學者認為《易經》卦爻辭的基本素材，是西周初期或前期的產物，因所提到的歷史人物和事件，均不晚於西周初期，因而成書當晚於西周前期。例如顧頡剛在

《周易卦爻辭中的故事》一文中指出晉卦卦辭中的「康侯」即衛康叔，乃周武王之弟，其事蹟在武王之後，從而認為卦辭非文王所作，《周易》成書於西周初葉。持春秋說、戰國說者，均未將經文與傳文分開考察。

4 《易傳》的作者與時代

《周易》的《十翼》，也就是說《易傳》的作者又是誰呢？

一般認為是孔子所作。

《史記．孔子世家》：「孔子晚而喜《易》，序《彖》、《繫》、《象》、《說卦》、《文言》。讀《易》，韋編三絕，曰：假我數年，若是，我於易則彬彬矣。」《漢書．儒林傳》說孔子「蓋晚而好《易》，讀之韋編三絕，而為之傳」。《漢書．藝文志》：「孔子為之《彖》、《象》、《繫辭》、《文言》、《序卦》之屬十篇。」均以為《易傳》是孔子所作。

宋代歐陽修《易童子問》認為《繫辭傳》非孔子作。清代崔述認為《彖傳》、《象傳》也非孔子所作。今人多數認為《十翼》均非孔子所作。但也有人堅持認為《易傳》確為孔子所作。（參見金景芳：《周易講座》，吉林大學出版社一九八七年版）

對《易傳》各篇的時代、作者，至今尚有爭議。郭沫若認為《說卦傳》、《序卦傳》、《雜卦傳》是秦以前的作品；《彖傳》、《繫辭傳》、《文言傳》是秦代的荀子門徒所作，《象傳》又在《彖傳》之後（郭沫若：《周易之製作時代》）。今人大致有兩種意見：一是戰國前期說，一是戰國後期說。北京大學朱伯崑主張：《易傳》為戰國後期的著述，並認為形成先後次序為：《彖傳》、《象傳》、《繫辭傳》、《文言傳》、《說卦傳》、《序卦傳》、《雜卦傳》。（參見朱伯崑：《易學哲學史》第一卷，華夏出版社一九九四年版）

【歷代傳承】

自從《周易》成書以後，就形成了一門獨特的學問「易學」，易學發展至今已有三千多年的歷史。

易學史可分為先秦、漢易、晉唐、宋易、清代、近現代六大階段。

一般來說，易學主要分為象數和義理兩大學派。象數學派主要從卦爻象及其所象徵的物象，和陰陽奇偶之數的角度研究《周易》。側重於探索《周易》象數符號系統的本質、機制、應用等問題。義理學派主要從卦名和卦爻辭的內在意蘊的角度研究《周易》，側重於闡發《周易》符號系統的深刻哲理。

先秦時期，象數學派與義理學派已經形成。《左傳》、《國語》記載的絕大多數史巫屬於象數學派。而孔子主張在研究《易經》時要「觀其德義」，明顯是義理學派的代表人物。繼承孔子衣缽的子夏、商瞿、子弓、子思等人也屬義理學派。

秦始皇焚書，《周易》以卜筮之書而倖免於難，繼續傳流不絕。

到漢武帝建元五年（西元前一三六年）置五經博士，昌明經學，由此逐漸尊《易經》為五經之首，使易學大盛。

據《史記．儒林列傳》和《漢書．儒林傳》記載，商瞿易學五傳至齊人田何，漢代易學皆本於田何。田何傳《易》於王同、周王孫、丁寬、服生、項生等。王同傳於楊何，丁寬傳於田王孫，田王孫又傳於施讎、孟喜、梁丘賀。焦贛自己說曾經問《易》於孟喜，焦又影響京房。京房易學有很大創新，後發展為占術，與田何系統的易學不同。施、孟、梁丘、京四家皆立於學官，這就是西漢官方易學，屬今文經學，多為象數學派代表，尤以孟、京的卦氣說影響最大。

西漢民間易學以費直和高相為代表，費直傳於王璜，高相傳於子高康、毋將永，屬古文經學，義理學派。

西漢末年，由象數學派的神祕主義傾向發展出讖緯之學，遂有《易緯》產生，將象數易學神祕化。揚雄（西元前五三—西元一八）不滿於孟喜、京房及《易緯》對《周易》的神祕化闡釋，另闢蹊徑，仿《周易》而作《太玄》，對西漢易學做了一次總結，為「卦氣說」等象數易學提供了哲學依據。

到東漢，范升傳梁丘易，傳於楊政。而陳元、鄭眾等皆傳費氏易。其後馬融亦傳費氏易，兼取孟喜、京房，又傳於鄭玄。鄭玄作《易注》，荀爽作《易傳》，都屬費氏易傳統。從此，費氏易大興而京氏易漸衰。然後費氏易者也受到京氏易及《易緯》的影響。曹魏時期的王肅主費氏易而斥京氏易，他注解《易經》重視義理，語言簡明，成為王弼易學之先驅。同時代的孫吳虞翻在京房、荀爽的基礎上，提出許多解易新體例，將「卦氣說」引向「卦變說」，成為漢代象數易學又一個高峰。

魏晉至隋唐是易學主流由象數轉向義理的大變革時期。

魏晉玄學創始人王弼首開先河，拋棄漢代象數易學，合參老莊而作《周易注》，義理易學為之大暢。

王弼的注《易》方法，著重把握經文的整體意義，只要把握住全文的含義，經文中的一字一句，盡可以忽略。例如「牛」、「馬」等字的出現，只不過是人世間某種現象的象徵，不必一定要拘泥於一事一物；卦的形象，只不過是假象，儘管有「牛」、「馬」等字，如果要由卦形中去尋求根據，也是徒然枉費精神。基於這一構想，他將「漢易」中繁瑣的象數，完全割棄，盡可能以「十翼」來解說經文。這種只根據「十翼」注釋的態度，開始於西漢的費直，承襲這一系統的有鄭玄、荀爽，但顯然都已突破

「十翼」的限制。完全應用費直的方法注釋《易經》的，只有王弼。

在王弼的易注中，隨處彌漫著老子的氣息，因而被後世儒家非難；然而，使混沌神祕的象數易學，重新返回寧靜的人的睿智世界，則不能不歸功於王弼。因而，王弼的易注，具有劃時代的意義，不久就將「漢易」打倒，被唐代的《周易正義》採用，可以說是勢所必然。

盛世大唐，出現了兩部融會貫通前人易學成果的名著，這就是孔穎達的《周易正義》和李鼎稚的《周易集解》。《周易正義》是極為詳盡的注釋，也是儒家經典的國定教科書之一，採用的是王弼的注解；王弼沒有注釋的「繫辭傳」、「說卦傳」、「序卦傳」、「雜卦傳」，則採用晉代韓康伯的注釋補充。

宋代的易學，史稱「宋易」，大體上繼承王弼，有很多易注的著作；其中最穩重的，首推程頤的《伊川易傳》四卷，與朱熹的《周易本義》十一卷。

《伊川易傳》的注釋方法，大體上與王弼相同；不過，王弼的注釋中，充滿機智與飄逸的趣味，則完全消失，代之以真摯的道義感。正如朱熹所說：「《伊川易傳》，明白無難讀之處。」平易但稍嫌冗長。王弼的注釋，雖然也是如此，但程氏則更嚴格的，將象數、古卜完全捨棄。清代的王夫之評論說：「詳於事理，但缺乏易的神祕性。」顧炎武說：「自古說《易》者，數百家，但未見超出程傳以上者。」胡渭也讚揚：「程氏排除自古以來，混入《易》中的老子異端之說，解明易道，如日月在天。」可見對《伊川易傳》的評價之高。

朱熹的《周易本義》，以體裁為其特色。《易經》本來是經文在前，傳在後，鄭玄將「彖傳」、「象傳」分散，附於各卦的本文之後；王弼更進一步的細分，將「彖傳」與「大象」附在「卦辭」後面，「小象」除乾、坤兩卦例外，其餘都附在各「爻辭」的後面，並將「文言傳」分開，放在乾、坤兩卦之後，對讀者非常方便。王弼的這一體裁，一直沿續到《伊川易傳》。然而朱子則復古，又恢復原來的形式。

朱熹的《周易本義》，文字簡潔，他自己說：「在義理方面《程傳》詳細，因而簡略。」所以，在義理的解釋方面，與《伊川易傳》沒有什麼出入。但與《伊川易傳》顯著不同的，是將《易》限定為古卜的書，認為經文，就是問卜的占斷。如「利攸往」、「利涉大川」，就是旅行或行船時占卜的結果。王夫之等認為，朱熹這種見解，將《易》降低成世俗的占卜，以為不可。不過，實際上，朱熹有定義，才是《易》的本來樸素面貌。

朱熹的《周易本義》中，載有邵雄、劉牧的「先天圖」、「河圖」、「洛書」。這是將宇宙構造，用神祕的數字圖式化。程氏完全不信，朱子則深信，這是兩人對《易》的神祕性在觀點上的差異。朱子的宇宙論，也有整然圖式化的格調，當然也是受這些圖的影響。

在朱熹之後，又有南宋代楊萬里的《誠齋易傳》等名著。元明兩代程朱理學立於學官，宋學終於取代了漢學。朱熹的《周易本義》和《易學啟蒙》成為官方易學範本，出現了大批注釋這兩本書的作品，如宋末元初胡一桂的《周易本義附錄纂疏》和《易學啟蒙翼傳》等。明朝胡廣奉明成祖之命編撰《周易大全》，即以胡一桂之書為藍本。《周易大全》的頒布，使朱熹易學取得統治地位。

由於朱熹易學並不排斥象數易學，使元明兩代的河洛之學和南宋邵雍先天易學皆有所發展。元代大儒吳澄多本朱熹易學，又主取象說，著有《易纂言》等。許多學者提出各種圖式以解釋《周易》，形成「易圖學」。易圖學是宋代圖書之學的新發展。

明代中葉以後，又出現了以禪解易的風氣，以方時化、徐世淳、蘇濬、真可、智旭等為代表，而智旭的《周易禪解》則為代表作。

明代醫學家張介賓則尊奉唐代藥王孫思邈「不知《易》，不足以言太醫」之說，依據易理闡發醫道，著《醫易義》等。明末清初大思想家王夫之則站在氣學派的立場，繼承宋明氣學派、象學派傳統，修正了程朱義理易學，批判了心學派、數學派易學，對宋明以來的易學成果做了一次歷史性總結。

清代在易學從修正宋易而走向復興漢易的時期。在力主經世致用的實學思潮的影響下，明末清初一些學者從考證和辨偽角度清算宋易中的象數之學，揭露它與道教易學的聯繫，批評朱氏易宣揚圖書之學的錯誤，黃宗羲、黃宗炎、毛奇齡、胡渭等人為其代表。到乾隆、嘉慶年間，文化高壓政策把學者逼入故紙堆，使注重文字訓詁和歷史考證的漢學再次興起。清代易學不重義理，篤信漢易，理論思維方面極少建樹，是古代易學發展的一個低谷。

到了近現代，由於西方文化思潮的湧入，國人視野的開闊，使易學進入了一個全新的發展階段。近現代易學可大致分為注釋派、考證派、闡發派、科學派。當然，各派之間多有融會交流，而不是壁壘森嚴。

「注釋派」偏重於注解《周易》，以沈竹礽、尚秉和和高亨為代表。尚秉和的《周易尚氏學》集象學之大成。高亨的《周易古經今注》和《周易大傳今注》主張經傳分觀，少談象數，為此派扛鼎之作。

「考證派」偏於考證易學的有關問題。楊樹達的《周易古義》通過考察《周易》在古文獻中的引用情況來顯示其古義。于省吾的《雙劍誃易經新證》、聞一多的《周易義證類纂》在考證的基礎上注解《周易》。余永梁、錢穆、李鏡池、顧頡剛、錢玄同、屈萬里、陸侃如、湯鶴逸、李景春、任繼愈、沈瓞民、馮友蘭、張岱年、王世舜、李漢三等，考證了《周易》的作者和時代。章太炎、吳承仕、劉師培、黃元炳、高明、黃慶萱、王忠林、李申等，考辨了一些易學專門問題。郭沫若、胡樸安、屈萬里、平心、黎子耀等，則從《周易》探討古代歷史和社會風俗。

「闡發派」偏重於闡發《周易》義理及其與哲學、宗教、文化、政治、管理、文藝、中醫等的內在聯繫。杭辛齋作《易楔》、《學易筆談》等，欲融古今中外於一爐。朱謙之、熊十力、方東美、牟宗三等，在易學上各有發明。

「科學派」著力於探討《周易》與現代科學的內在關係。以嚴復、沈仲濤、薛學潛、劉子華、丁超五、潘雨廷等為代表。他們受啟於十八世紀德國大哲學家萊布尼茨（G.W.Leibniz）對易卦符號與二進位之內在關聯的研究成果，以《周易》符號系統與現代科學中的進化論、遺傳密碼、天文學、數學、物理學等相繼發明，但大多限於以現代科學比附《周易》，而少見有以《周易》推進科學進步之成果。

【海外流播】

華夏民族的祖先很早就試圖與「四海」之外的民族交流。《周易》在國外也早有傳播。有學者認為，殷商末期，《連山》八卦圖即已傳到希臘一帶。

「近水樓臺先得月」，由於地緣關係，《周易》在東方各國的傳播和研究很早就開始了。

越南自秦漢而至五代，為中國郡縣千年以上，《周易》作為五經之首，對越南的影響和地位自不待言。至黎朝，黎聖宗於光順八年（一四六七年）首置五經博士。黎朝純宗龍德三年（一七三四年）春正月，印五經板，頒布天下，又親製序文。同年又刻《五經大全》等頒於各處學官。在民間，《易》也被定為十五歲以上學子進學的規定課程之一。越南成為法國殖民地後，還有文人用此時越南拉丁化的國語翻譯《易經》。

朝鮮自漢武帝元封三年（前一〇八年）至西晉末，為中國的郡縣四百多年。易學早已傳入此間。朝鮮半島古時分為高句麗、百濟、新羅三國。高句麗於西元三七二年就設置了太學，《易經》就是其主要教材之一。百濟於西元三八四年也設立了太學。新羅西元六七五年統一了朝鮮，六八二年始設立國家，《周易》也被列為主要教材之一。至高麗王朝時，國家擴充，設置七齋，《周易》列為經學講座之首，並被列入科舉考試的內容。

現代，易學在朝鮮半島尤其受重視。韓國的國旗圖案，就是按照八卦太極圖設計的。一九八四年在漢城舉行了首屆國際易學大會。

以《易》為代表的陰陽學說，日本人稱為「陰陽道」，它對日本社會、文化、學術的影響非常深遠。

日本古代的神話多與《易經》有密切的思想關聯。西元六〇七年，日本組成以小野妹子為正使的第二批遣隋使團，僧人旻奉聖德太子之命隨團赴華，在中國留學24年，專門研習佛經和陰陽學說，回國後，便為日後推行大化革新的主要人物中臣鎌足等講授《周易》。

古代日本曾經多次在皇宮實行講學制度，常以《易經》為講學內容，並常以易學術語作為年號。例如，八六九年祭孔之後，天皇在宮內聽講《易經》，然後題「鳴鶴在陰」；九二三年，為慶祝皇太子誕生，藤原元方、大江千古在宮內連續講《易》七天；一〇〇七年，為慶祝皇太子誕生，藤原廣業、大江舉周、中原致時在宮內頌讀《易經》乾卦等；一〇九七年改年號為承德，典出《易傳・蠱・象》「幹父用譽，承以德也」；一三二四年改年號為正中，典出《易傳・乾・文言》「龍德而正中者也」；一六九三至一七〇〇年間，一共進行了二百四十次易學系列講座，以朱熹的《周易本義》為教材，聽眾每次約六百人左右，東山天皇親自參加到講師的行列中，成為「東西方易學史上的特例」。直到近現代，這種講學制度仍然有所保留。

明治時代（一八六七—一九一二）甚至有「不知《易》者不得入閣」之說。一九〇〇年，遠藤隆吉出版了《支那哲學史》，提出：「歷代中國哲學中不體現《易》哲學的哲學體系是不存在的。」

西方人最先翻譯《周易》的，當推法國傳教士金尼閣（Niclas Trigault）。他的拉丁文《周易》於一六二六年在杭州刊印，是《易經》的第一個西文譯本。一六五八年，義大利人衛匡國（M.Martini）在其發表的《中國上古史》中認為，《易經》最早的作者是伏羲，並第一次向西方介紹了八卦、六十四卦等《易經》基本內容及六十四卦圖。

一六九七年，深得康熙賞識的法國傳教士白晉（J.Bouvet），攜帶康熙親自贈送法國國王的中國善本典籍49冊回到法國，他在巴黎的演講中推崇《易經》是與柏拉圖、亞里斯多德的哲學一樣合理、完善的一部著作；他在給代理法國省教區長的信中說，《易經》是中國人最上乘的道德與自然哲學的濃縮，太極即上帝，是萬物之源。

一六九八年，白晉在給萊布尼茨的信中談到了《易經》，認為伏羲創造的八卦實際上是中國語言和文化的最初的文字符號，兼有算術和語言兩種東西，並且是所有科學的自然原理的濃縮。一七〇〇年，白晉更加詳細地向萊布尼茨介紹了《易經》，稱伏羲為世界性人物，為人類最早的立法者，《易經》是中國現存最古老的著作，是中國一切科學和哲學的源頭，高於當時歐洲的科學和哲學，與畢達哥拉斯、柏拉圖和希伯來哲學有著內在的一致性，它們都是造物主的啟示。一七〇一年，白晉在給萊布尼茨的信中稱伏羲為「哲學王」，並認識到《易經》與萊布尼茨二進位的不謀而合，於是把先天六十四卦方點陣圖附上。此圖對萊布尼茨震動很大。

被譽為「十七、八世紀西方在《易經》研究上最有成就、最能體現未來研究方向的」萊布尼茨，在一七〇三年給白晉的回信中指出：「伏羲是世界上所知的最古老的王和哲學家之一，並且還是中國人的帝國和科學的奠基者，因此，這張圖乃是現今世界上最古老的科學豐碑之一。」這成為易學史上的一大佳話，並開現代科學派易學之先河，使《周易》在世界科學史上顯示出了獨特的魅力。萊布尼茨以其特殊的天才，在西方開創了對中國學術進行認真研究的先河。

德國古典哲學的奠基人康得（I.Kant），雖然推翻了萊布尼茨的形而上學體系，卻保存了他的二元算術，其中的辯證法思維和《易經》有密切聯繫，康得由此引伸出二律背反，可見德國古典哲學間接受到了中國哲學的影響。

對中國文化頗有微詞的黑格爾則宣稱：「中國人也曾注意到抽象的思想和純粹的範疇。古代的《易經》是這類思想的基礎。《易經》包含著中國人的智慧，是有絕對權威的。」認為《易經》是「從最抽象的範疇一下就過渡到最感性的範疇」。

一八六九年，清政府向美國國會圖書館贈送了一千冊善本古籍，涵蓋經史子集四部。一八七六年，英國傳教士麥格基（R.C.Mclatchie）的英譯本《易經》（Classic of change）問世，是第一個英譯本。一八八〇年，晁德蒞（A.Zottoli）翻譯的《易經》發表在其拉丁文本巨著《華文進階》第三冊《經書研讀》中。一八八二年，出任牛津大學第一任漢學教授的英國傳教士理雅格（J.Legge，又譯利雅各）在英國鴉片商人的資助下，由牛津克拉來登公司出版了清朝學者王韜協助完成的《易經》英譯本，收入英籍德國學者繆勒主編的《東方聖典》，是十九世紀「最有代表性的」《易經》譯本。

瑞士著名心理學家榮格（C.G.Jung，一八七五～一九六一，又譯楊格）和大詩人赫塞（H.Hesse）也迷上了《易經》。榮格為該英譯本寫了《前言》，在西方傳為名作。雖然此前已有號稱「首部權威性的理雅格」的英譯本，但榮格認為：「這譯本並不能使《易經》更為西方人的心靈所理解。」榮格進而指出：「要找到進入這本中國思想巨著的正確法門，並不容易，它和我們思維的模式相比，實在距離得太遠了。假如我們想徹底了解這本書，當務之急是必須去除我們西方人的偏見……《易經》的方法確實考慮了隱藏在事物以及學者內部的獨特性質，同時對潛藏在個人潛意識當中的因素，也一併考慮了進去……它如同大自然的一部分，仍有待發掘。」因此，「我們越少考慮《易經》的理論，越可以睡得安穩！」由於榮格的名聲及其在心理學上應用的示範作用，《易經》逐漸在歐美世界流行，從而開始了易學的真正國際化的歷程。

一九三六年，前蘇聯科學院院士舒茨基（Ю.К.Шуцкий）的俄文譯本在莫斯科出版，一九三七年，其以《中國的〈易經〉：語文學研究和翻譯經驗》獲博士學位，他的《周易研究》一九七九年被譯為英文廣為流傳。一九六九年，前蘇聯學者尼·特·費德林出版了《評〈書經〉、〈詩經〉、〈易經〉》。

一九七五年，奧地利物理學家卡普拉（F.Capra）發表了《物理學之道》，連同其後出版的《轉捩點》等論著，均以《周易》原理作為重要的指導思想，他說：「可以把《易經》看作是中國思想和文化的核心。權威們認為，它在中國兩千多年所享有的地位，只有其他文化中的《吠陀》和《聖經》可以相比。它在兩千多年中，保持了自己的生命力。」

一九八一年，L.A.戈文達（Lama A.Govinda）出版了《易經的內部結構：轉化之書》一書，提到了斯洪貝爾克論述20世紀60年代發現的遺傳密碼，與《易經》的關聯。一九八五年，美國哈佛大學教授史華茲（B.I.Schwartz，一九一六～一九九九）在其代表作《古代中國的思想世界》中指出：「《易經》的問題甚至比《春秋》更難以克服……它被許多中國學者以及某些外國學者，看作是既提供了理解中國心靈最深刻、最隱祕的內容的途徑，又體現了中國文化的本質……它的注意力並不在於為自然和人事提供涵蓋一切的宏大格式和規律，而是在於由不斷變化的情境，所組成的無限多樣而又充滿偶然性的世界。」

據統計，到20世紀前期，《易經》的各類西文譯本多達120餘種，和《老子》、《論語》的西文譯本數量旗鼓相當。美國學者Th.H.康曾經將西方儒學研究的特徵歸納為五點，其中第二點就是：《易經》在西方學者和一般讀者中一直最為流行，有關研究文獻幾乎達到500種，這是儒學研究中單一主題的最高值。

【術語淺析】

《周易》自有一套術語，理解這些術語，是理解《周易》原文和易道原理的基礎。

1．太極

「太極」是一個哲學概念，也是一個易學概念。古人把天地未形成之前的渾然一體的狀態（混沌之氣）稱為太極，以為太極是宇宙萬物生成變化的本源。在易學中，或以陰陽未分之前為太極。或稱「太一」。

2．兩儀

指具有陰陽對立與並存性質的兩種因素或事物，其所指有不同說法，或說為天地，或說為陰陽，或說為奇偶，或說為剛柔，或說為乾坤，或說為春秋。

3．四象

由陰爻、陽爻兩兩相重，所得四個符號稱為四象，分別是老陽、老陰、少陽、少陰。四像是由陰陽到八卦的中間環節和過渡物。少陽、老陽、少陰、老陰分別表示春、夏、秋、冬和東、南、西、北。

4．卦名

指八卦和六十四卦的名稱，如（☰下☰上）稱為「乾」卦、（☱下☷上）稱為「臨」卦等。

5．卦象

卦卦象有兩個含義，一是指八卦或六十四卦的形體而言，如䷊（☰下☷上）等，都叫做「卦象」，又稱「卦形」、「卦符」、「卦畫」或「卦體」。在這個意義上，「卦象」與「卦」所指相同。卦象另有一個特定的含義，是指卦形所具有的象徵物、象徵意義，以及卦與卦之間的寓意關係。又如漸（☶下☴上）是☴（巽）在☶（艮）上，象徵「山上有木」。

6．卦序

「卦序」是指卦象排列的先後順序。八卦排列有兩種方式，一種是按乾、坤、震、巽、坎、離、艮、兌的順序排列，稱為「文王八卦次序」，又稱「後天八卦次序」；另一種按乾、兌、離、震、巽、坎、艮、坤的順序排列，稱為「伏羲八卦次序」，又稱「先天八卦次序」。

今本《周易》六十四卦按乾、坤、屯、蒙……中孚、小過、既濟、未濟的順序排列，前後相鄰的兩卦在卦象上有旁通或顛倒的關係。

今本《周易》六十四卦的卦名和次序可由朱熹編的《卦名次序歌》來記憶——

乾坤屯蒙需訟師，比小畜兮履泰否。
同人大有謙豫隨，蠱臨觀兮噬嗑賁。
剝復無妄大畜頤，大過坎離三十備。
咸恒遁兮及大壯，晉與明夷家人睽。
蹇解損益夬姤萃，升困井革鼎震繼。
艮漸歸妹豐旅巽，兌渙節兮中孚至。
小過既濟兼未濟，是爲下經三十四。

7．卦數

指八卦及六十四卦的序數。先天八卦序數為：乾一、兌二、離三、震四、巽五、坎六、艮七、坤八。八卦序數具有應用價值，有興趣者應記住八卦與數字的對應關係，並能熟練地將數字轉化為卦象，或將卦象轉換為數字。

8．純卦

由同一個單卦相疊而成的六爻卦稱為「純卦」，又稱「原卦」。六十四卦中共有八個純卦，即：乾（☰下☰上）、坤（☷下☷上）、震（☳下☳上）、巽（☴下☴

上）、坎（☵下☵上）、離（☲下☲上）、艮（☶下☶上）、兌（☱下☱上）。乾卦六爻皆陽，稱為「純陽卦」；坤卦六爻皆陰，稱為「純陰卦」。

9．覆卦

一個重卦的卦象顛倒過來，成為另外一個卦象，稱為「覆卦」，又稱「綜卦」、「反卦」。如屯卦（☳下☵上），倒過來即為蒙的卦象（☵下☶上）。反之亦然。《周易》六十四卦中共有二十八對覆卦，也就是說有五十六個卦可以顛倒過來成為另外一個卦象。由於兩卦之卦象互為顛倒關係，所以覆卦又叫「反對之象」、「倒象」。卦象「反對」之卦在《周易》六十四卦中均兩兩相鄰而排列在一起。

10．錯卦

兩個重卦的位次相同之爻陰陽性質完全相反，稱為「錯卦」，又稱「對卦」，前人或稱為「旁通」。《周易》六十四卦中根據旁通關係排列在一起的別卦有：乾（☰下☰上）與坤（☷下☷上），頤（☳下☶上）與大過（☴下☱上），坎（☵下☵上）與離（☲下☲上），中孚（☱下☴上）與小過（☶下☳上）。

11．本卦

占筮時按一定方法所得的初始之卦即為本卦，或稱正卦、原卦，古人也叫貞卦。如《左傳·莊公二十二年》記云：「周史有以《周易》見陳侯者，陳侯使筮之，遇觀（☷

下☴上）之否（☷下☰上）。」所得觀卦即為本卦。

12．變卦

又稱「之卦」、「動卦」，與「本卦」相對，指一個卦象因一爻或幾爻的爻性發生變化而成為另一個卦象。如《左傳・閔西元年》記云：「畢萬筮仕於晉，遇屯（☳下☵上）之比（☷下☵上）。」比卦即為屯卦的變卦，而屯卦則為本卦。

13．變爻

亦稱「動爻」，指按一定方法占得的本卦中具有可變性的爻，或稱老陽爻、老陰爻。某一爻或幾爻由陽變陰，或由陰變陽，卦象隨之改變，即為變卦。如屯（☳下☵上）變比（☷下☵上），係因初九爻由陽變陰而成，初九爻即為變爻。變爻的位次關係與爻辭等因素是占卦的重要參考項。

14．靜卦

占得的卦象中沒有變爻，各爻均靜止不動，即為靜卦。

15．互卦

亦稱「互體」、「互體之象」。指一個別卦除初爻、上爻外，由其中間四爻交互組合而成的新卦。具體說，取二爻、三爻、四爻組成一個單卦作內卦，再取三爻、四爻、五爻組成一個單卦作外卦，所構成的新卦象即為「互卦」。如解卦（☵下☳上），取其九二、六三、九四爻組成☲（離），作下卦，稱「下互」，再取其六三、九四、六五爻組成☵（坎），作上卦，稱「上互」，合下互，上互而得新卦體既濟（☲下☵上），既濟卦就是解卦的互卦。

16．卦主

指重卦中構成一卦特徵或決定一卦吉凶大義的關鍵之爻。如復（☳下☷上）六爻，初九為卦主；夬（☰下☱上）六爻，上六為卦主。此類情形前人或稱為成卦之主。又如乾卦，九五為卦主；坤卦，六二為卦主。此類情形前人或稱為主卦之主。成卦之主、主卦之主都可以有兩爻，如泰卦九二、六五兩爻既是成卦之主，也是主卦之主。

17．卦時

指一個重卦所描述的主要事物或是特定的事理，及其在六個爻位元中的升降變化情況。六十四卦即表示六十四個「時」。如井卦的卦時為「井」，以及與六爻位次關係相關聯的「井泥」、「井谷射鮒」、「井渫不食」、「井甃」、「井洌寒泉」、「井收勿幕」等情況。「卦時說」向人們揭示了特定事物在特定環境與條件下，要因時因地給予相應處理的道理。

18．卦氣

「卦氣」是漢代人解《易》的一種學說。其要是以《易》卦與節氣相配，以解釋氣候變化及人事吉凶。以別卦《坎》、《震》、《離》、《兌》為四正卦，主管一年四季：坎主冬，離主夏，震主春，兌主秋。四正卦的24個爻與一年中的24個節氣相配合，一爻主一節氣。即《坎・初六》為冬至，《坎・九二》為小寒，《坎・六三》為大寒，《坎・六四》為立春，《坎・九五》為雨水，《坎・上六》為驚蟄；《震・初九》為春分，《震・六二》為清明，《震・六三》為穀雨，《震・九四》為立夏，《震・六五》為小滿，《震・上六》為芒種；《離・初九》為夏至，《離・六二》為小暑，《離・九三》為大暑，《離・九四》為立秋，《離・六五》為處暑，《離・上九》為白露；《兌・初九》為秋分，《兌・九二》為寒露，《兌・六三》為霜降，《兌・九四》為立冬，《兌・九五》為小雪，《兌・上六》為大雪。

19・消息卦

「消息」是指卦象中陰陽爻位的進退變化。「消」指陽爻減少而陰爻增加和上升，「息」指陰爻減少而陽爻增加和上升。姤（☴下☰上）、遁（☶下☰上）、否（☷下☰上）、觀（☷下☴上）、剝（☷下☶上）、坤（☷下☷上）六個重卦為「消卦」，從姤至坤，陰爻逐漸增多和上升，消去陽爻。復（☳下☷上）、臨（☱下☷上）、泰（☰下☷上）、大壯（☰下☳上）、夬（☰下☱上）、乾（☰下☰上）六個重卦為「息卦」，從復至乾，陽爻逐漸增多和上升，消去陰爻。坤、乾兩卦為純陰、純陽卦，又稱「消息之母」。

古人用十二消息卦配一年十二個月，指示一年之中陰陽消長變化的情況，故消息卦又稱「月卦」、「候卦」。十二月配卦情況如下——

復：十一月，臨：十二月，泰：正月，大壯：二月，夬：三月，乾：四月，姤：五月，遁：六月，否：七月，觀：八月，剝：九月，坤：十月。

20．三才

亦作「三材」。重卦六爻分下、中、上三個層次：下二爻（初爻、二爻）象徵地，為「地位」；中二爻（三爻、四爻）象徵人，為「人位」；上二爻（五爻、上爻）象徵天，為「天位」。天、人、地合稱「三才」。《易傳．說卦傳》云：「是以立天之道，曰陰與陽；立地之道，曰柔與剛；立人之道，曰仁與義。兼三才而兩之，故《易》六畫而成卦。」《繫辭傳》云：「《易》之為書也，廣大悉備，有天道焉，有人道焉，有地道焉，兼三材而兩之，故六。六者，非它也，三材之道也。」《易緯．易乾鑿度》云：「孔子曰：《易》有位三才，天地人道之分際也。三才之道，天地人也。」

21．位

位即六爻中每一爻的位置。一卦六爻，由下往上數，依次稱作初、二、三、四、五、上。位元的數字再加上表陰陽的九與六，各爻的名稱就定下來了。

原則上，五是君位，又稱「天子之位」，具有九五中正、九五之尊的品德。四是「近臣之位」，雖高，卻有危機。三是不太近君的高位，陽爻陽位元，正而剛極，又不得中，故須「終日乾乾」。二是不太高的地位，但卻有與君意氣和投的可能性，乃「王后之位」。初是「未入仕之位」，又稱「元士位」。上是「隱退之位」，即「無位之位」，又稱「宗廟位」。

22．正

奇數屬陽，偶數屬陰，因而在奇數的爻位為陽位，如「初、三、五」三爻；在偶數的爻位為陰位，如「二、四、上」三爻。如果陽爻處陽位，陰爻處陰位，是為「得正、得位」或「當位」。反之，若陽爻處陰位，陰爻處陽位，是為「不正、失位」或「不當位」。如：

（☵下☲上）未濟：初、三、五，陽位全是陰爻；二、四、上，陰位全是陽爻，六爻皆不正。

（☲下☵上）既濟：陽爻皆陽位，陰爻皆陰位，六爻皆當位，即皆得正。

23．中

六爻的卦，分為上下兩部分。下卦又叫內卦，上卦又叫外卦。內卦的「二」與外卦的「五」，同在內外卦的正中位置，故稱作「得中」。二與五一般比三與上的位置要好。為什麼呢？因其不偏不倚，符合中庸之道。

24．剛中

「剛」指陽。陽爻居中位，謂之「剛中」，象徵剛健而適中。

25．柔中

「柔」指陰。陰爻居中位，謂之「柔中」，象徵柔順而適中。

26．中正

陰爻居二位，陽爻居五位，既得中又得正，稱為「中正」，又稱「正中」。如無妄卦（☳下☰上）、六二、九五兩爻都是中正之爻。在《周易》中，中正之爻尤為善美，象徵事物發展到最佳程度，功德圓滿。

27．應

一卦中，內卦與外卦的對應爻，即初與四、二與五、三與上之間，陰陽相反，是為「應」或「相應」，是乃異性相吸之原理。相反，如果對應爻都是陽爻或都是陰爻，則是「不相應」，是乃同性相斥之原理。一般來說，有應比無應好。

28．比

一卦之中，相鄰的兩個爻，若陰陽相反，稱作「比」。「比」是並列、挨著、親近之意。一陰一陽才有親近感，這在古人看來是好事。

29．乘

兩爻相比，在上者對在下者的關係為「乘」（「淩駕」之義），多指陰爻位於陽爻之上的情形。如比卦（☷下☵上），上六乘九五。古人認為，陰乘陽，或柔乘剛，象徵弱者淩駕強者，小人欺淩君子，等等。在《周易》中，乘剛之陰爻多不吉利。

30．承

兩爻相比，在下者對在上者的關係為「承」，又稱「從」（「順從」之義），多指陰爻位於陽爻之下的情形。如井卦（☴下☵上），初六承九二，六四承九五。古人認為，陰承陽，或柔承剛，象徵柔弱，卑賤者順從剛強、尊貴者。

31．八宮卦

古人將六十四卦分作八宮，每宮八個重卦，各宮均以純卦領頭，由純卦可以依次變出另外七個重卦。純卦又叫本宮卦，其餘七卦分別稱為一世卦、二世卦、三世卦、四世卦、五世卦、遊魂卦、歸魂卦。八宮卦如下——

乾宮：乾爲天，天風姤，天山遁，天地否，風地觀，山地剝，火地晉，火天大有。

坎宮：坎爲水，水澤節，水雷屯，水火既濟，澤火革，雷火豐，地火明夷，地水師。

艮宮：艮爲山，山火賁，山天大畜，山澤損，火澤睽，天澤履，風澤中孚，風山漸。

震宮：震爲雷，雷地豫，雷水解，雷風恒，地風升，水風井，澤風大過，澤雷隨。

巽宮：巽爲風，風天小畜，風火家人，風雷益，天雷無妄，火雷噬嗑，山雷頤，山風蠱。

離宮：離爲火，火山旅，火風鼎，火水未濟，山水蒙，風水渙，天水訟，天火同人。

坤宮：坤爲地，地雷復，地澤臨，地天泰，雷天大壯，澤天夬，水天需，水地比。

兑宮：兑爲澤，澤水困，澤地萃，澤山咸，水山蹇，地山謙，雷山小過，雷澤歸妹。

乾、坎、艮、震宮稱為「陽四宮」，巽、離、坤、兌宮稱為「陰四宮」。

八宮卦除八個本宮卦外，其餘均以卦象加卦名的方式表示，如「雷天大壯」即表示大壯卦的卦像是上雷（☳）、下天（☰）。熟記八宮卦頗便於了解和掌握六十四卦的卦象構成。

32．筮法

是指利用《周易》進行占筮或預測的方法，其過程大致分為起卦和斷卦兩個階段。起卦法，又叫求卦法、得卦法。斷卦法，也叫解卦法。卦法，指參考卦名、卦象、卦辭、爻辭、五行等因素，對所問之事做出吉凶判斷和趨吉避凶的指引。

33．揲蓍法（占卜時，用手指數蓍草，分開來）

揲蓍法是《易傳．繫辭傳》所記載的古老起卦法，所用工具是50根蓍草，實用49根。經過十八個「分二」、「掛一」、「揲四」的操作程式，而得到一個六爻卦象。由於揲蓍法太過繁複，後世代之以擲錢法。

34．擲錢法

又稱拋錢法、搖卦法。古代用三個銅錢，現在一般用硬幣代替。由三個銅錢拋出來的正反來確定一爻的陰陽性質。擲錢法由揲蓍法簡化而來，三錢相當於揲蓍法的三變，三錢擲六次而得一卦，也就相當於揲蓍法的十八變而成卦。

35．納甲筮法

納甲筮法是產生於西漢一種占筮方法，有別於早期的「揲蓍法」。所謂「納甲」，是指將甲、乙、丙、丁、戊、己、庚、辛、壬、癸十天干，與《易》卦六爻相配搭（十二地支亦配合天干而與六爻相屬），因天干以「甲」為首，舉「甲」以賅其餘，故稱「納甲」。納，意為「放入、置入」。尚秉和《周易古筮考》卷八「納甲說」云：「納甲者，將干支排納於六爻中，而以干支所屬之五行及筮時時日，視其生剋，以斷吉凶也。其法始於漢京房，原本於孔門，至晉郭璞多用之。」

36．以數起卦法

此法相傳為宋代邵雍（康節）所創，見於《梅花易數》一書，故又稱「梅花易」、「梅花數」。其法可概括為「卦以八除，爻以六除」。邵雍將八卦順次排列，每個卦用一個數字代表，叫做卦數。其關係為：乾一，兌二，離三，震四，巽五，坎六，艮七，坤八。

37．元、亨、利、貞

元——始，大。

元吉——大吉。

元亨——大亨，大的亨通，即很順利。

亨——亨通，即順當，通達無阻。

亨利——暢通，順利，有利益。

利——利益、好處，宜、適宜。

無所利——沒有什麼利益，無利。

無攸利——攸，義為「所」，即沒有好處，無所利。

貞——正、定，堅貞、貞節、守正；又指卜問、徵兆等。

利貞——利於守正，利於卜問；或好的徵兆，有利且正固。

貞吉——占問吉利，卜得此卦吉利；或守正吉利。
貞厲——占問有危險；或守正也有災患。
貞凶——占問有兇險；或守正也或有災禍。
元亨利貞——四字連用，有「元始、亨通、祥和、守正」之意。

38．吉、吝、厲、悔、咎、凶

吉——善，良，結局為好，含有「吉利，福祥，善果」之意。
大吉——很吉利，福祥很大。
元吉——與「大吉」同義。
初吉——開始就吉祥。
初吉、中吉、終吉——指不同階段的事態。
貞吉——卜問吉祥；或守正吉祥。
吝——艱難、難行，吝惜，滯澀，事不順，棘手。
小吝——有小的艱難。
終吝——最後有艱難，或畢竟是艱難的，終究有艱難。
貞吝——卜問有艱難；或守正也會遇到艱難。
厲——危、危險。

有厲——有危險，有災患。

悔——悔恨，後悔，困厄，憂慮，倒楣，晦氣。

悔吝——悔恨、責怨、憂愁、期待。

有悔——有悔恨，有困厄，有困難。

悔有悔——困厄接踵而來。

無悔——沒有悔恨，無困厄。

咎——災病，禍患。程度比「悔」重，比「凶」輕。

無咎——無災患。

為咎——將成為災難。

匪咎——此非災患。

何咎——不至於有災患。

凶——惡，結局為禍，為災，為不良，為禍患。

終凶——最終結局為凶。

有凶——有災禍。

總之，吉、吝、厲、悔、咎、凶，這六個詞分別表示事物的好壞程度：吉指福祥，吝指行事不順，厲指危險，悔指困厄，咎指災患，凶指大禍患。

乙 智慧精華

【變動不居，生生不息】

《周易》對人們最大的啟迪在於——認識萬事萬物的變動不居，宇宙天地的生生不息。

整個《周易》貫穿著萬事萬物永恆運動變化的觀點。八卦和六十四卦都是由陰（⚋）陽（⚊）二爻組合而成。爻象本身作為圖像和符號就表示運動和變化。《易傳》的《繫辭》說：「道有變動故曰爻。」「爻者，言乎變者也。」「爻也者，效天下之動者也。」這些論斷皆符合《易經》原義。在《易經》六十四卦中，陰爻和陽爻是動態之象。陰爻稱六，陽爻稱九，六為老陰之數，九為老陽之數，表示卦象中的陰陽爻隨時都準備相互轉化，或正處在轉化的過程之中。

六十四別卦每卦六爻，構成一種整體模型。

六爻模型代表事物運動發展的一個完整過程。下數第一爻為初爻，代表事物的起始

階段。自下而上，逐級變化，到上爻表示事物的發展告一段落，為終了階段。然後又回到初爻，重新開始一輪新的變化過程。

六十四卦從前往後的排列，則表示宇宙的運動過程。乾坤二卦起始，代表天地為萬物之父母。其後之六十二卦，代表萬物的生成和演進。最後兩卦為既濟（☲下☵上）和未濟（☵下☲上）。其用意正如《序卦》所說：「有過物者必濟，故受之以既濟。物不可窮也，故受之以未濟終焉。」意思是事物經過曲折的發展而有所成，但事物的運動變化永無終止，故以未濟之卦作結，示意宇宙的變易將永遠繼續下去。《序卦》的解釋既與《易經》相符，同時也表達了《易傳》的萬物變動不居的觀點。

在六十四卦序列中，前後相鄰兩卦之間，還存在著「非覆即變」（孔穎達《周易正義》）的關係。

所謂「覆」者是說，有五十六卦以自身中點為軸心，旋轉一百八十度後則成另外一卦。《易經》的作者將這樣的兩卦排在一起，共計二十八對。如屯卦（☳下☵上）和蒙卦（☵下☶上），需卦（☰下☵上）和訟卦（☵下☰上），師（☵下☷上）和比（☷下☵上）等等，就屬這樣的關係。關於卦自己做循環運動，可由泰（☰下☷上）、否（☷下☰上）二卦卦辭證明。泰卦和否卦互為覆者，成為一對。泰卦卦辭說：「小往大來。」否卦卦辭說：「大往小來。」在《易經》中，坤陰為小，乾陽為大。上卦位為遠為外為表，下卦位為近為內為裏。泰卦「小往大來」，說的是由三個陰爻組成的坤從下位旋轉到了上位，由三個陽爻組成的乾從上位旋轉到了下位。否卦則相反。據此可見，泰否兩卦是互相倒轉的。

所謂「變」者是指，其餘的八個卦，即乾（☰下☰上）與坤（☷下☷上），頤（☳下☶上）與大過（☴下☱上），坎（☵下☵上）與離（☲下☲上），中孚（☱下☴上）與小過（☶下☳上），以自身中點為軸心旋轉一百八十度後仍為自身，不能產生新卦，但這四對卦每對卦之間，其相應爻位之爻性皆相反。它們具有同位之爻性相互轉換的關係。這種對偶的排列方式表明，不僅六十四卦在整體上處於永恆的變易之中，每一個別之卦也在不斷地進行著自己特殊的循環運動。

《易經》的作者認為，宇宙間存在著萬物生生，從幼至壯和由盛轉衰的運動，陰陽的對立統一和事物的循環轉化是主要的運動形式。宇宙萬物的變易永不停息。

但是《易經》的變易思想是通過卦象和卦爻辭表達的。其表達方式主要靠象徵性形象借喻義，不夠直接明瞭。《易傳》比《易經》向前邁進了一大步。《易傳》作者不僅以哲學的語言將《易經》中所包含的變易思想揭示出來，而且提出了新的見解。

《易傳》的《繫辭》中說：「變動不居，周流六虛；上下無常，剛柔相易。」意即，上下在變，剛柔在變，世界的一切、宇宙的一切都在「變動不居」，此語在人們眼前展現出一幅宇宙運動、變化的宏偉圖畫。但是，這幅圖畫永遠也不能掛在牆上讓你欣賞，因為當你停下來細看時，宇宙早已向前運動、變化了。

《易傳》肯定了運動、變化的普遍性、過程的連續性及運動變化的永恆性。《繫辭》說：「在天成象，在地成形，變化見矣！」「闔戶謂之坤，辟戶謂之乾，一闔一闢謂之變，往來不窮謂之通。」「窮則變，變則通，通則久。」認為無論是在天上呈現出的各種天象，或是在地上已經成形的萬物，都在不停頓地運動、變化著；宇宙的大門，一開一閉，閉是坤，開是乾；閉之又開，開之又閉，陰變為陽，陽變為陰。陰陽相抵叫做「變」，陰陽往來叫做「通」，往來無窮叫做「久」。《易傳》中的「變」是說明宇宙和世界運動、變化的普遍性。「通」說明運動、變化的連續性。「久」說明運動、變化的永恆性。

《繫辭》中有兩句話——「日新之謂盛德，生生之謂易。」是說整個宇宙、整個世界，推陳出新，新陳代謝，日新不止，生生不已。這兩句話簡練地概括了《易傳》中關於運動、發展、變化的深刻哲理。

在《易傳》中，從「易有太極，是生兩儀」直到「化生萬物」，整個過程是一個無始無終的運動過程。惟有一陰一陽的道、生生不息的易是變易中的「不變」，是動中的「常」。

《易傳》不僅認為世界是永恆的，不斷運動、發展、變化著的，而且還從事物的內部去尋找其運動、變化的原因，並把這個原因歸結為事物內部兩種對立力量的交替。《繫辭》中說「一陰一陽之謂道」。「剛柔相抵，變在其中矣。剛柔者立本者也」。「剛柔相抵生變化……剛柔者晝夜之象也」。「日往則月來，月往則日來，日月相推而明生焉。寒往則暑來，暑往則寒來，寒暑相抵而歲成焉。往者屈也，來者信（伸）也，屈信相感而利生焉」。也就是說，一切運動、發展、變化都出自陰陽的對立與統一。

關於運動的形式，《易傳》認為，主要表現為往來反覆，即「無往不復」，意思是天地萬物在運動中，往而必復，復而必往，都遵循著循環往復的軌道。

這個命題先出自《易經》：「無平不陂，無往不復」（《泰卦》九三爻辭）。《易傳》繼承了它並做了闡發。《彖傳．泰》說：「……『無往不復』，天地際也。」何謂「復」？《繫辭》認為「窮則變，變則通」。「窮」指事物發展所達到的終極。當事物發展到終極時，就向相反的方面轉變。由運動起點發展到終點，又由終點返還於起點，即謂「復」。《彖傳．復》說：「復，其見天地之心乎？」魏晉王弼注：「復者，反本之謂也。」「復」即「反」，亦即反於初始。

「無往不復」表達出我國古代的發展觀。以乾卦為例，乾卦六個陽爻的次序是：初九、九二、九三、九四、九五、最後一爻為上九。從初九「見龍在田」事物逐步向好的方面發展，到九五「飛龍在天」，達到了極點。超過這個極點「物則反於初」，向壞的方面轉化，所以上九是「亢龍有悔」。

在易卦的次序排列上，也體現了這一思想。在「泰卦」之後是「否卦」，《序卦傳》說：「物不可以終通，故受之以否。」在「大有卦」之後有「謙卦」，《序卦傳》說：「有大者不可以盈，故受之以謙。」在「既濟卦」之後則有「未濟卦」。這些都說明，事物的發展「不可以終通」、「不可以盈」、「不可窮」，因為「窮則變」。

《易傳》中強調萬物變易受一定的規律制約。《繫辭》說：「剛柔者，立本者也。變通者，趣時者也。吉凶者，貞勝者也。天地之道，貞觀者也。日月之道，貞明者也。天下之動，貞夫一者也。」「貞勝」指以正道取勝。「貞觀」指以正道顯示於人，「貞明」指以正道放出光明。「貞夫一」，是說天地萬物的變易統攝於正道。因此，順其正道則勝，則吉，逆其正道則敗，則凶。正道就是事物運變的法則，而世界的秩序正根據於此。

《易傳》認為萬物的運動有一定的週期，表現出一定的時間節律。《彖傳‧豐》說：「日中則昃，月盈則食。天地盈虛，與時消息。」《彖傳‧節》說：「天地節而四時成。」強調天地萬物的變易都受四時、十二月和晝夜等時間因素的節制，表現出週期性的波動。例如自然界中萬物的生、長、收、藏與春、夏、秋、冬的變化相適應，顯示出年節律的特徵。因此人的行為不僅要遵守天道，而且要適於天時，即「與天地合其德，與日月合其明，與四時合其序」。（《文言傳．乾》）對事物運動時間節律的發現和重視，根源於變易原則與整體原則的結合。

《易傳》認為世界的變易規律寓於卦爻和筮法之中。掌握了筮法和六十四卦的法則，就可以彰往而知來。世界的變易規律概括起來就是陰陽，故曰「一陰一陽之謂道」（《繫辭》）。但是陰陽的具體變化和表現卻不可勝數，難以把握精當，故又曰「陰陽不測之謂神」（《繫辭》）。因此，對規律的理解不可僵化，不可固守一成不變的格式，必須充分注意各種具體事物變化的特殊性。《繫辭》說：「易之為書也不可遠，為道也屢遷，變動不居，周流六虛，上下無常，剛柔相易，不可為典要，唯變所適。」要人們一方面堅信易理，一方面又不可將其當作一成不變的教條。處世做事必須因時因地因人制宜，恪守原則的同時，還要有相應的變通，以求適應千變萬化的世界。

【保合太和，和諧相生】

歷史學家范文瀾先生曾說：「《繫辭》說變化的發生不是由於陽與陰的鬥爭，而是由於陽與陰的和諧」，這話符合《周易》實際。但范先生是作為《周易》的缺點提出批評的。事實上，這不是《周易》的缺點，而是優點，並且是其突出的特點。《周易》強調的陰陽和諧對中國傳統發生良好的影響，至今這影響仍然有正面的現實的意義。

為什麼說《周易》強調陰陽和諧不強調陰陽鬥爭？《周易》八卦六十四卦三百八十四爻的符號系統的基本構件是陰與陽。它所反映的世界（包括具體世界和價值世界）也由陰陽兩個基本要素組成。卦爻符號系統和客觀世界是變動不居的，它變動的動力在哪裡？據《繫辭上》說，就是——「一陰一陽之謂道」的「道」。這個道是貫穿天地人的普遍規律。一陰一陽是相反相成的對子，很像黑格爾辯證法對立的相互滲透的規律。但是有所不同，黑格爾認為對立之雙方的關係，與它們之間的矛盾鬥爭分不開。黑格爾說：「排斥的反思就是把肯定的東西建立在為對他物的排斥，以至於這種建立直接地就是建立了他所排斥的他物。」又說：「轉化是本質的東西，並且它包含著矛盾。」強調對立雙方之排斥、否定、矛盾關係。《周易》則強調一陰一陽的關係主要是吸引、配合、和諧。

《周易》說：「天地之大德曰生。」不過天地一方面使萬物生生不息，另一方面生成的萬物又不斷消亡。這樣，天地的均衡既不被打破，又能按照一定的秩序持續運動。《周易》所說的萬物生成其實已包括了同時消亡的內容，所謂「生生之謂易」，其實可以解釋為：既生又滅再生再滅的萬物的變化就是「易」。《周易》將萬物生成消亡的世界理解成生命的展開和變化的世界。

在《周易》中，乾卦和坤卦被列於首位，這清楚地表明所有的存在，都是依據乾坤的相互作用才形成的。

《周易》中的萬事萬物的生成變化，都是通過相反相成的乾坤陰陽的相互吸引和相互排斥作用達成的。因此，《周易》中的陰陽是引起萬物生成變化的正負對立的兩個因素，這兩個因素的相互作用主導了天地萬物的變化。《繫辭傳》說：「乾坤其易之門邪，乾陽物也，坤陰物也。陰陽合德而剛柔有體，以體天地之撰，以通神明之德。」又說：「乾坤其易之緼邪，乾坤成列而易立乎其中矣。乾坤毀則無以見易，易不可見則乾坤或幾乎息矣！」「一陰一陽之謂道，繼之者善也，成之者性也。」這樣的變化不但保存了自身善的價值，而且也是萬事萬物的本有之性，即宇宙從本質上來說是陰陽相互作用變化達成的。

《繫辭傳》又有「剛柔相推而生變化」，「剛柔相推，變在其中矣」。即變化是以乾坤陰陽剛柔對立雙方的交感為基礎的，通過相互交感，對立雙方相互吸收建成統一性的變化。泰卦《彖傳》：「泰，小往大來，吉亨，則是天地交而萬物通也。」咸卦《彖傳》：「天地感而萬物化生……觀其所感而天地萬物之情可見矣！」宇宙天地乾坤陰陽相反兩種性質相互對立同時，又通過相互交感來化生萬物。透過天地萬物的相互交感，天地萬物之心的理解也就成為可能。天地萬物如果不具備兩種對立性質是不可能存在的。因此張橫渠認為——「兩不立則一不可見，一不可見則兩之用息。兩體者，虛實也，動靜也，聚散也，清濁也，其究一而已！」另一位宋代大儒程明道也說：「萬物莫不有對，一陰一陽，一善一惡，陽長則陰消，善長則惡減，斯理也。」程伊川則認為——「天地之間皆有對，有陰則有陽，有善則有惡。」《周易》六十四卦的排列順序也是通過卦象，即按照每個卦象既對立又統一的原則排列的。

六十四卦每兩個卦成一雙，成雙的卦都形成相對的卦象，如乾坤卦中乾卦由陽爻組成，坤卦都由陰爻組成，形成相互對立的卦象。屯、蒙卦是在相反的位置上構成的卦象，即屯卦從下向上是屯卦，如果從上向下就是蒙卦。因此屯卦和蒙卦是根據在那個位置上的統一卦象而形成的相對立的卦。如此，《周易》中宇宙不是從相反兩種性質對立的世界，而是應從最終走向統一的有機整體上來加以把握。萬物的「生死」、「絕對的美惡」之類的關係，也不能從直接的兩極性來把握，而是通過對立中的相互交感所形成的統一和諧來加以認識。

《周易》是將宇宙作為一個巨大的有機整體來把握的。用六十四卦三百八十四爻組成的《周易》就是一個巨大的有機整體，其中的每個卦都是六十四卦有機整體的一個組成部分，一個爻是三百八十四爻有機整體的組成部分。一個爻的變化是受卦影響的，一個卦的變化是受六十四卦全體影響的。一個爻或一個卦的變化都要受到六十四卦三百八十四爻的影響，即所謂牽一髮而動全身。在這樣一種密切關係中的個體變化，在宇宙全體看來是均衡的變化。事實上各個體事物的變化如不能達成均衡，則宇宙總體也不能維持均衡。天地萬物的變化流行是宇宙的對立兩面（乾坤陰陽）相互作用達成的均衡調和的有機整體的統一。這就是《周易》說的「天下之動，貞夫一也」。這裏的「一」就是生出陰陽兩儀的太極，也即是成為萬物變化法則的《周易》的「道」。

通過太極的統合作用，也即「保合太和」，從而達成萬物間秩序整然的變化和諧。乾卦《彖傳》：「乾道變化，各正性命，保合太和，乃利貞。」依據宇宙萬物變化法則，事物間相互變通協調又維持總體的均衡。在總體均衡中各事物又依據自身內在的變化法則展開變化。最終各事物間達成相互和諧互為有利。謙卦《彖傳》云：「天道虧盈而福謙，地道變盈而流謙，鬼神害盈而福謙，人道惡盈而好謙。」天道、地道、鬼神、人道等，充足的減少，不足的添加，以維持總體性的均衡和諧，從而使宇宙在安全變化秩序中，得以持續不斷地運行。

《周易》的均衡和諧思想在八經卦和六十四卦中是極為明顯的。八經卦中的乾、震、坎、艮四陽卦和坤、巽、離、兌四陰卦相互對稱達成均衡。六十四卦中三十二陽卦和三十二陰卦也相互對稱均衡。

《周易》對均衡和諧的強調還發展成重視「中」的思想。八卦對中爻極為重視，六十四卦把處於中位的三、四爻視為人類的象徵，意味深遠。又將位處二、五的爻稱為得中，得中的爻大多顯示吉祥。

「得中」並不等於得位、得時，得中是人類自身通過自覺和主體努力達成的，而且通過努力，不得時不得位也可以復原調整，因而被認為是吉利的。《周易》強調的「保合太和」就是要我們在變化無常的日常生活中取法中道，適時得位，常常調整自己以至於大吉。重視中道是以得中為基礎的，對「得中」的重視是天地萬物均衡和諧的起點。

《周易》中的六十四卦並不是單純討論天地自然的變化的，而是人類也應遵循的以天地自然為形式的宇宙變化的原型。從這點來看，對於乾坤相合形成的生命世界，由乾坤陰陽相感形成的對立統一世界，極則反的循環世界，變化過程中的保合太和的和諧世界中內在化的宇宙變化法則，同時也被接受為人生大原則，在天人相關的立場上建立了「天人合一」的理想，而且發展出了重視「中庸」的中道思想。

《周易》的智慧實際上就是恪守中庸，保合太和，萬物本性積極發揮，內外聖道的調合，天地化育的同參，道德自我的完善。其中最基本精神可以概括為相生與和諧的原則。在此原則下，錯誤的偏見，分裂性的妄念，相互殺伐的惡行，對死亡的恐怖和熱中等有計畫的生命的破壞力，在「太和」中間都將一起消融。

沒有乾坤互為體用，保持和諧，一切事物、過程都將因失衡而發生紊亂。不和諧必將轉為和諧。《坤．文言》說：「陰疑於陽必戰，為嫌於無陽也。」乾坤一旦不和諧，有陰無陽或有陽無陰，必發生鬥爭，通過鬥爭轉為和諧。和諧正常，不和諧不正常。若說《周易》也講鬥爭，那麼鬥爭只表現在乾坤和諧與不和諧之轉化上。乾坤之間不存在相互排斥、否定的關係。它們各自的不同特性決定它們必然相交相依，保持和諧。

《周易》的和諧思想對中國傳統智慧影響至為深遠。它像一條線貫穿在中國人的傳統思維中。舉凡哲學、政治、經濟、文化，方方面面都有和諧思想在。古人用一個「和」字表達這一思想。最早對「和」概念做理論論述的，可以追溯到西周後期的史伯。《國語．鄭語》記載周太史史伯在與周宣王之弟鄭桓公討論國家興衰問題時，講過「和實生物，同則不繼」一段話。

他說「和」的現象在自然界中普遍存在。萬物之所以能夠生生不已，繼繼不斷，原因在於「和」，即所謂「和實生物」。他講的「和」是什麼？根據韋昭注的解釋，「和」就是「陰陽和」。陰陽是差異的，所以能「和」。「同」則不然，「同」是「同氣」，「同氣」即陰陽不分；陰陽不分，則萬物將停止生生發展，即所謂「同則不繼」。

《左傳》昭公二十年所記載晏嬰與齊景公討論「和」、「同」問題，比史伯深入一步，說「和」是五味五聲多種因素相成相濟。還把「和」、「同」問題應用到政治上，說政見有「可」還要有「否」，「可」、「否」相濟，政治才能「和」。有「可」無「否」或有「否」無「可」的「同」是要不得的。

史伯和晏嬰的「和」、「同」理論還帶有實例總合的樸素性質。至孔子上升到理論高度。孔子的「君子和而不同，小人同而不和」，指出「和」不僅是現實物質世界的客觀狀態，人類自身也必須把「和」作為主觀追求的目標。

後世發揚孔子之說，認識逐步加深。有若說：「禮之用，和為貴。」子思說：「和也者，天下之達道也。」《禮器》說：「禮交動乎上，樂交應乎下，和之至也。」董仲舒說：「德莫大於和。」這些人把著眼點放在「和」上，重點言「和」，不再注意「和」與「同」的區別問題。

《周易》貴和也貴中。「和」與「中」有無關係？是什麼關係？這問題成為人們關注的理論焦點。子思作《中庸》解決了這個問題。子思認為「和」就是「中」，「中」就是「和」。二者只差在發與未發之間。都是恰當、適度亦即和諧的意思，表現出來叫「和」，未表現出來叫「中」。「和」與「中」連稱「中和」，便是自然界與人類社會處在和諧狀態的基本概括。

孔子教人做事隨時應變，「無可無不可」，「把握尺度，無使過度，過猶不及」，是時中，時中即「和」。子思喜怒哀樂「發而皆中節謂之和」的「和」與此同義。

孟子以「權」喻中，告誡人們執中要行「權」，切勿舉一廢百，發掘「和」義更深。孟子說：「男女授受不親，禮也；嫂溺援之以手，權也。」禮是未發之中，是「經」是常，是原則性。「權」是已發之和，是因時制變，是靈活性。有若講的「禮之用，和為貴」在孟子這裏得到恰當的解釋。孔子講的「和而不同」的「和」與有若「和為貴」的「和」，依孟子的說法就是「有經有權」，有常有變，在靈活性中體現原則性。「同」則相反，執中無權，舉一廢百，拘泥教條而不知通變。

《周易．睽．大象》有「君子以同而異」句，後世人活而用之，凝煉成「求同存異」一語。它與「和而不同」含義相同，而兩個「同」字義有差別。「和而不同」的同，是絕對的同，無異之同，排斥和的同。這樣的同要不得。「求同存異」的同是異中之同。是和所必須含有的。有同有異才能和，陰與陽性各不同（異），卻又相交相引（同），故和。「和而不同」意在強調和，「求同存異」意在強調和中有異亦須有同。兩句話兩個層次，而意義一貫。

「求同存異」是中國傳統的重要內容，自古中國人處理各種關係就講究「求同存異」。中國是個多民族國家，民族壓迫、民族鬥爭的情況是有的，但是總體上體現了「求同存異」的精神。華夏族、漢族自堯舜禹時代起與少數民族的關係求同存異、團結交融就是主流。孔學儒學從未以自己的正統地位，視不同思想為異端而加以排斥。異域宗教一個個是自由進入中國的。中國人幾千年間沒有由於文化上的原因發生對抗的事情。

「一國兩制」構想是鄧小平的精彩傑作。在理論上馬克思主義沒有現成說法、實踐上沒有任何先例的情況下，鄧小平從實際出發提出「一國兩制」構想以實現港澳回歸，促進國家統一，而經實踐檢驗是正確的。說明鄧小平掌握的是馬克思主義活的靈魂，而不是教條。也說明他頭腦中有「和而不同」、「求同存異」的傳統烙印。「一國」是求同，「兩制」是存異。「一國」與「兩制」互依互存，缺一不可。二者統一起來，就是「求同存異」，就是《周易》所揭示的和諧大智慧。

【天人合德，法天立道】

《周易》經傳多處言及天，如《乾》九三：「飛龍在天」；《明夷》上六：「初登於天，後入於地」；《乾．文言》：「上不在天，下不在田」；《小畜．象》：「風行天上」；《繫辭上》：「天尊地卑」。這些地方，天都指自然之天，這是天的基本含義。

《大有》上九有「自天祐之，吉，無不利」之辭，《繫辭上》：「祐者，助也。天之所助者，順也。人之所助者，信也。履信思乎順，又以尚賢也。是以自天祐之，吉，無不利。」表面看，《大有》上九爻辭是講有意志的起主宰作用之天，但若結合其象看，則未必如此。即便如此，那也是像《繫辭》一樣，認為天祐之吉實質上是人為造成的。如果從經、傳的整體內容分析，則更可看出，吉凶由客觀條件和人的行為所決定，而不在天，既是形式上為占筮書的《易經》內在的本質思想，更是《易傳》的本質思想。《易經》各爻根據自身剛柔和種種位象、關係象係定如何行動之辭，這便是重視條件和人為。僅從爻辭看也是如此，如《屯》六三：「即鹿無虞，惟入於林中。君子幾，不如舍，往吝。」《師》初六：「師出以律，否臧凶。」這些辭都顯示出重視條件和人為。《易傳》的《小象》釋某爻之吉云「得中也」，釋某爻之凶云「乘剛也」、「位不當也」，《繫辭下》云「吉凶悔吝者，生乎動者也」，也都是這種思想的明顯體現。

以自然之天為「天」的基本含義，在重視人為的基礎上，《易傳》認為人可以認識天地和一切事物的奧祕、變化及其規律，此即《繫辭上》所說的「窮神知化」、「明於天之道而察於民之故」等。《易傳》重視這種認識，一方面認為通過這種認識可以順應自然的秩序和規律，趨吉避凶，另一方面則可更好地效法天道。在《易傳》看來，人道與天道是有所區別的，故《說卦》謂：「立天之道曰陰與陽，立地之道曰柔與剛，立人之道曰仁與義。」但是，如《序卦》所言，「有天地然後有萬物」，人和萬物是天地自然的產物，人、萬物與天地是部分與整體的關係，因此人類與自然界又具有某些共同的特點、共同的規律，人類應該法天，特別是效法天道，遵循這種規律。如《繫辭上》所說的「天地變化，聖人效之」，《節．彖》所說的「天地節而四時成，節以制度，不傷財，不害民」，《革．彖》之語「天地革而四時成，湯武革命，順乎天而應乎人」等等，都是人道效法天道的具體說明。

伴隨法天思想，《易傳》進一步提出了一些「天人合德」的重要思想。《乾．文言》說：「夫大人者，與天地合其德，與日月合其明，與四時合其序，與鬼神合其吉凶。」所謂「與天地合其德」，就是要像天地一樣使萬物生生不已，因「天地之大德曰生」（《繫辭下》）。「與日月合其明」，意謂如日月一樣普利萬物。鬼，歸。神，伸。鬼神二字在這裏的本質含義，是指生成萬物的陰陽二氣的往來屈伸。「與四時合其序，與鬼神合其吉凶」，意謂行為符合自然界的秩序，並順應自然變化的規律以趨吉避凶。《繫辭下》這段話，總的說是以生育和利益萬物為理想境界，認為人應努力實現這一境界，而合於天地之德，日月之功，並在順應自然秩序、規律的意義上，主張人、天關係應達到和諧、一致。

《周易》中「天人合德」的思想，對後世的影響非常深遠。

古人曾提出有五種存在必須人人敬之——天、地、君、親、師，而「天」排在首位，孔子提出的「唯天為大，唯堯則之」正是此義。

《易傳》認為，「天地之大德曰生」，即是說，天地自然的本性是生生不息的，聖人追求的基本理想是按照「生生」之德來成就「盛德大業」，才能達到「先天而天弗違，後天而奉天時」的人與自然和諧的境界。

「聖人法天而立道」，「聖人盡人之道而和天道」，都是此義。既然這樣，人就應該把仁愛精神推廣到自然中。孟子根據「人皆有不忍人之心」的人性論，通過「仁者以其所愛及其所不愛」的方法，將「親親」、「仁民」的道德擴展到一切生物身上，提出「君子之與物也，愛之而弗仁，於民也，仁之而弗親。親親而仁民，仁民而愛物」、「恩足以及禽獸」、「君子之於禽獸也，見其生，不忍見其死，聞其聲，不忍食其肉」（《孟子》），「舜之為君子也，其政好生而惡殺，是以四海承風，暢於異類，鳳翔麟至，鳥獸訓德，無他也，好生故也」（《孔子家語》）。在此基礎上，孟子又提出了「取物以順時」的觀點，即按照生物的生長發育規律，在合適的時候取物，「不違農時，穀不可勝食也，數罟不入汙池，魚鱉不可勝食也。斧斤以時入山林，材木不可勝用也，是使民養生喪死無憾也」（《孟子》）。對於破壞生態環境的，要從法律上予以制裁，「善戰者服上刑，連諸侯者次之，辟草萊，任土地者次之」。這裏，孟子並不反對「土地闢、田野治」，只是反對盲目開墾荒地，無限地消耗地利的做法（如李悝、商鞅等人），把他們與好戰者、合縱連橫者皆視為罪人，理應受到法律制裁。

荀子繼承和發展了孔孟的生態思想，更加系統地闡述了以「時」保護自然資源的理論：「聖王之制也：草木榮華滋碩之時，則斧斤不入山林，不夭其生，不絕其長；黿鼉鱉鰍孕別之時，罔罟毒藥不入澤，不夭其生，不絕其長；春耕、夏耘、秋收、冬藏，四者不失時，故五穀不絕，而百姓有餘食也；汙池淵沼川澤，謹其時禁，故魚鱉猶多，而百姓有餘用也；斬發養長不失其時，故山林不童，而百姓有餘材也。」

荀子明確地把自然保護分為三種類型：一是森林資源及其保護措施，二是動物資源及其保護措施，三是農業資源及其保護措施，構成了一個完整的自然保護體系。在此基礎上，還要設立專門的環保機構和官吏，認真貫徹與執行自然保護條例，才能達到「萬物皆得其宜，六畜皆得其長，群生皆得其命。故養長時，則六畜育；殺生時，則草木殖」的「天人合德」的理想境界。

後代的統治者根據上述生態倫理思想，頒布了許多有關生態保護的法令。如漢宣帝在西元前六三年夏，「令三輔毋得以春夏擿巢探卵，彈射飛鳥。」南北朝時，宋明帝於西元四六七年下令禁止不按季節捕鳥。北齊後主於西元五六九年發布命令，禁止用網捕獵鷹、鷂和觀賞鳥類。唐高祖於西元六一八年下令禁獻奇禽異獸；宋太祖於西元九六一年下令禁止春夏捕鳥射鳥。遼代道宗於西元一〇五六年頒布命令，禁止鳥獸繁殖季節在郊外縱火等。

體會了《周易》「天人合德」思想，不僅會使我們驚歎中華民族先哲智慧的深邃超前，而且能使我們從哲學的高度認識人與自然的關係，更自覺地保護生態環境，維護生態平衡，自覺地推行可持續發展戰略，實現「天人和諧」。

【時位德應，知命盡性】

在現代社會之中，人們最大的願望就是能夠掌握住時代的脈動，並找到屬於自己的方向，進而在人生道路上發揮個人稟賦，使人生得到充分的發展。「各盡所能，各得其所」。

在此方面，《周易》對現代人的啟示是若能運用「時」、「位」、「德」、「應」四者以綜合研判人事，將不難推見未來的種種變化。「時」指時間，「位」指處所，「德」兼指才性與能力，「應」指互動關係。由於「時」、「空」不斷在變，個人的學養、才能亦不斷在提升，因而形成複雜的關係。事實上，一個人物的成功，往往就是因為能夠認識及掌握住當前時、空的特色與變化，並能將個人的才能充分發揮而獲致的。

1．「時」

《周易》中「時」的意義，有「卦時」與「爻時」的區別。

《周易》六十四卦的卦義，所象徵的是古人生活中最關切的「時態」或「事態」。王弼《周易略例》說：「卦以存時，爻以示變。」「卦」指不同的時態，「爻」則是指在該時態中不同的變化。由於《周易》是以「陽」、「陰」爻畫排列在六個爻位之中，不同的卦畫只有六十四種，它本身就是個「唯一」的、「系統」的結構；因此就各卦之象徵意義而言，也代表著人生中最重要的「時態」或「事態」，而卦名即是相關之主題。例如《蒙》卦關乎教育的問題，《訟》卦關乎人際間爭訟的情事，《師》卦則指軍旅或戰爭。這稱之為「卦時」。

然而，卦的本身並無絕對的吉、凶，六十四卦之中，大多是「吉中存凶」、「凶中可吉」的，而吉、凶的結果，多取決於爻德與爻位。同一卦中，不同的爻德（爻的陰陽）及不同的爻位（爻的發展與序次），就有不同的吉凶。這稱之為「爻時」。在天道中，如晝夜、寒暑，在人事中，如盛衰、興亡，也都是週而復始，物極必反的，所以《周易》中卦象吉的卦至上爻就會不吉，例如《益》卦卦象雖吉，上爻卻說：「莫益之，或擊之。立心勿恒，凶。」反過來說，卦象凶的卦，至上爻卻可能會有好的轉機，如《損卦》卦象雖凶，上爻卻說：「弗損，益之。無咎，貞吉。有攸往，得臣無家。」這些生動地表現為「物極必反」。因此，能掌握住「時」的啟示，就可知機明權，以趨吉避凶、化凶為吉。

這種「時」的觀念對應到現代社會，可發展為「時代」、「時勢」、「時機」與「時宜」等意義。「時代」是指人類社會演進中的不同階段。「時勢」指事物發展中長遠的趨勢。縱使短期的趨勢有起有伏，但是總的趨勢大體不變。「時機」指已經具有發展條件的一些機會。「時宜」指在不同的時刻、場合、對象間所採取的適當態度。生活在現代社會之中，若能充分體察自身所面對的「時」之特色及其變化，就能有效地適應時代，開創時勢，掌握時機，配合時宜。

2．「位」

《易經》之中，「位」指一卦六爻自下而上之序次，依次稱為「初」、「二」、「三」、「四」、「五」、「上」，合稱「六位」。「六位」之中，由於爻位高低及爻的陰陽的不同，其爻義亦有顯著的差別——

(1)中位：指二爻及五爻。因為二爻居於下卦中位，被初爻與三爻所包；五爻居於上卦中位，被四爻與上爻所包。故二、五爻多用「中」、「包」、「幽」等字。

(2)尊位：又稱天位、君位、帝位。由於五爻居於高位，又未到達反覆的處境，最為尊貴，因此多用「天」、「帝」、「君」、「王」、「大人」、「公」等字。

(3)卑位：指初爻。初爻居全卦最下之位，多用部位低下的字眼，以人身言，如「趾」、「足」，以事物言，如「尾」、「履」、「屨」、「輪」、「藉」、「潛」、「浚」，以地方言，如「穴臽（上下結構造字）」、「谷」、「郊」、「干」、「門」、「戶」等字。

(4)亢位：指上爻。常用「尚」、「上」、「高」、「亢」、「天」、「首」、

「角」、「項」、「何」等字，以表示其「高亢」的爻位。

(5)進退位：指三爻及四爻卦以反覆為序，三爻在下卦之末，四爻在上卦之初，反覆之後，三即變成四，四即變成三，故有進退之象；又由於進未定，故有疑惑、不定、憂歎之意，故多用「往」、「復」、「來」、「進」、「退」、「疑」、「或」、「惕」、「憂」、「嗟」、「戒」等字。

上述各個「爻位」，都有其不同的象徵意義。其中最值得重視的，就是「中爻」吉多凶少的現象。若將六爻依上下卦分三組：初爻、四爻為一組，二爻、五爻為一組，三爻、上爻為一組，則二、五爻中的占辭，屬於吉祥一類占47.06%，凶禍一類僅占13.94%。由此可知，《周易》特別重視「中」的觀念。以六爻卦來說，二、三、四、五爻都是居中，唯獨二、五爻多吉。其中原因，雖然是因為以重卦的觀點來看，三爻為下卦之上位，四爻為上卦之下位，又變成「不中」，只有二、五兩爻始終「居中」。因此，二、五爻的可貴，乃在於其不處二極的緣故。

另一方面，《周易》一爻的「吉」、「凶」未必與爻位有關。中爻之吉固不必論，初爻得吉的，如《小畜・初九》、《泰・初九》、《否・初六》；三爻得吉的，如《謙・九三》、《大畜・九三》、《鼎・九三》；四爻得吉的，如《屯・六四》、《履・九四》、《同人・九四》；上爻得吉的，如《需・上六》、《大有・上九》、

《遯・上九》等。可見爻位的高下與「吉」、「凶」並無必然關係。

《周易》中「位」的觀念，帶給現代人以下重要的啟示——

其一，「中位」的觀念，絕非「不高不低」、「處於中間」而已。它的意義，在於不偏不過、不走極端，與「中庸」之中「中」相近。

其二，由於各爻的「吉」、「凶」與爻位的高低未必有關，爻位高者未必吉，低者未必凶，這也啟示我們生活的幸福與否，與個人的社會地位、職業、聲望、財富等，並無必然的關係。

其三，「位」往往隨「時」而發展。如《乾》卦初九之「潛」，九二之「見」，九三之「乾乾」，九四之「躍」，九五之「飛」，上九之「亢」各有不同，然而不論階段如何，皆應盡當時之分位，時機未至，則切勿強求。

其四，從「德」的角度看，隨著學養的增進、能力的提升，「位」也應該相對地提高。因此上進不懈的人就能有所發展。再者，以卦爻來說，位有奇偶，德有陰陽；陽居奇位者為「正」；陰居偶位者亦為「正」。以人來說，各人才性本不相同，必須了解自我的才情、興趣，方能「各正性命」。

其五，從「空」的觀念著眼，「位」也包括我們生活的地區。從內緣來說，任一地區都有其發展特色，對於當地的人來說，是發展的基點，也往往是生存的保障；再從外緣來說，由於「時」的不同、「德」的增進、「應」的改變，每一地區在整個空間裏相對的價值及重要性，也將會有所改變。

3．「德」

《周易》之中，又有「卦德」及「爻德」之別。

從「卦」方面說，八卦各有不同的屬性或象徵意義，稱為「卦德」。例如乾為「剛」、「健」，坤為「柔」、「順」，坎為「險」、「陷」，離為「明」、「麗」，艮為「止」，震為「動」，巽為「遜」、「入」，兌為「說」（悅）等。從「爻」方面說，爻有「陽」、「陽」之別，陽爻為剛，陰爻為柔，此則稱為「爻德」。

《周易》十分重視「爻德」與「爻位」的配合。陽爻為剛，若陽爻居中則稱為「剛中」，有九二、九五兩種情況。由於爻德有陰、陽之別，爻位有奇、偶之分，若陽爻居於奇位（即初九、九三、九五），或是陰爻居於偶位（即六二、六四、上六），「德」、「位」即可相配，古人稱之為「正位」、「當位」或「得位」；反之，若奇位配陰爻（即初六、六三、六五），偶位配陽爻（即九二、九四、上九），即為「不當位」、「不當」或「失位」。

由上可知，《周易》貴「陽」尚「中」，故「剛中」多吉。九五爻之吉，毋庸多論，而《蒙》、《訟》、《師》、《臨》等卦，都是九二之爻，可見「二爻」雖非尊位，亦自居「中」，若以「剛德」相配，即可得吉。故以「德」、「位」配合之情形來說，處於位「高」而「德」不相配，未必能吉；反之，位雖不高，若「德」、「位」配合，亦可致吉。

「德」兼指人的才性、稟賦、修養、行為而言。《周易》「德」義理對應到現代社會之中，可就兩部分來說：一指天賦的性格或才智，二指後天的修養或學識。

以天賦的性格或才智來說，有些人比較堅毅剛強，有的比較溫柔軟弱，這是「先天氣質」使然；有些人生性忠厚，待人溫和，有的奸險詭詐，粗魯鄙俗，也由於「個性」、「人格」有別。有些人善於辭令，有的精於任事，有的人善於記誦，有的人長於思考，這就是「才智」的不同。

以後天的修養或學識來說，由於成長背景不同，各人的學識或豐富，或淺薄；做起事來，有人經驗豐富，有人手忙腳亂。這種種不同的表現，也都由於「能力」的不同。因此，雖說「天生我材必有用」，唯有必須先了解一己之性格、興趣與能力，才能夠在人生旅途中，知所抉擇，並且揚長補短，把個人的優勢充分發揮出來。

此外，「德」、「位」相配的啟示，在現代社會中亦至為重要，因為人的才力有高下之別，正如《莊子》裏所說，有人「智效一官」，有人「行庇一鄉」，有的人「德合一君」，有的人「而（能）征一國」，所以「智效一官」的人，宜任一官之識，「而

（能）征一國」的人，則可居一國之位，如此，不僅是個人之福，也是國家、社會之福。眼高手低，不自量力，盲目追求高位，非唯力不從心，亦將造成種種社會問題；反之，倘若人人謹守分位，安身立命，就可以人盡其才。

4．「應」

《周易》中的爻際關係，有「比」、「應」、「乘」、「承」等，「應」是其中最重要的一種。應的兩爻（即初與四、二與五、三與上），其爻德若陰、陽相配，則為「應」，反之，則為「不應」，稱「敵」或「敵應」。「應」可分為六種情況：初六與九四、初九與六四、六二與九五、九二與六五、六三與上九、九三與上六。

若從現代社會來說，「應」指人與人間的互動關係。你對別人行為的感受是「應」，別人對你的行為的觀感也是「應」。然而，你只能要求自己儘量公正客觀，卻無法要求別人也用同樣理性的態度來對待你。如果你過分在意他人的反應，非但失去原則，而且事事難行。俗云：「豈能盡如人意，但求無愧於心。」這兩句話，應該是較正確的。另一方面，倘若你洞悉人性，測知對方的可能反應，也可以防範，以減少不必要的困擾；對於家人親友，也可以揣摩對方的心意，以求相互體諒。

其實，你既然有個人的「時」、「位」、「德」、「應」上的考慮，他人也自然有其成長背景以及個別狀況。懂得這層道理，你就能夠多為他人設想。「為他人設想」，就是要進入對方的「時」、「位」、「德」、「應」系統中，從他的立場角度去評估每一件事，你就能體諒別人的處境，不至於強人所難。果真如此，人際的摩擦、社會的紛爭就可以減到最小的程度。

總而言之，《周易》中「時」、「位」、「德」、「應」四者複雜的關係，向人們揭示：由生存的「時代」、生活的「空間」、個人的「才性」種種因素，形成了與生俱來的一切主客觀條件與限制。

從出生的時代來說，有人生在漢、唐盛世，有人生在三國、魏、晉，這是無法選擇的；從生存的空間與環境來說，生在某一地區，就必須接受一切的生態環境，必須適應季節的變化、天災的流行。生活在不同地區的人們，或在平原、海濱，或在沙漠、高原；或富庶、或貧瘠，他們須面對並適應不同的地理條件等。這都是應稱之為「命」。

萬物所受的稟賦，雖然屬於「命」的範圍，然而就萬物本身來說，就成為萬物的「性」。以人類來說，人所稟受的氣質或剛或柔，或清或濁，或厚或薄，或愚或智，或長於此或長於彼等，都屬此類；其他如長相、家族疾病等遺傳基因，乃至畸形、弱智等天生殘障，也都是個人出生時即已存在而必須接受的。

《周易》中的博大精深的智慧昭示世人：人生在世，唯有「知命」、「盡性」，才能了解天地變化的原則、社會發展的趨勢以及個人在天地、社會之中所處的分位、自我的特質與本性，唯其如此，才能在人力的極限中，去追求最大的生命空間。

換言之，人在「時」、「空」的籠罩下，唯有認識客觀環境，將所秉受之「德」充分發揮，才有不愧不怍、無憂無懼。這就是正確而明智的「處命之道」。

【自強不息，厚德載物】

《周易》的《繫辭傳》說：「天尊地卑，乾坤定矣」。「乾知大始，坤作成物」。一部《周易》，都是講乾坤的大義；六十四卦，乾坤是總綱。所以有人說，乾坤兩卦總括了《周易》的基本精神實質。如果把乾卦的精神概括為四個字，那就是——「自強不息」，而坤卦則可以概括為「厚德載物」。這八個字，正是我們中華民族不屈不撓、相容並包的精神的寫照。

乾卦是《周易》六十四卦的第一卦，《象傳》說：「天行健，君子以自強不息。」上卦和下卦都是乾，乾為剛健，引申出自強不息的精神。這句話統馭了《周易》的全部精神實質，是我們中華民族不屈不撓精神的寫照。

「天行健」，是指天體運行變動不居，具有永恆性、剛健性。為什麼說是「健」呢？太陽每天準時從東方升起，又準時到西方落下，不分春夏秋冬，不論喜怒哀樂，「天行有常」，永不停歇。它不會因為今天太冷了就不出門了，不會因為今天不高興就不按時上班了，或者上了班也賭氣。天就是如此的剛健，人就要像天一樣保持剛健的品德。比如，別人都加薪了，而自己卻沒份，就鬧情緒，工作消極了，或者眼睜睜地看著以前的同事們都升官了，「陽光」卻照不到自己的門檻，就嫉妒，就氣憤，甚至發洩不滿情緒等，這就不是「天行健」。人要像天那樣奮發自強，不屈不撓，勇往直前，始終保持著剛健，這才是效法天的真實含義。

「君子」，是指那些有大智慧，有高尚品德的人。天是每一個人學習的榜樣。天的德行是虛懷若谷，光明磊落，包容萬物，寬大清澈。有這樣的天性才是君子。天能包容一切，大到無數星體，小到一粒沙子。人要向天學習。天又是光明的，要像天那樣坦蕩、正直，不做見不得天的事。學習天的這些品質，才能稱得起君子。

「自強不息」是《周易》重要思想觀念之一，不僅僅是乾卦，六十四卦中有多處提到這種自強不息的精神——

澤風大過卦（☴下☱上）的《象》曰：「澤滅木，大過。君子以獨立不懼。」上卦為兌，兌為澤，為水。下卦為巽，巽為木。木在澤下，像似大水淹沒了船隻。在這大變動的時刻，要獨立不畏懼。啟發君子處事應當獨立自主，不畏強暴，不畏懼他人。

火地晉卦（☷下☲上）的《象》曰：「明出地上，晉。君子以自昭明德。」上卦是離，代表太陽，下卦是坤，表示大地。太陽從地上升起來，這就是晉卦的象徵。啟發君子應當發揚光明的德行。

雷風恒卦（☴下☳上），《象》曰：「雷風，恒。君子以立不易方。」上卦為震為雷，下卦為巽為風，雷風相激相隨，有雷就有風，這是永久不變的自然現象，所以叫「恒」卦。君子要恒立而不改變方向，不要因為一時對自己不利了就動搖，就改變立場。只有恆，持之以恆，才能有建樹，才能成就大業。

澤水困卦（☵下☱上），《象》曰：「澤無水，困。君子以致命遂志。」上卦為澤，下卦為坎，水在澤下，所以是澤無水。澤中沒有水了，這就是被困住了。啟示君子要有抗爭精神，危難時刻，緊要關頭，豁出命來也要實現個人的夙願。困境之中，困難時刻，不能苟且，這才叫君子。

地山謙卦（☶下☷上），《象》曰：「地中有山，謙。君子以裒多益寡，稱物平施。」上卦為坤為地，下卦為艮為山，平地包含著高山，這是謙的象徵。君子要學會平均天下，公平合理，取有餘而補不足，稱量財物的多少而平均施捨於人。

由此可見，《周易》是通過卦象、卦辭、象辭、彖辭等，宣揚了一種剛健、奮鬥、不屈不撓即自強不息的精神。這種精神對每個現代人都有巨大的激勵作用。個人的意志、道德、情操、情感乃至日常的生活起居，都要貫徹這個精神，這樣，才能稱得起「君子」。

君子不是單指大人物，是泛稱，是指有剛健精神，有理想，有道德，有志向，有頑強拼搏精神的所有的人。有些所謂的「大人物」沒有「天性」反而不是君子，即使小人物哪怕平頭百姓，只要有「天的德行」，那就可以稱得上「君子」。

《周易》六十四卦的第一卦是乾，第二卦是坤。乾卦由六個陽爻組成，而坤卦由六個陰爻個組成，乾卦講的是陽剛之美，要像天一樣自強不息。而坤卦講的是陰柔之美，要像地一樣厚德載物。

坤卦《象》曰：「地勢坤，君子以厚德載物。」

坤，就是順，順從、服從、柔順。這種順是與天相配合的，也就是承順天。厚德載物，還有比地再寬厚的嗎？找不到了。大地之厚重是無與倫比的，它的承載萬物的精神值得人們效法。比如，在它身上放大炮轟炸它，它不生氣；在它軀體上打洞（鑽探）、抽它的血液（地下水、石油、天然氣等），它也不生氣；在它心臟裏挖煤，挖金銀鐵礦石，它也不生氣；建造幾十層高的摩天大樓壓它，它還是不生氣。大地默默地承受著一切，奉獻著一切，給人類供養了一切，但它從不居高自傲。人就應該有大地那樣寬容載物的德行。

可現實生活中負面的現象越來越多，而且，隨著改革開放、經濟發展，似乎人的德行越來越「薄」了，每況愈下。貪污、盜竊、搶劫、掠奪、荒淫、兇殺……效法大地厚德載物的精神、宣導大地的博大無私的胸襟，非常必要而且刻不容緩。

坤卦是柔順的，坤卦的爻象、卦象，時時都在啟發、昭示著寬厚的德行。

坤之初六爻爻辭說：「履霜，堅冰至。」當踏上薄霜的時候，要知道，堅冰寒冷的季節要來了。深層次的含義是：事情是一步步發展起來的，好的德行靠慢慢培養，不以善小而不為，不以惡小而為之。所以《文言》說：「積善之家必有餘慶，積不善之家必有餘殃。臣弒其君，子弒其父，非一朝一夕之故，其所由來者，漸矣。」冰凍三尺非一日之寒，惡行或善行都是慢慢變化積累的結果。

坤之六二爻爻辭說：「直，方，大。不習無不利。」做人要正直、端正、宏大，不占筮也沒有什麼不利。可見，厚德是第一位的。

坤之六五爻爻辭說：「黃裳，元吉。」穿黃色的衣服大吉。穿衣服與道德也有關係嗎？黃色，五行屬土，土在中央，黃就是居中的美色。這裏是用黃色作為說話的引子，來頌揚柔和居中的美德。今天看來，穿衣服與個人的道德也有潛在、曲折的聯繫。奇裝異服，能說道德厚重嗎？

除坤卦外，可以說六十四卦的每一卦都或多或少的從不同角度宣導「厚德」。如：

澤風大過卦（☴下☱上），九二爻辭說：「枯楊生稊，老夫得其女妻。」九五爻辭說：「枯楊生華，老婦得其士夫。」把這兩句話翻譯成白話分別是：枯楊樹，生幼芽，老頭聚了個女嬌娃；枯楊樹，開花朵，老太婆嫁了個小哥哥。老傢伙找了個小媳婦，或者滿臉皺紋的老太婆找了個小青年，大殺風景。這種婚姻與《周易》講的道理大相徑庭，所以，這個卦名就叫「大過」，大大的過錯。熱中於這樣做的人未免有些有失厚道。

雷風恒卦（☴下☳上），九二爻辭說：「不恒其德，或承之羞，貞吝。」不能恒久保持美德，有可能蒙受羞辱，占筮有麻煩。教示人保持「厚德」，一輩子做好事，不做壞事，否則，要蒙羞。

宣導「厚德」，六十四卦幾乎每卦都有涉及，只有表述的內容、方式、側重點有所不同罷了。可見，讀《周易》一定要沉下心，把握其精神實質和智慧內核，則讀《周易》的過程就是一個品位與情操修煉的過程。如果急功近利單純為了占筮算命或占風水來學《周易》，則未免降低了《周易》的價值和自己的情趣取向，這顯然是因小失大的不明智之舉。

【革故鼎新，順天應人】

《周易》認為，宇宙萬物永遠處於變動不居的運動之中，社會人生也應同樣處於日新月異的永恆變化過程中。因而《周易》提倡人要順應自然，革故鼎新。《易傳·雜卦》曰：「革，去故也。鼎，取新也。」

今天我們常說的「革故鼎新」就從此而來。革、鼎是《周易》中的兩個卦。「革」意為變革、革命，不是改良，而是徹底剷除舊事物的激烈變革。「鼎」意為更新，尤指一種全面徹底的更新。革故鼎新是《周易》提倡的一項重要原則。

在《易傳．彖．革》中，《周易》以其進步的歷史眼光，讚頌了商湯、周武王領導的社會革命，說：「文明以說，大亨以正。革而當，其悔乃亡。天地革而四時成，湯武革命，順乎天而應乎人。革之時，大矣哉！」

意思是說，光明正大而欣悅怡然，偉大亨通而居中守正；變革適時得當，悔恨自然消亡；天地自然不斷變革而使四季得以形成；商湯、武王推翻夏桀、商紂的社會革命，是上順天理、下應人心的正當義舉；變革的時機是極為重要的啊！

乾卦的卦辭只有四個字——「元亨利貞。」開創、亨通、獲利、固守，由始到終、終而復始，這是自然界運行的法則。孔子在《文言傳》中稱此為「四德」，鼓勵人效法自然，以成就事業。六十四卦中，卦辭有「元亨利貞」的共七卦，上經就占了六個：乾、坤、屯、隨、臨、無妄；下經只有一個革卦。

革卦（☲下☱上）上卦兌為澤，下卦離為火，澤水下流，離火上燒，成水火對沖之勢；兌為少女，離為中女，又是二女同居、競爭夫寵的格局。睽卦兩個女人的戰爭，尚可互不見面，以免尷尬；革卦上下對沖，避無可避，只有全力相抗，以搏勝負。

《雜卦傳》稱「革去故」，革命是過去的東西完全不要，一切重新打造，因此必然帶來非常大的破壞，不可輕易嘗試。

革卦之後為鼎卦（☴下☲上），《雜卦傳》稱「鼎取新」，革、鼎一體相綜，代表在破壞的同時就得準備嶄新的建設。革卦二至上爻，依卦中卦的理論重組，成大過卦；鼎卦初至五爻，重組亦成大過。大過即負荷過重、行將崩潰，唯有膽識過人、智慧超群的英雄人物，才能革故鼎新，建立非常功業。

革命必先喚醒民眾，確立信仰，才有翻天覆地的能量，因此革卦之卦爻辭中多次強調有孚。「孚」字源於雌鳥育雛，引伸為信心、盼望和無所不至的愛心。

革卦六爻展現革命的歷程：初爻時機未至，不得妄動，以吸收基層群眾、鞏固實力為主；二爻氣候漸成，宣揚革命思想；三爻集思廣益，精練革命理論；四爻採取行動，顛覆統治階層；五爻為君位，以強大的意志力貫徹革命志業；上爻江山底定，社會各界紛紛靠近輸誠，得以休養生息，安定人心。

五爻為革卦之主，爻辭值得注意：「大人虎變，未佔有孚。」「大人」是《周易》中修行的最高境界，與天地合德，「虎變」形容其生命力之強悍，促成周遭環境的劇烈變化，這種人行事充滿自信，想到做到，行事決策完全毋須占卜。此爻爻變，成豐卦，表示其眼光銳利，行事果決，必成豐功偉業。

其實占卜探測天意，正因心懷疑慮，自信不足，而大人已至天人合一境界，洞明形勢機微，又何必卜？革卦正是展現人能之卦，五爻領袖群倫，更不宜畏首畏尾，讓部眾失去信心。武王伐紂時，據說頗多凶兆，龜卜蓍占皆不吉，不少人信心動搖，勸武王退兵。結果姜太公大發神威，焚龜折蓍，力排眾議出兵，果獲大勝，留下膾炙人口的名言：「枯草朽骨，何足以定大事？」機不可失，才是定鼎英雄的見識！

清朝康熙皇帝討伐噶爾丹，也有一段公案：大學士李光地占戰役勝負，得出復卦上爻動，爻辭是：「迷復，凶，有災眚。用行師，終有大敗；以其國，君凶，至於十年不克征。」爻辭兇險已極，天災人禍，行師大敗，國君被俘或被殺，國家元氣大傷，十年都無法再興。結果康熙照樣出兵，還說凶象是指對方。最後果然贏得大勝。

荀子主張「善易者不占」，孔夫子重視義理修行，也說「不卜而已矣」，皆是大人證道之言。《周易》中闡揚此理者，除革卦五爻外，還有益卦第五爻和恒卦第三爻；存心良善，不必問占；通道不篤，二三其德，必招羞辱。

【惡盈好謙，謙卑禮敬】

《周易》中有一卦，名曰「謙」（☶下☷上），是專門講說「謙」之道的。通觀

《周易》，此卦頗為特殊，宋人胡一桂說：「《謙》一卦六爻，下三爻皆吉而無凶，上三爻皆利而無害。《易》中吉利，罕有若是純全者，謙之效故如此。」（《周易本義·附錄·纂疏》）

在《周易》六十四卦的排列中，《謙》卦緊隨《大有》之後。《大有》即大有收穫。《序卦傳》說：「大有者，不可以盈，故受之以《謙》。」「盈」即盈滿。這說明「謙」與「盈」是相對待的。那麼，為什麼「大有者，不可以盈」呢？

《彖傳》中說：「謙，亨。天道下濟而光明，地道卑而上行。天道虧盈而益謙，地道變盈而流謙，鬼神害盈而福謙，人道惡盈而好謙。謙，尊而光，卑而不可逾，君子之終也。」

這是《彖傳》對《謙》卦卦辭「謙，亨，君子有終」所做的解釋。卦辭中的「謙」即謙虛。「亨」即亨通。

《彖傳》的解釋，兩次提到「天道」，兩次提到「地道」，一次提到「鬼神」，一次提到「人道」。

就「天道」說，其特點有二：㈠是「天道下濟而光明」；㈡是「天道虧盈而益謙」。「下濟」，「謂降下濟生萬物」（《周易正義》）。「天道下濟而光明」，意思是：上天的體性是降下濟物，而日月輝光因此愈加鮮明。

高亨先生解釋說：「天道下行以成萬物，如日光下射以暖萬物，雷下震以動萬物，風下行以吹萬物，雨下降以潤萬物是也。光明指日月。天道下濟是天道之謙，天道光明是天道之亨。此句以天道說明謙則亨之理。」「虧」即損。「天道虧盈而益謙」，意思是，上天的體性是虧損盈滿，補益謙虛。如崔憬所說：「若日中則昃，月滿則虧，損有餘以補不足」（《周易集解》引）。

就「地道」來說，其特點也有兩個方面：㈠是「地道卑而上行」；㈡是「地道變盈而流謙」。「上行」，指地氣上升。「地道卑而上行」，意思是：「地體卑柔而氣上行，交通於天而生萬物。」（《周易正義》）「變」即變易。「流」即增益。「地道變盈而流謙」，意思是：地的品性是變易盈滿，充實謙虛。

如高亨先生說：「地道毀盈，例如丘高則漸損，河溢則堤決。地道益謙，例如地窪則漸平，溝虛則水至。」

《周易》作為一部筮占之書，還講到了鬼神之「謙」，即「鬼神害盈而福謙」，意思是，鬼神的特點是危害盈滿，施福謙虛。至於「人道」，《彖傳》說：「人道惡盈而好謙」，即人類的規律是憎惡盈滿，愛好謙虛。《彖傳》的最後結論仍然是歸結到人：「謙，尊而光，卑而不可逾，君子之終也。」意思是具備謙虛美德的人，居尊位，道德更加光明；處卑位，人們也難以凌越。君子靠著它能永遠得到好結果。

《彖傳》以「盈」「謙」為對待，從天道、地道、鬼神、人道四個方面，說明「盈」不可久，而「謙」則獲益的道理。

既然天、地、鬼神、人都是好謙而惡盈，因此，一個人只有能謙虛，則天助、鬼佑、人信自然可得。《謙》卦六爻雖因時位之別，有失位、無應、乘剛等不同，但「下三爻皆吉而無凶，上三爻皆利而無害」，就是這個緣故。

《謙》卦六爻，對於人道之「謙」所存在的幾種主要情形，進行了簡略的描述。它講到了「謙謙」、「鳴謙」、「勞謙」、「撝謙」等等。但人生百態，氣象萬千，六爻之喻，豈能窮盡？所以《大象傳》繞開具體，抓住一般，精練地概括了《謙》卦的本質，及君子所應從中獲得的教訓：「地中有山，謙；君子以裒多益寡，稱物平施。」

《謙》卦下艮上坤，依《說卦傳》，艮為山，坤為地，所以《象傳》謂之「地中有山」。鄭玄注曰：「艮為山，坤為地。山體高，近在地下。其於人道，高能下下，謙之象。」（《周易集解》引）然而，依《象傳》體例，這一句也可以稱之為「山在地中」。不說「山在地中」而曰「地中有山」，程頤認為──「言卑下之中，蘊其崇高也。」（《程氏易傳》）程氏此說，大有深義。

近人高亨承此說，認為──「地卑而山高，地中有山是內高而外卑。謙者，才高而不自許，德高而不自矜，功高而不自居，名高而不自譽，位高而不自傲，皆是內高而外卑，是以卦名曰《謙》」。

《韓詩外傳》中記狐丘丈人與孫叔敖的對話說：「孫叔敖遇狐丘丈人。狐丘丈人曰：『僕聞之，有三利必有三患。子知之乎？』孫叔敖蹴然易容曰：『小子不敏，何足以知之。敢問何為三利？何為三患？』狐丘丈人曰：『夫爵高者，人妒之；官大者，主惡之；祿厚者，怨歸之。此之謂也。』孫叔敖曰：『不然。吾爵益高，吾志益下；吾官益大，吾心益小；吾祿益厚，吾施益博。可以免於患乎？』狐丘丈人曰：『善哉言乎！堯舜其猶病諸。』」（《韓詩外傳》卷七）

孫叔敖爵益高，志益下；官益大，心益小；祿益厚，施益博，可謂「內高而外卑」。這表明，謙遜柔順之中，有剛健自強存於其中。正因為謙遜柔順之中存有剛健自強之性，所以君子才可以效而法之，「裒多益寡，稱物平施」。「裒」即取，「稱」即權衡，「施」即給予。《象傳》認為，君子觀此「地中有山」之象，應當效而法之，取其多者，補其少者；並稱量財物的多寡，公平地施之於人。

「裒多益寡，稱物平施」，是「謙」道的本質。對此，可以從內外兩個方面予以說明。就「內」而言，反映了君子的一種道德修養；就「外」而言，反映了君子的一種志向。合內外而觀之，反映了君子持中守正，順天應時的一種人生夙求。

所謂「內」，一方面是指虛己之美，亦即「己之雖有，其狀若無；己之雖實，其容若虛」（吳兢《貞觀政要．謙讓》）；一方面是指學人之長，亦即「三人行，必有我師焉」（《論語．衛靈公》），「士不厭學，故能成其聖。」（《管子．形勢解》）虛己之美，則無驕；學人之長，則能能。

所謂「外」，主要指君子順應天道好謙惡盈的規律，而和諧天下的一種志向。這種志向雖然是內在於君子的理想之中，但其流風所及，卻使天下百姓受益。如孔子說：「丘也聞有國有家者，不患寡而患不均，不患貧而患不安。蓋均無貧，和無寡，安無傾。」在這裏，孔子之「患」，反映了德行高尚之人的憂患之心，同時體現了其「裒多益寡，稱物平施」的偉大抱負。孔子的這一思想在中國歷史上，特別是在歷次的農民運動中，產生了相當大的影響。

《周易》論「謙」，由天道而及人事。既頌揚人的謙謙之德，又強調人應當順應天道，均安天下。無論虛己也好，均貧也好，其目的都是為了順天應時，調其盈虛；持中守正，以求長久。換言之，也就是「致中和」。

在《周易》中，與「謙」相聯繫的是「禮敬」，這種聯繫主要表現在由「謙」而「禮敬」，即「謙以制禮」。如《繫辭》中所說：「德言盛，禮言恭，謙也者，致恭以存其位者也。」

據《序卦傳》，《周易》之《履》卦是講「禮」的。其曰：「履者，禮也。」今人黃壽祺先生解釋說：「卦名『履』字之義，《序卦傳》謂『物畜然後有禮，故受之以履』，《爾雅．釋言》：『履，禮也。』含有踐履不可違禮之意，尚先生云：『《太玄》即擬為「禮」，禮莫大於辯上下，定尊卑』，『人之行履，莫大於是』（《尚氏學》）；又《本義》曰：『履，有所躡而進之義』則兼有小心循禮而行的意思。」

從《履》卦的六條爻辭中可以看出，凡是用謙卑的態度依禮而行的，都會有好的結果。反之，則必然有危厲。前者最鮮明的例子莫過於九四：「履虎尾，訴訴終吉。」在《履》卦中，九四「逼近至尊（九五），以陽承陽，處多懼之地（四爻多懼——《繫辭傳》），故曰履虎尾」（王弼《周易注》），以此比喻人的處境十分危險，但由於該爻「以陽居陰，以謙為本，雖處畏懼，終獲其志，故終吉也。」（同上）後者最鮮明的例子莫過於六三：「眇能視，跛能履，履虎尾，咥人，凶，武人為於大君。」王弼曰：「居《履》之時，以陽處陽，猶曰不謙，而況以陰居陽，以柔乘剛者乎？故以此為明，眇目者也；以此為行，跛足者也；以此履危，見咥者也。」（《周易注》）這說明，六三之凶，與其不能謙卑安分大有關係。何止六三？就是尊居五位，如果不行謙道，也不免「貞厲」之虞。此可見，「夫禮者，自卑而尊人」者也。

《韓詩外傳》中說：「《易》有道，大足以守天下，中足以守國家，近足以守其身，謙之謂也。」（《韓詩外傳》卷三）中國人重視「謙德」的培養，所以也特別強調

「禮敬」的修煉。謙虛知禮，作為一種美德，已經成為歷代中國人的共識。

【居安思危，恐懼修身】

《周易》的基本特點在於根據卦爻辭解釋卦爻象，以卦爻變化的道理推演人事的吉凶。《易傳》作為對《易經》的解釋，其特點在於通過對卦爻象和卦爻辭關係的解釋，以揭示其中蘊含的趨吉避凶之理。

為此，《易傳》提出的「陰陽」、「剛柔」概念解釋卦爻象的結構，並闡明卦爻辭中的「吉凶」、「悔吝」等斷語。

《繫辭上傳》說：「聖人設卦觀象，繫辭焉而明吉凶，剛柔相推而生變化。是故吉凶者，失得之象也；悔吝者，憂虞之象也；變化者，進退之象也；剛柔者，晝夜之象也。六爻之動，三極之道也。」

即聖人創設一卦六爻之象，繫卦爻辭於其下，目的是推斷人事之吉凶。剛柔爻象的相互推移，表明所問之或吉或凶。就卦爻辭中的筮辭來說，「吉凶」斷語意味著失得，「悔吝」斷語意味著憂虞，即不掉以輕心。在《周易》看來，卦爻象和卦爻辭及兩者之間存在某種道理，即卦象的變化基於陰陽、剛柔變易的法則，而卦爻辭中的「吉凶」等斷語，就是據此法則而繫。

《繫辭下傳》說：「八卦成列，象在其中矣。因而重之，爻在其中矣。剛柔相推，變在其中矣。繫辭焉而命之，動在其中矣。吉凶悔吝者，生乎動者也。剛柔者，立本者也。變通者，趨時者也。吉凶者，貞勝者也。」

這段話是說，卦象在剛柔相推之中產生變化，卦爻辭中之所謂「吉凶」、「悔吝」等推斷之詞便是基於爻象的變動。剛柔爻象的推移，往來交錯，迭用不窮，成為變通的原則。而吉凶則是按照其變通的道理，相互轉化，吉可變凶，凶可變吉。在這個意義上，《繫辭下傳》說：「爻象動乎內，吉凶見乎外，功業見乎變，聖人之情見乎辭。」關鍵是按剛柔變易的法則而推斷人事之吉凶。據此，《易傳》提出警戒和憂患的問題。

《繫辭下傳》說：「易之為書也不可遠，為道也屢遷。變動不居，周流六虛。上下無常，剛柔相易，不可為典要，唯變所適。其出入以度，外內使知懼，又明於憂患與故。無有師保，如臨父母。初率其辭，而揆其方，既有典常，苟非其人，道不虛行。」

易道以剛柔往復流轉、變動不居為內容，其變動沒有固定的模式，所以說「唯變所適」。因此，人們要存戒懼之心，如同師長和父母一樣，告誡其弟子和子女時刻保持戒惕，亦即要有「憂患意識」。

《易傳》又提出天道盈虛消息說。《彖傳》解釋《豐》卦說：「日中則昃，月盈則食，天地盈虛，與時消息，而況於人乎？況於鬼神乎？」其又解釋《剝卦》說：「君子尚消息盈虛，天行也。」認為天道的變化總是盈則虛，消則息，盈虛、消息互為轉化。君子應遵守這一法則，正確對待人事的吉凶、得失，以提高「憂患意識」。

《周易》中濃厚的憂患意識，是中華民族先賢聖哲憂患意識的集中體現。在一般人處於恐懼狀態時，古代的先王（如堯舜禹）們，由於身兼重職，氏族成員的生存安危與健康發展每時每刻都在心頭縈繞，強烈的責任感導致先王最初產生憂患意識，「堯以不得舜為己憂，舜以不得禹、皋陶為己憂。」並且為了民族的興亡而夙興夜寐，由此引導中國文化走上了憂患之路。

西周以前，憂患意識僅限於少數聖王先哲。《盤庚》中記述殷王盤庚遷都時對百姓的訓誡提到：「今予將試以汝遷，安定厥邦。汝不憂朕心之攸困，乃咸大不宣乃心，汝不謀長，以思乃災，汝誕勤憂。」這裏是斥責百姓不為安邦定國而懷憂，以至於大大助長了殷王的憂國憂民的意識。

周人革命成功後，並未被勝利沖昏頭腦，表現出趾高氣揚的姿態；相反，從商革夏命和周革殷命的歷史事實中，周人發現，不是天帝鬼神決定人和國家的命運，而是人的具體行為決定吉凶成敗，那麼，人就應該對自己的行為負責，從而形成了憂患意識。這種強烈的憂患意識，已不僅限於少數領袖人物，而是彌漫於整個統治集團，周人從一個落後民族君臨天下的那種——「戰戰兢兢，如臨深淵，如履薄冰」的憂患心態歷歷再現，並在隨之產生的《周易》中系統化、理論化，由此開始形成了中華民族精神的一個基本內容——憂患精神。正如《易傳》所指出的那樣：「《易》之興也，其於中古乎？作《易》者其有憂患乎？」

整部《周易》一直籠罩在憂患意識的氛圍中。從《易經》的「當文王與紂之事也？是故其辭危，危者使平，易者使傾。其道甚大，百物不度，懼以終如，其要無咎，此之謂易道也」、「其出入以度，外內使知懼，又明於憂患與故」中可以看出，這裏明確指出了憂患意識是易道，從《易經》到《十翼》，處處充滿危辭，除了謙卦外，其他六十三卦都有危辭。整部《周易》所體現的正是「朝乾夕惕」、「居安思危」、「困而窮通」的強烈憂患意識。

《周易》中說，聖人「極深研幾」，深知「無平不陂，無往不復」，「剝極必復，否極泰來」之道。這與老子的「禍兮，福之所倚；福兮，禍之所伏」是一致的。也就是說兩極是互相轉化的，如果沒有強烈的憂患意識而「終日乾乾，夕惕若」與「如履薄冰」，只能導致悔亡，所以，「子曰，危者，安其位也；亡者，保其存也；亂者，有其治也。是故君子安而不忘危，存而不忘亡，是以身安而家國可保也」（《繫辭傳》）。

《周易》認為，沒有憂患意識，則人的道德修養無所成，更不可能達到理想人格，《繫辭》說：「《易》之興也，其於中古乎？作《易》者其有憂患乎？是故《履》，德之基也；《謙》，德之柄也；《復》，德之本也；《恒》，德之固也；《損》，德之修也；《益》，德之裕也；《困》，德之變也；《井》，德之地也；《巽》，德之制也。」這就是著名的「九德卦」，而這些卦（除了謙卦外，六十三卦皆如此）都充滿了險象、災難、危辭。正是在一種憂患意識中，人的道德觀念才能覺醒，道德行為才能完成。這一點在《震．象傳》「雷，震，君子以恐懼修身」中表達得更充分。

《繫辭傳》中說：「夫《易》何謂者？是故聖人以通天下之志，以定天下之業，以斷天下之疑。」由於天道「雖鼓萬物而不與聖人同憂」因此，聖人必須「明於天之道而察於民之故」，「吉凶與民同患」。這種憂患意識，遠非個人禍福，而是一種洞察時艱、深體民隱的群體意識。

丙　智者妙用

【諸葛亮：由易圖推衍出八陣圖】

諸葛亮千百年來在中國人心目中是智慧的化身，他的智慧之源頭，就是《周易》。陳立夫先生曾為一九九四年舉行的全國第八次諸葛亮學術討論會題詞曰「明易先知」，明確指出了諸葛亮的「先知先覺」與其精通《周易》密切相關。

諸葛亮治國、用兵時，十分注重天、地、人的綜合考察。他在《將苑．智用》中寫道：「順天、因時、依人以立勝。」強調一個優秀的將領應「上知天文，中察人事，下識地理，四海之內，視如室家。」（《將苑．將器》）「夫行兵之勢有三焉：一曰天，二曰地，三曰人。天勢者，日月清明，五星合度，彗星不殃，風氣調和。地勢者，城峻重崖，洪波千里，石門幽洞，羊腸曲沃。人勢者，主聖將賢，三軍由禮，士卒用命，糧甲堅備。善將者，因天之時，就地之勢，依人之利，則所向者無敵，所擊者萬全矣！」（《將苑．兵勢》）將《周易》中天、地、人綜合一體的「天人合一」思想發揮得淋漓盡致。

令人感到頗為神祕的「八陣圖」是不是子虛烏有呢？諸葛亮是否真的創有「八卦陣」呢？

《三國．蜀志．諸葛亮傳》記載——「亮長於巧思，損益連弩，木牛流馬，皆出其意；推演丘法，作八陣圖，咸得其要云。」

作為古代戰爭中一種戰鬥隊形及兵力部署圖，諸葛亮的原「八陣圖」今雖不見，然有傳說為諸葛亮練兵遺址的所謂「八陣圖壘」。酈道元《水經注．江水》云，這種「圖壘」皆壘細石為之。共有三處：一是陝西沔縣，一在重慶奉節，一在四川新繁。尤以在奉節者最為著名。奉節原為古魚復縣，治所在今奉節東白帝城，三國時劉備改名永安，唐改稱奉節。諸葛亮「八陣圖壘」據傳就在永安宮南江灘上。

謹慎堂《諸葛氏宗譜》就載有「八陣功高妙用藏與名成八陣圖」的詩詞讚歌——

天覆陣贊：天陣十六，外方內圓，四爲風揚，其形象天，爲陣之主，爲兵之先。善用三軍，其形不偏。

地載陣贊：地陣十二，其形正方，雲主四角，衝敵難當，其體莫測，動用無窮，獨立不可，配之於陽。

風揚陣贊：風無正形，附之於天，變而爲蛇，其意漸玄，風能鼓物，萬物繞焉，蛇能爲繞，三軍懼焉。

雲垂陣贊：雲附於地，始則無形，變爲翔鳥，其狀乃成，鳥能突出，雲能晦異，千變萬化，金革之聲。

龍飛陣贊：天地後衝，龍變其中，有爪有足，有背有胸。潛則不測，動則無窮，陣形赫然，名象爲龍。

虎翼陣贊：天地前衝，變爲虎翼，伏虎將搏，盛其威力。淮陰用之，變爲無極，垓下之會，魯公莫測。

鳥翔陣贊：鷙鳥將搏，必先翱翔，勢臨霄漢，飛禽伏藏。審之而下，必有中傷，一夫突擊，三軍莫當。

蛇蟠陣贊：風爲蛇蟠，附天成形，勢能圍繞，性能屈伸。四奇之中，與虎爲鄰，後變常山，首尾相困。

八陣圖分別以天、地、風、雲、龍、虎、鳥、蛇命名，加上中軍共是九個大陣。中軍由十六個小陣組成，周圍八陣則各以六個小陣組成，共計六十四個小陣。八陣中，天、地、風、雲為「四正」，龍（青龍）、虎（白虎）、鳥（朱雀）、蛇（螣蛇）為

「四奇」。另外，尚有二十四陣布於後方，以為機動之用。

八陣圖的特點，正如李靖《問對》所指出的，是——「大陣包小陣，大營包小營，隅落鉤連，曲折相對」，「內圓外方」；而其構想，則與《周易》是分不開的。八陣的排列，實際是一幅「文王八卦方點陣圖」（即「後天八卦圖」）。八陣中的每一陣都由六小陣組成，取《周易》六爻之意。八陣加中軍的總共六十四個小陣，與《周易》別卦的六十四卦相合。至於八陣圖的奇正之法，即杜牧之《孫子注》所說的「奇亦為正之正，正亦為奇之奇，彼此相窮，循環無窮」，則更是《易》理在佈陣中的具體應用。

據史書載，諸葛亮利用此陣圖「以巴蜀弱卒數萬東屯渭水，天下震動」。唐代「詩聖」杜甫也賦詩稱讚諸葛亮，說他「功蓋三分國，名成八陣圖」。從諸葛亮的八陣圖，足以看出《周易》確實具有鬼神難測之強大功用！

【劉勰：以「易心」雕「文心」】

在中國歷史上，有一部文學創作理論巨著，叫《文心雕龍》，其作者是南北朝時期的文學理論家劉勰。

劉勰認為，文學創作是以「文心」而「雕龍」，所以就給自己的著作取名曰《文心雕龍》。書中以《周易》的思想為根本，建立了中國歷史上系統的文學理論。該書除了大量引用《周易》文句來說明文學創作的原則和方法外，還直接把《周易》當作文學創作的最高尺規。可以說，劉勰是「易心」雕「文心」，以「文心」而「雕龍」的。

劉勰認為先秦諸子百家都是講「道」的，《周易》也是講「道」的，文學當然也要講「道」，即「文以載道」。

《文心雕龍》全書一共五十篇，在形式上也是直接依《周易》「大衍之數」來安排全書結構；起於第一篇《原道》，終於第五十篇《序志》，這正是——「大衍之數，其數五十，其用四十九」。

《文心雕龍》全書五十篇的半數以上，都曾直接或間接地引證《周易》原理，把它們運用到具體的文章寫作的討論過程中。比如《原道篇》、《征聖篇》、《宗經篇》、《祝盟篇》、《論說篇》、《詔策篇》、《奏啟篇》、《議對篇》八篇中有與《周易》經傳有關的例證；《神思篇》、《體性篇》、《風骨篇》、《通變篇》、《定勢篇》、《情采篇》、《鎔裁篇》、《聲律篇》、《章句篇》、《麗辭篇》、《比興篇》、《誇飾篇》、《事類篇》、《練字篇》、《隱秀篇》、《附會篇》、《總術篇》、《時序篇》、《物色篇》、《才略篇》、《程器篇》、《序志篇》二十二篇中有與《周易》有關的例證。以上例證一共是四十七則。

《文心雕龍》中經常引據《周易》來論述文學創作問題。

比如《周易》中《賁》卦，象徵文飾，其上九爻辭說：「白賁，無咎。」意思是：一切裝飾，都是用來修飾本質的；因此樸實無華返樸歸真，也是很美麗的。

劉勰據此闡釋，文章的形式和內容是統一的。不能過分的追求形式美，以至於妨礙思想感情的表達；文章運用辭藻，是為了表達思想，但辭藻越是浮豔詭譎，思想主旨就越容易被掩蓋。

劉勰還用《周易》乾卦「剛健」的思想，來解釋文學上的「風骨」，大力推崇「剛健」之美，以矯正時弊；用《周易》中「通變」的思想說明文學的發展變化，主張不斷創新。

此外，劉勰還把許多《周易》的語詞融化，活用到《文心雕龍》的詞句裏。

《周易》的義理不僅潛移默化著中國古代文人騷客的文思和才情，而且，我們直接可以感受到，《周易》中的許多卦爻辭，就是優美的詩作，如《周易》中《中孚》九二的爻辭——

鳴鶴在陰，
其子和之。
我有好爵，

吾與爾靡之。

意思是：翩翩仙鶴在樹蔭下鳴叫，牠的夥伴們應聲和鳴；我有一壺美酒，願與朋友你一起暢飲。

這段詩歌描寫鳥類互相應和，相與為歡，以興起主人公「我」邀請對方同席共宴的友好情意，表達一種和諧、友好的情感，應該視為朋友宴飲詩。孔夫子讀罷此爻，曾經引伸發揮，講出了一番大道理：君子要以誠感人，而行為是「君子之樞機」，是「榮辱之主」，「可不慎乎」！而一代風流才子郭沫若則試圖把它解釋成戀歌：「『吾與爾』假如我們更大膽地解釋成一男一女，那會怎樣呢？那會是怎樣一首有趣的戀歌呢？」

而在《詩經．邶風．燕燕》裏有與該爻辭非常接近的文句，是以鳩居鵲巢起興開篇，來祝福出嫁的新娘子——

維鵲有巢，
維鳩居之。
之子于歸，
兩百御之。

大意是：喜鵲樹上把窩搭，八哥來住牠的家。這位姑娘要出嫁，百輛車子來接她。

上面所寫的《詩經》和《周易》中的句子，從內容結構和表現形式上看，可說兩者並無二致，皆以詩歌特有的比興手法描繪形象，創造優美意境。這表明《周易》不僅是彌綸天地的哲學著作，而且也是一部讓人留連忘返的文學著作。

北宋著名文學家蘇洵在研究《易經》時，曾經大讚水和風的形態——「風水之極觀備矣！」然後用《易經》的渙卦總結：「故曰『風行水上，渙』，此亦天下之至文也……」他認為，風和水二者相遇形成渙卦，這就像是寫文章，要「無意乎相求，不期而相遇。」

《周易》思想還直接催生了中華民族獨有的一種文學形式——對聯。

對聯，又稱楹聯，俗稱對子，在中國古代曾經浩蕩奔流、盛極一時，至今餘韻回響。就世界的範圍來講，對聯是中國獨有的一個文學形式，也是中國人一個重要的民俗「特產」。有中國人的地方，就有高高張貼的對聯：春聯、壽聯、挽聯、賀聯……可以說，在中華大地上，對聯無處不在處處在。

百姓人家有——「天增歲月人增壽，春滿乾坤福滿堂」；

商號店鋪有——「生意興隆通四海，財源茂盛達三江」；

寺觀廟宇有——「莊嚴國土，利樂有情」；
關乎個人修養，則有——「海納百川有容乃大，壁立千仞無欲則剛」；
關乎江山美景，則有——「落霞與孤鶩齊飛，秋水共長天一色」……

那麼，為什麼會出現對聯呢？有人說，中國古代的詩句中有對偶句，文章中有駢句，這都是對聯的來源，而漢字是一個一個的方塊字兒，這就為嚴格對稱的對聯提供了可能。試問：為什麼又會出現這些對偶的文學現象呢？中國人頭腦裏所謂的「無獨有偶」這個概念又是從哪裡來的呢？

究根窮柢，對聯的思想源頭在《周易》。《周易》裏說得明白，「孤陰不生，獨陽不長」，這種概念在幾千年前就在中國人的頭腦裏面根深柢固了。而《周易》中陰陽對待、相反相成、缺一不可的思想，形成了中國人重要的審美原則——對稱即為美。

不管是有意還是無意，中國古代的文人騷客們，都在自覺或不自覺地以「易心」雕「文心」，用「妙手」著「美文」。大哉《周易》！美哉《周易》！

【李淳風、袁天罡：大易演出《推背圖》】

經常聽到西方的一些預言家，發表自己關於人類未來的一些預測和看法。其實，在我們中國古代，就有著這樣後知千載的預言大師。他們的預測不是靠什麼特異功能，而是精通易理，根據《周易》推算出來的。距今一千三百多年前唐代的易學大師李淳風和袁天罡及他們的《推背圖》，就是最傑出的代表。

《推背圖》是唐初著名易學家李淳風和袁天罡，根據《周易》知識，推演的國運發展變化及其重大事件的一部圖文並茂而又玄機暗藏的預測性作品。全書共有六十圖，據說，現在已應驗到三十九圖，尚有二十一圖有待應驗。也有易學家持有不同看法。

從已應驗過的三十九圖看，其圖像所要表達的預言意義與其後的歷史史實也大都真真切切地相似。其中，第三十九圖是日本侵略中國的大預言。若從唐初西元六一八年李淵稱帝算起，到一九四五年日本鬼子投降，前後經歷一千三百多年。那麼，當時的李、袁兩人是怎麼知道一千三百年後，中國會受到日本的侵略和蹂躪的呢？我們不能不嘆服李、袁的神奇的術數技藝，不能不嘆服中華先祖創造的《周易》的博大精深！

《推背圖》六十象，其排列是以天干、地支的六十甲子為序的。六十象恰好對應六十甲子。同時，又與六十四卦中的六十卦相應，但次序與六十四卦排列不同。第二十象和第四十八象都叫同人卦，因而，六十象對應的只有五十九卦。另外，有五卦即大畜、謙、蹇、歸妹、小過沒有用上。相對應的五十九卦排列次序，也與今本《周易》六十四卦不同。為什麼這樣排列，一定會有作者含而不露的東西，是個今日值得探究的謎。

六十象圖文並茂，一象一圖，圖下面有讖語，叫「讖曰」。讖語後面是頌詞，叫

「頌曰」。讖就是驗的意思。「讖曰」大都是四言詩，也有三言、五言不等，是預言的根本所在，其深刻預言含義都在這讖語裏面。「頌曰」是七言詩，是對圖和讖的一些注釋、解釋或補充說明性語言。

可通過具體的例子來了解一下《推背圖》的預言的準確和奇妙。

如第二象：

乙丑　巽 下乾上姤

讖曰：累累碩果，莫明其數。

　一果一仁，即新即故。

頌曰：萬物土中生，二九先成實。

　一統定中原，陰盛陽先竭。

圖像是：盤子裏放了21個梨子。

第二象　乙丑　☴☰ 巽下乾上 姤
讖曰
累累碩果　莫明其數
一果一仁　即新即故
頌曰
萬物土中生。二九先成實。
一統定中原。陰盛陽先竭。

此象概括預示了唐代國運發展的大勢。梨者，李者。暗示唐代是李姓的江山。不明說「李」而用「梨」隱諱起來。讖語的第一句「累累碩果」，梨子多，滿滿一大盤子，表示唐代的豐盛，大唐江山的不同凡響。「莫明其數」，實際是21個，為什麼不明確是幾個呢？暗示果子的數目有玄虛。「一果一仁」，一個果子代表一個仁君，21個果子當然就代表21個君主。唐代皇帝從高祖李淵算起，歷經太宗、高宗、中宗、睿宗、玄宗、肅宗、代宗、德宗、順宗、憲宗、穆宗、敬宗、文宗、武宗、宣宗、懿宗、僖宗、昭宗，到哀帝李柷是20個皇帝。若再加上廢去中宗的武則天，正好是21個君主。

那麼武則天算不算一個君主呢？作者的觀點可能猶豫，可算可不算，所以「莫明其數」。更為巧妙的是圖像上從頂端算下來的第四個果子沒有果柄。柄者，權也。暗示武則天雖為皇帝，卻非嫡傳。也可以理解為因武則天篡權而中宗沒有權力。

頌曰，「萬物土中生」，在天干、地支五行裏，戊己為土。李淵稱帝，定國號為唐是在西元六一八年，這年是戊寅年，戊為土，流年戊寅的納音是「城牆土」，唐代開始於土年，所以是「萬物土中生」。而且，唐代也自稱為中土大唐。

「二九先成實」，從唐代建國到西元九〇七年朱全忠篡位，唐朝滅亡，共有二百九十年，就應了「二九先成實」的頌詞。「實」乃「十」的諧音。

「一統定中原」，指唐朝統一天下。盛唐時期是中國的大一統，各國都朝服於中國，其實力相當於今天的美國。但中國受東方文明特別是《周易》文明的深遠影響，強盛卻不稱霸，與世界各國都能友好相處。

「陰盛陽先竭」，從武則天自稱女皇後，唐代女人干預政治成了風氣。如中宗被韋后所殺，太平公主與李隆基又謀殺了韋后，李隆基寵信楊貴妃導致了「安史之亂」等。

女人亂政，女禍不斷，攪亂了朝綱，唐朝自此開始步步衰竭。

那麼，這本預言書為什麼叫《推背圖》呢？有兩種說法——

一種說法是：有一天，李、袁兩人相遇無事，便背靠背坐下用《周易》原理，開始推算古往今來的國家大事。一個人推千年前事，一個人推千年後事。「前事」就是已經過去的大事，正如第一象頌曰：「自從盤古迄希夷，虎鬥虎爭事正奇」。「後事」即唐初之後的國運大事，「試與唐後論玄機」。他們兩人推一個事就畫一幅祕密的圖像，寫幾句讖語。如此推算了幾天，忽聞空中吼聲巨響，「看我是誰？」兩個猛然醒悟，是天機洩漏太多了，違背了天意，然後，兩人飄然而去。這個故事當然有點神話了。《推背圖》就因「相背而坐」推算國運而得名。

另有一說，是：六十象即最後一象的圖是：兩人一前一後，後面人推著前人的脊背。頌曰：「萬萬千千說不盡，不知推背去歸休」，此書也就由「推背」二字而得名。

據《唐書．方技傳》記載，李淳風是陝西鳳翔人，以通曉天文、占卜著稱。袁天罡是四川成都人，唐初術士，有《相書》和占卜著作留傳後世。《唐書．天文志》中載有袁、李兩人合著的《太白會運逆兆通代紀圖》，也是講國運轉移、朝代更迭的，大約與《推背圖》相類似。

【張介賓：「醫易同源」】

中醫學的基礎理論大約奠定於漢代。《周易》對中醫理論的形成與發展產生了重大影響。所以，在今天，大多數人都認為中醫理論與《周易》理論同源，即所謂的「醫易同原」。

醫易自來關係密切。人類社會早期，醫與巫在相當長的一段時間裏，曾融合為一，中國也不例外。《周易》作為筮書，其編纂者就把當時的重要醫理採入卦爻辭之中。醫學與巫術分離之後，醫學的獨立發展又與易學沿哲理化方向演進同步進行，互相影響，相輔相成，在中國文化史上形成了極具特色的「醫易會通」的局面。

據《左傳》昭公元年載，早在春秋時代醫和為晉侯診病，就借喻蠱卦的卦名和卦象，分析病情。後來，中醫學奠基之作《黃帝內經》、張仲景《傷寒雜病論》和其他許多著名醫著，都明顯地打上了易學的印跡。

隨著醫學的進步，醫家對易理的理解和應用也愈益自覺和深入。西晉王叔和、隋人楊上善都多採易理以明醫道。唐代王冰注《素問》大量引用《繫辭傳》和《彖傳》。孫思邈更明確提出——「不知易，不足以言太醫。」

宋代易學的大發展，成為金元明時期醫學空前繁榮的直接思想動力。金元四家劉完素、張從正、李杲、朱震亨，明代著名醫家李時珍、趙獻可等在創立他們各自的學說時，無不以易學為其重要理論工具。「醫易會通」到明代歷經兩千餘年，積累了大量經驗和豐碩成果。正當其時，明代醫學家張介賓（西元一五六三～一六四〇）正式提出「醫易同源」說，並做了相當系統的論述，是對醫易關係的一次歷史性總結。

張介賓，字會卿，號景岳。著有《景岳全書》、《類經》、《類經附翼》。在《類經附翼．醫易義》中，張介賓闡述了他對醫易關係的見解。他說：「天地之道，以陰陽二氣而造化萬物；人生之理，以陰陽二氣而長養百骸。易者，易也，具陰陽動靜之妙；醫者，意也，合陰陽消長之機。雖陰陽已備於《內經》，而變化莫大乎《周易》。故曰天人一理者，一此陰陽也；醫易同源者，同此變化也。」可見，張氏的「醫易同源」說，專指醫在原理上與易相通無二，而核心在於醫易兩者皆以陰陽為其綱要。

張介賓特別強調人與天相合一的觀點。認為陰陽二氣是構成天地萬物和人身體共同的物質基礎，人體的組織結構、生理功能與天地構造、動靜闔闢一一相應，所以「人身小天地，真無一毫之相間矣！」這正是天地之理的易與身心之理的醫得以會通的根據。他由此得出結論：「天地之易，外易也；身心之易，內易也。」「醫之為道，身心之易也！」

由於人體與天地在結構和功能上完全應合，因而人與天不僅在陰陽這一總規律上相統一，而且在陰陽法則的萬殊表現上也相一致。內容豐富的易理是對天地陰陽運動的描述和概括。在張介賓看來，它們都適用於人體。他列舉剛柔、動靜、升降、神機、屈伸、常變、精神、虛實、表裏、緩急、逆順諸多範疇，說明它們既為易之理，又為醫之基。他還論述了太極、兩儀、四象、八卦、六十四卦，和六爻象數在人體構造和生命過程中的體現。認為八卦和六十四卦的各種圖像，不僅可以演示天地節氣的變化，同時也可作為觀測人體生理病理過程的模型。如伏羲六十四卦圓圖，其左半，從復卦至乾卦，由復之一陽漸次增添，至乾而陽盛已極，象徵人自少至壯；其右半，從姤卦至坤卦，由姤之一陰漸次耗減，至坤而陽盡以終，則象徵人自衰至老。又如可以泰卦（乾下坤上）比做人體上下交通，以否卦（坤下乾上）象徵人體上下相隔，等等。因此，「以易之變化參乎醫，則有象莫非醫」；「以醫之運用贊乎易，則一身都是易」。

儘管醫易無一處不相貫通，但仍有區別。依張介賓之說，易為普遍適用之理，醫為易在人體上的具體作用，所謂「易具醫之理，醫得易之用」。這一論斷接近於將易、醫視為一般與特殊的關係。因此，學易可以開闊視野，提高理論水準，加深對醫理的領悟，克服單憑經驗治病而往往被一曲所蔽的缺點，以使對病情做出更全面更準確的觀察與判斷。另一方面，由於醫是易在一個特殊領域裏的具體表現，學醫也可消除「易理深玄，渺茫難用」的心理，有利於對易理的把握。故研習醫易，可以相得益彰。如果醫易兼得，做到以一般指導特殊，以特殊豐富一般，以天理統率人事，以人事體觀天理，那麼無論診療攝生，無論養性治國，將無往不克。而且由於抓住了事物的關鍵和樞鑰，因而能夠取得「運一尋之木，轉萬斛之舟；撥一寸之機，發千鈞之弩」（以上引文均出自《醫易義》）的功效。這樣，張介賓就從醫易同源進一步說明了醫易會通的必要性。

「醫易同源」說的提出，使「醫易會通」上升到一個更加自覺的階段。張介賓的貢獻在於較前人更為深刻地論證了「醫易會通」的內涵和重要意義，指出了醫與易是「理」與「用」的關係，為「醫易會通」指出了努力的方向。這對我們今日發展和創新中醫，仍然具有啟迪作用。

【萊布尼茨：在伏羲六十四卦的啟發下發明「二進位」】

自從十六世紀義大利傳教士利瑪竇（M.Ricci，1552～1610）來華，開啟了近代中西文化交流的先河。在西方天主教文化傳入中國的同時，以《周易》為主體的中國文化也逐漸傳入了歐洲。中西文化呈現出雙向流通的模式。

從明末一六〇三年出版的《天主實義》中可見，利瑪竇對中國文化具有一定的思考，面對中國文化，讓他思索的是認識世界的宇宙觀——「第一推動力」。在第一推動力問題上，以《周易》為背景的中國文化認為宇宙始於「無」。無極而太極、太極生兩儀、兩儀生四象、四象生八卦。天下萬物生於有，有生於無，道生一、一生二、二生

三、三生萬物。而西方卻以天主教文化為背景，把「第一推動力」歸屬於「上帝」。

對「第一推動力」的爭論隨著「禮儀之爭」在歐洲引起廣泛關注。一六五八年義大利傳教士衛匡國（M.Martinius，1614～1661）在歐洲出版了《中國上古史》（Sinice historie decasprima）一書，系統地介紹《周易》，展示一幅伏羲六十四卦圖。德國神學家斯比塞爾（G.Spizel，1639～1691）在一六六〇年《中國文史評析》（De Re Litteraria Sinensium Commentarius）一書中對衛匡國的著作做了評述，並將《易經》中的卦序稱為「二進位」。

近代科學奠基者萊布尼茨在斯比塞爾啟蒙下研讀《周易》，於一六七九年提出用「0」和「1」表示「二進位」的構思，並經歷多年的思考和求教一批來華傳教士後，於一七〇三年投稿法國《皇家科學院院刊》，題為——「二進位算術的闡述——關於只用0與1兼論其用處及伏羲氏所用數字的意義」。

在「二進位」與《周易》關聯問題上，曾有人試圖否認。萊布尼茨本人也曾一度試圖否認0和1的「二進位」源於《周易》，如一七〇一年2月15日萊布尼茨致函在北京的法國傳教士白晉，將其發明的二進位詳細地介紹給白晉，而白晉發現這個二進位與易圖相同，便於一七〇一年11月4日致函萊布尼茨告知，並附上伏羲六十四卦次序圖和伏羲六十四卦方點陣圖。一年後，由於萊布尼茨沒有回函，白晉於一七〇二年11月8日再函萊布尼茨。萊布尼茨說他於一七〇三年4月1日才收到白晉一七〇一年的回信，見到了易圖。

在一七〇一年11月4日通信中，當白晉指出萊布尼茨所發明的二進位體系與先天圓圖雷同時，萊布尼茨卻辯解自己在20年前就已發明，但這終歸經不起歷史的檢驗。萊布尼茨在臨終之前，即一七一六年，在「致德雷蒙先生的信——論中國的自然宗教」中終於誠實地說出他的二進位源於《周易》的過程和途徑。並把《周易》傳入歐洲的時間向前提到十三世紀，由阿拉伯人傳入歐洲。

目前，在國內所流傳的：「萊布尼茨發明了二進位以後才見到了先天圓圖。萊布尼茨根據二進位來理解先天圓圖，說先天圓圖中已包含了他發明的東西」，此說根本不了解這段歷史。

由於萊布尼茨稱伏羲為「科學的始祖」，和臨終前宣布二進位源於《周易》，使一些歐洲科學主義者不滿。

伯希和（P.Pelliot，1878～1945）在一九二二年《通報》中以中國遠古時代沒有「0」，試圖否定二進位源於《周易》。但這種辯解十分離題，因為二進位和《周易》，就是用任何兩種符號「逢二進一」，「0」只是一種符號。

李約瑟在伯希和的基礎上想到白晉所示的伏羲六十四卦次序圖，與伏羲六十四卦方點陣圖是附會，這兩張圖是宋朝邵雍所作，試圖說明萊布尼茨對伏羲八卦圖不了解。但問題是即使伏羲八卦為邵雍所作，不也是「逢二進二」嗎？

同時李約瑟利用《周易》占卜否定萊布尼茨，認為《周易》占卜者們，實際上根本沒有任何算術方面的研究或思考。並以占卜者將《周易》定為封建迷信，證明科學與巫術在二進位上的區別。當對萊布尼茨為什麼要鼓吹八卦時，李約瑟就解釋不清了。

艾田蒲（R.Etiemble，1909-2002）在《中國之歐洲》更直爽，明確地指定《周易》是一團謬誤，將熱中於《周易》研究的學者，稱為「偽學者」。同時也把萊布尼茨和白晉等視為一群烏合之徒，在胡思亂想，陷入荒謬之中，不可自拔。伯希和、李約瑟、艾田蒲等均為歐洲著名史學者，但在探討二進位與八卦問題上，顯然是脫離了歷史的本來面目的，實在讓人遺憾。

丁 智語集萃

1. 地勢坤，君子以厚德載物。（《象傳》）

——坤象徵著大地，大地的氣勢寬厚而和順，所以君子要效法大地，胸懷廣闊，寬厚待人。

2. 生生之謂易。（《繫辭上》）

——新陳代謝，生生不息，這就叫做變易。

3. 舍爾靈龜，觀我朵頤。凶。（《頤・初九》）

——放棄你自己的美味靈龜之肉不吃，卻羡慕我口中之食。這種作法很危險。（意即不能「吃著碗裡的，看著鍋裡的」。）

4. 不遠復，無祇悔，元吉。

——不走遠就返回，即使有過失也不嚴重，因而無後悔，結果會大吉大利。（告誡人們要迷途知返，及早改錯。）

5. 直、方、大，不習，無不利。（《坤・六二》）

——具備了直率、方正、寬容的品質，即使不學習，也能夠無所不利。

6.履虎尾，愬愬，終吉。（《履．九四》）

——踩到老虎尾巴時，只要小心謹慎，也最終能吉祥無險。（告誡人們在危險的處境中要小心翼翼，如臨深淵。）

7.其亡其亡，繫于苞桑。（《否．九五》）

——經常說：「我要滅亡了，我要滅亡了」的人，其實會像拴繫於根深葉茂的桑樹上一樣堅牢。因爲他們懂得安不忘危、居安思危的道理。

8.履霜，堅冰至。（《坤．初六》）

——踩到霜，堅冰不久就要到來了。（此語告誡人們要見微知著。）

9.師出以律，否臧凶。（《師．初六》）

——軍隊出征時，首要的事情是要紀律嚴明。紀律不好的軍隊，前景必然兇險。

10.易，窮則變，變則通，通則久。（《繫辭下》）

——所謂易，即到了極限就變化，變化就能通達，通達就能長久。

11.《易》之為書也不可遠，為道也屢遷，變動不居，周流六虛，上下無常，剛柔相易，不可為典要，唯變所適。

——《易》這本書包含著人生大智慧，不能須臾離身。因爲這本書裡所講的「一陰一陽之謂道」的『道』就是不停息的變化。萬物變化運動不息，不會居留下來，周遍流動於每一卦六爻的位子之間，或處上位或處下位變化無常，或剛或柔相互變易。不能將它視爲永不變化的教條典章，唯有適應變化而不停地變化。

12. 君子以同而異。（《象傳》）

——君子應同中求異，在團結中注意堅持自己的原則和人格的獨立。

13. 天下同歸而殊途，一致而百慮。（《繫辭下》）

——天下的最終都將到達同一個地方，只是各人走的路不同而已；天下的道理本來是一致的，但人們都有著多種不同角度的考慮。

14. 介於石，不終日，貞吉。（《豫．六二》）

——處於眾人皆縱情歡樂的環境中，仍能潔身自好，意志堅定如磐石，並且能見機而作，不會坐待一日終了。如此堅守正道，必然吉祥。

15. 雷以動之，風以散之，雨以潤之，日以烜之，艮以止之，兌以悅之，乾以君之，坤以藏之。（《說卦》）

——震（☳）爲雷，雷用以鼓動萬物；巽（☴）爲風，風用以吹散萬物；坎（☵）爲水爲雨，雨用以滋潤萬物；離（☲）爲日，日用以曬乾萬物；艮（☶）爲山，艮用以棲止萬物；兌（☱）爲澤，兌用以喜悅萬物；乾（☰）爲君爲天，乾用以統治萬物；坤

（☷）爲臣爲地，坤用以儲藏萬物。

16. 一陰一陽之謂道。（《繫辭上》）

——一陰一陽，往來變化，運行不息，這就是「道」。

17. 無妄之災，或繫之牛，行人得之，邑人之災。（《無妄．六三》）

——有時候誠實不說妄語也會招致災禍。譬如有人將一頭牛拴在路旁樹上，被過路的順手牽走，住在周圍的人卻被懷疑，遭受不白之冤。

18. 勞謙，君子有終。吉。（《謙．九三》）

——有功勞而仍能謙虛，不居功自傲的君子，一定會得善終，非常吉祥。

19. 井渫不食，為我心惻。可用汲，王明，並受其福。（《井．九訓》）

——井已修治好，井水仍不被飲用，使我心中好悲傷。可以汲用，賢明的君王，使天下都受福澤。（此語意在告誡英明的領導應及時重用將自己修治好的賢才，以便事業和群眾受益。）

20. 無平不陂，無往不返。（《泰．九三》）

——沒有平地也就無所謂山坡；沒有「往」也就無所謂「來」。（世間萬物都是相反相成的，這是天地之法則。）

《論語》——儒家的處世智慧

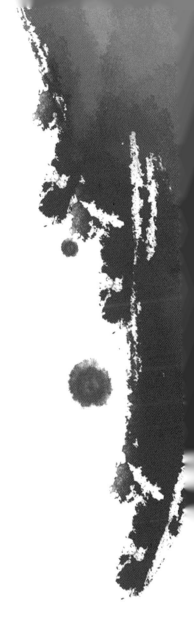

甲 智典概貌

【成書背景】

《論語》是儒家最重要的經典，是《四書》之首。《論語》的第一句是：「子曰：學而時習之，不亦說乎？」這一句，稍有文化的人都知道，沒有文化的人也大概聽說過。中國人對《論語》的熟悉，就像西方人對《聖經》的熟悉一樣。

但是，若要問：《論語》為什麼叫《論語》，《論語》之名是何時確定的，它的編纂者是誰？恐怕很少人能給出一個確切的答案。因為這些問題自有《論語》以來，就雲遮霧罩，即使那些博古通今的大學者也各執其說，莫衷一是。筆者在這裏只能羅列古今的一些看法，以開啟讀者朋友的思路。

首先，說說「論語」二字的含義。

最初編輯《論語》的人，為什麼以「論語」二字命名呢？後人對此說法不一。

東漢劉熙《釋名．釋典藝》中說：「《論語》，記孔子與弟子所語之言也。論，

倫也，有倫理也。語，敘也，敘己所欲說也。」這個解釋是有缺點的，因為《論語》除「孔子與弟子所語之言」外，還有孔子與時人、弟子和弟子的相與言；至於說話有條理，同樣也不能光是孔子與弟子，其他亦有條理，這種說法概括不了「論語」二字的含義。

東漢班固在《漢書．藝文志》中說：「《論語》者，孔子應答弟子、時人及弟子相與言而接聞於夫子之語也。當時弟子各有所記。夫子既卒，門人相與輯而論纂，故謂之《論語》。」此說雖較前者全面，但仍有不足之處，因為《論語》還包含著再傳弟子的紀錄，而對「論」和「語」二字的解釋也不夠充分。

元代何異孫在《十一經問對》中說：「孔門師弟子討論文人之言語也……皆所以討論文義，故謂之《論語》。」這種說法既無根據，又缺乏訓詁釋義。

東漢許慎在《說文解字》中說：「論，凡言語循其理、得其宜謂之論。」「語，與人相答問、辨難謂之語。」這二字的解釋，似乎頗能概括《論語》的實質。

其次，說說《論語》之名始於何時。

對這個問題也是有爭議的，大致有下述幾種看法——

東漢王充《論衡．正說篇》說：「初，孔子孫孔安國以教魯人扶卿，官至荊州刺史，始曰《論語》。」

唐長孫無忌《隋書．經籍志》說：「仲尼既歿，遂輯而論之，謂之《論語》。」

《文選．辯命論》李善注引《傅子》說：「昔仲尼既歿，仲弓之徒追論夫子言，謂之《論語》。」

清乾嘉年間文學家吳騫在《經說》中說：「《坊記》，『《論語》曰』。按《論語》之書，孔子歿，游、夏之徒所記孔門答問之言，初無《論語》之名目，孟子所引《論語》，猶不言《論語》也，此稱《論語》，知是漢人所記。」

清咸豐年間經學家王宗涑說：「古文出於壁中，已名《論語》，《論語》之名不自漢始矣！」

馬敘倫在《讀書續記》中說：「王（宗涑）說是也。沈約謂《坊記》是子思作，則《論語》自為當時定名。」

馬培棠在《國故概要》中說：「《論語》之名，雖早見於《禮記．坊記》，而兩漢時代，稱謂並不一致。或單稱《論》，或單稱《語》，或別稱《傳》，或別稱《記》，或詳稱《論語說》，直至漢後，《論語》之稱，方告確定。其內容，強半皆孔子之言，故曰《論語》。」

張舜徽在《廣校讎略．著述標題論》中說：「《論語》初出屋壁，漢初猶謂之傳，至孔安國以教魯人扶卿，始曰《論語》，《論衡．正說篇》言之甚詳，必有所受，則

《論語》之名，漢師所補題也。」

楊伯峻在《論語譯注》中說：「『論語』這一書名是當日的編纂者給它命名的，意義是語言的論纂。」

再次，說說《論語》纂輯者是誰。

對這個問題，歷代學者亦多有論述，說法也不一致，有以下幾種說法——

1．第一種說法：由孔子眾弟子纂輯

《漢書．藝文志》說：「門人相與輯而論纂。」東漢經學家趙岐《孟子題辭》說：「七十子之疇，會集夫子所言，以為《論語》。」魏宋均注的《論語崇爵讖》說：「子夏六十四人共撰仲尼微言，以當（一作事）素王。」

2．第二種說法：由孔子個別弟子纂輯

東漢經學家鄭玄在《論語．序》中說：「仲弓、子游、子夏等撰。」宋陸九淵在《語錄》下說：「王肅、鄭康成謂《論語》乃子貢、子游所編，亦有可考者。」又說：對曾參、有若「不以名而以子稱子，蓋子夏輩平昔所尊者，此二人耳。」宋胡寅《論語》詳解和宋趙順孫《四書纂疏》均謂《憲問》篇不書姓，且直稱名，疑通篇皆憲所記。清劉寶楠《論語正義》卷末附錄說：「《論語》之作，不出一人，故語多重見，而編輯成書，則由仲弓、子游、子夏，首先商定。」

3．第三種說法：由孔子再傳弟子纂輯

唐柳宗元《論語辨》說：「且是書載弟子必以字，獨曾子、有子不然。」又說：「今所記獨曾子最後死，余是以知之，蓋樂正子春、子思之徒與為之爾。」梁皇侃《論語通》說：「《論語》者，是孔子歿後七十弟子之門人共所撰錄也。」程子在《論語集注序說》說：「《論語》之書，成於有子、曾子之門人，故此書獨二子以子稱。」

4．第四種說法：孔門弟子及再傳弟子纂輯

柳宗元《論語辨》說：「或曰，孔子弟子嘗雜記其言，然而卒成其書者，曾氏之徒也。」梁啟超《論語編輯者及其年代》說：「竊疑纂輯成書，當出有子、曾子門人之手；而所記孔子言行，半承有、曾二子之筆記或口述也。」錢穆《論語要略》說：「大抵《論語》所記，自應有一部分為孔子弟子當時親手所記錄者；而全書之纂輯增訂，則出於七十子之門人耳！」

最後，說說《論語》的修訂情況——

秦始皇焚書坑儒以後，《論語》已毀之殆盡，故王充說：「漢興失亡。」當時傳授生徒要靠口頭講述，於是出現了《魯論》和《齊論》不同的內容。後來又從孔宅壁中發現了《古論》，這樣在西漢時期就有三《論》並行於世。

《魯論》二十篇，傳授者有漢代的常山都尉龔奮、長信少府夏侯勝、太子太傅夏

侯建、前將軍蕭望之、丞相韋賢及其子玄成，還有扶卿等。因是魯人傳授之學，故謂之《魯論》。是現行《論語》編次所據之本。

《齊論》二十二篇，比《魯論》多《問王》、《知道》兩篇，其他二十篇的章句內容也比《魯論》多，所談多玄學。傳之者有漢代的御史大夫王卿、膠東庸生、昌邑中尉王吉、少府朱畸、御史大夫貢禹、尚書令五鹿充宗等。因是齊人傳授之學，故謂之《齊論》。此書久已亡佚！

《古論》二十一篇，沒有《齊論》中的《問王》和《知道》兩篇，比《魯論》多一篇，這一篇是《堯曰》「子張問」以下的半篇，名曰《從政》。編次亦不與《魯論》、《齊論》相同。《漢書．藝文志》說：「《論語》古二十一篇。」當時漢景帝的兒子劉餘，立為淮陽王，徙為魯王，好治宮室，為了擴大宮址，拆遷孔子故居時，從牆壁中得到《尚書》、《論語》，字皆蝌蚪文，因此人們謂之《古論》。當時五經博士孔安國為之訓解。此書亦久已亡佚。

第一次《論語》修訂是在西漢末年，出於張禹之手。禹字子文，河內軹（今河南濟源縣）人。先從夏侯建學《魯論》，後來又從王吉、庸生學《齊論》，元帝詔禹授太子《論語》，成帝即位，尊以師禮，封為安昌侯。張禹初授《魯論》，晚年講《齊論》，後來將《魯》、《齊》、《古》三論做了一番考訂，刪去《齊論》中的《問王》、《知道》兩篇，遵從《魯論》二十篇為定，名之曰《張侯論》。到了東漢，有包咸、周氏（佚名）為《張侯論》分章析句，加以解說，官府把它列於學官，後學者莫不從《張侯論》。當時有一種說法，「欲為論，念張文」。可見《張侯論》在當時影響之大了。從此之後，三《論》不再得傳。它們的原來面貌如何？已經很難知道了。

《論語》的第二次修訂是在東漢，出於經學家鄭玄之手。玄字康成，北海高密（今山東）人。曾入太學學習今文《易》和公羊學，又從張公祖學古文《尚書》、《周禮》和《左傳》等，最後從師馬融學古文經。建安中徵拜大司農，不起。居家授徒，著書立說，世稱「後鄭」或「鄭學」。他以古文經論為主，兼採今文經說，遍注群書，在整理古代歷史文獻上頗有貢獻。《隋書．經籍志》說：「鄭玄以《張侯論》為本，參考《齊論》、《古論》而為之注。」這次改訂本即是今天通行的《論語》的來源。

【孔子其人】

《論語》中大部分記載的是孔子的言論，所以要透徹理解《論語》的智慧，就不能不了解孔子一生的歷程。

據司馬遷《史記．孔子世家》記載，孔子是殷商帝室的後裔。周武王滅周以後，封商的宗室微子於宋。由微子四傳到閔公。閔公的長子弗父何依法當立為宋君，但他將國位讓給弟弟厲公。弗公何的曾孫正考父曾經任宋國戴公、武公、宣公三世的上卿，以謙恭著名。正考父的兒子孔父嘉繼任為宋國的大司馬。宋穆公病，將兒子殤公囑託給孔父嘉。宋臣華督作亂，弒殤公，並殺孔父嘉。孔父嘉的後人避難到魯國的鄒邑（在今山東曲阜縣境），以孔為氏。這是孔子所以是魯國人而且姓孔的原因。

孔子的曾祖父名孔防叔，祖父名伯夏。孔子的父親名紇，字叔。古書上稱他為鄒叔紇，或稱為叔梁紇。他是鄒邑的大夫，以武力聞名，曾經參加過魯國的對外戰爭。

孔子的母親姓顏，名徵在。

孔子誕生的年月日，古書上所說各有不同。比較可信的，是說孔子生於周靈王二十一年，即魯襄公二十二年冬十月庚子。因為古今曆法不同，這十月庚子正當現在夏曆的八月二十七日，或說應該是八月二十八日。如果以西元及陽曆計算，他是出生在西元前五五一年。

孔子名丘，字仲尼。他所以取這個名字，據說和他的形貌有關係。他的頭頂，四周高，中央低，很像尼丘山的形狀。

孔子的誕生，有許多傳說和神話。或說孔子的父親和顏氏女子野合而生孔子。或說孔子的父親和母親祈禱於尼丘山，感受黑龍的精靈而生孔子。甚至有的說孔子只有母親而沒有父親，他的母親和黑帝的神夢中交合而生孔子於空桑裏面。

孔子誕生不久，他的父親叔梁紇去世了，所以他幼年的家境不好。他自己曾經說過：「我少年的時候貧賤，所以能夠做許多粗賤活計。」《孟子》裏說他曾經當過主管倉廩和苑囿的下吏。

孔子雖然貧苦，但從小就有志氣。他小時候，時常陳列祭祀用的俎豆，作為一種行禮的遊戲。他自己說：「十五歲的時候，就對學問發生興趣，確定了求學志向。當時達巷的鄉人也稱讚他博學。可見孔子對於當時一切學問都很用功。

孔子到了三十歲左右，已學有所成，頗得當時貴族的尊敬。那時魯國的貴族孟僖子將死，召他的家臣，說他死後，將他的兩位兒子孟懿子（說）和南宮敬叔（何忌）送到孔子那裏學禮，因為孔子是聖人的後裔，是一位通儒。

孔子三十五歲，正當魯昭公二十五年（前五一七年）。那年，昭公討伐魯國的貴族季氏，失敗了，逃到了齊國。當時魯國混亂，於是孔子也避到齊國。齊國的諸侯景公曾經向孔子詢問政治，孔子說：「君君，臣臣，父父，子子。」這是有針對性的，因為當時魯、齊兩國的政權都操在卿大夫手裏，君不像君，臣不像臣，所以孔子說這樣的話。

孔子在齊國也不得志，於是重新回到魯。那時孔子的名聲已很大，弟子更多，並且有從遠方來求學的。那時，魯國的政權操在季氏手中，而季氏又受制於他的家臣陽貨。陽貨很想招納孔子為己所用，孔子故意避而不見，他於是送孔子蒸豚。依古代的禮節，孔子不能不回拜，於是孔子等陽貨出外的時候去拜訪他，但恰恰在路上遇見了。陽貨以各種理由責備孔子，孔子只得敷衍他。所以當陽貨專權的時代，孔子始終沒有到官場中去混。

魯定公九年（前五〇一年），孔子已經五十一歲。那年，陽貨被逐奔，於是孔子才見用於魯國。他先作「司空」，繼作「司寇」。這時期內，孔子在政治上的表現有兩件事值得一說：一是夾谷的會盟，一是毀魯國貴族三家私邑的城垣。

魯定公十年（前五〇〇年），孔子已經五十二歲。那年夏季，魯定公和齊景公會盟於夾谷地方，魯國派孔子相禮。齊臣犁彌勸齊景公用武力劫魯定公，說孔子知禮而不勇，一定可以成功。哪知孔子不僅以禮責備齊侯，使他無法施用武力；而且收回從前陽貨私送給齊國的鄆、讙、龜陰三地。這是孔子外交上的勝利。

魯定公十二年（西元前四九八年），孔子五十四歲。那時，孔子很見信於魯國的貴族季氏，他的弟子子路也作季氏的家臣，於是想施行他的「制裁貴族、尊崇君主」的政策，主張將魯國最有權勢的貴族季孫、叔孫、孟孫三家私邑的險要毀掉。當時，季氏居然聽從孔子的話，將他的私邑費的險要毀去，叔孫氏也將私邑郈毀去。孟氏本也允許將他的私邑成毀去，因公斂處父的挑撥，又不肯。魯定公派兵圍成邑，失敗，於是孔子的政策沒有完全成功。

從這件事以後，孔子又不被魯君重用。公伯寮曾向季孫說子路的壞話，子路很憤慨，但孔子委之天命，他對子路說：「道施行，是命；道廢棄，也是命；公伯寮對於命有什麼辦法呢！」

當時，齊國很怕孔子在魯國執政，於是故意將女樂送給魯國。魯國的季桓氏居然受他誘惑，三天不朝。而且不把郊祭的膰肉送給孔子，非常失禮。孔子覺得自己無法再停留下去，於是離魯到衛。但魯是孔子的祖國，他始終不忍捨去；他遲緩地動身，和當年離開齊國的急遽的情形完全不同。他說：「遲遲的去是離開祖國的道理啊！」那年孔子已經五十五歲。

孔子到衛，寄寓在衛國的賢大夫顏讎由家裏。當時衛國的寵臣彌子瑕和孔子的弟子子路是親戚，他對子路說：「假使孔子寄寓在我的家裏，衛國的卿可以設法得到。」衛的權臣王孫賈也用隱語勸孔子依附他。但孔子都堅決地加以拒絕。當時衛靈公對於孔子雖不能重用，但給其待遇相當好，所以孔子也就耽擱下去了。

孔子在衛先後五年，衛靈公死，因君位的繼承問題發生爭亂，於是孔子才離衛，那年孔子已經五十九歲。孔子先經過曹國，繼而經過宋國和鄭國，最後到了陳國。

孔子經過宋國的時候，和弟子在大樹下面學禮。宋國的權臣司馬桓魋討厭孔子恢復古禮，因這對自己不利，於是將大樹拔去，想殺害孔子。孔子便服離開宋國，並且很鎮定地說：「天將道德托生給我，桓魋對我有什麼辦法呢！」

孔子六十三歲那一年（前四八九年），吳攻陳，楚救陳，孔子打算離陳到楚，中途因為兵亂，費用無法接濟，竟至於絕糧。子路很憤慨地向孔子說：「君子也有窮困的時候嗎？」孔子說：「君子耐得住窮困；小人一窮，就亂來了！」後來孔子到了楚境蔡地，遇見楚臣葉公。他向孔子問政治，孔子說政治的究竟目的，在於使「附近的人民快樂，遠方的人民能夠歸服。」

孔子在陳、蔡，也不得意，他很感慨地說：「為什麼不回去呢？我故鄉的人士雖然有點輕狂，但對於大道抱著進取的熱誠，還不致忘記了本源呢！」於是又回到衛國。

當時衛國的君主是孝公。他對於孔子也只是送他俸祿，並不重用。孔子的弟子子路曾經問孔子說：「衛君等候夫子整理政治，夫子打算先從什麼地方著手？」孔子說：「那該是正名吧！」子路因為那時衛國父子正在互爭君位，覺得孔子正名不合時勢，於是說：「這樣嗎？夫子太迂遠了！到現在，你正什麼名呢！」孔子一貫主張名分是政治的基礎，於是斥責子路說：「鄙野的由啊！君子對於他自己所不曉得的，只好缺而不說；你不曉得正名的意義，怎麼能說是迂遠呢！名如果不正，言辭就沒有順序；言辭沒有順序，政事就無法完成；政事不得完成，君主不能安位，風教不能化下，禮樂也就無法興起；禮樂不興，自然濫施刑罰；濫施刑罰，那麼，人民無法對付自己的行動，而全國就騷亂了。所以君子稱名必定可以言說，言說必定可以施行。君子對於言辭，是不能有所苟且的啊！」

魯哀公十一年（前四八四年），孔子已經六十八歲，魯國請孔子回去，於是孔子離衛回到祖國，然而前後已經十四年之久了。

當孔子在外周遊的時候，時常遇到隱居的哲人，向孔子表示一種譏諷規勸的意思。但孔子以拯救當時的社會為己任，仍然堅持著自己的主張。

孔子的前輩微生畝曾經對孔子說：「丘啊！為什麼這樣忙碌地東奔西走呢？難道是為了誇耀自己的口才嗎？」孔子回答說：「不敢誇耀口才啊！實在厭惡這醜陋的社會而想拯救它啊！」

孔子的弟子子路曾經在魯國的城門石門過宿，那個管城門的所謂「晨門」的人，問他：「你從什麼地方來？」子路回答說：「從孔氏那邊來。」

「晨門」說：「就是明明知道不可以作為，而還在那裏作為的那位嗎？」

長沮、桀溺兩位隱者在那裏並耜耕種，孔子叫子路向他們詢問濟渡的地方。長沮問：「那位在車裏拿著馬韁的是誰？」子路說：「是孔丘。」長沮說：「是魯國的孔丘嗎？」子路說：「是的。」長沮譏諷地說：「他周遊各國，當然是曉得濟渡的地方了！」故意不告訴他。子路又去問桀溺。桀溺說：「你是誰？」子路說：「我是仲由。」桀溺又問：「你是魯國孔丘的門徒嗎？」子路回答說：「是的。」桀溺也譏諷地說：「現在天下全是亂七八糟的樣子，你和誰能夠改變它？而且你與其跟從這位『避人』的人，豈若跟從我們『避世』的人呢？」他在那裏不停地耕種著，也故意不告訴子路。子路弄得無法，只得回去告訴孔子。孔子很失意地說：「我們不可以和鳥獸同居而隱居在山林；我不和這人群相親又和誰相親呢？假如天下已經治理，我孔丘又何必改變它呢？」

有一次，子路跟從孔子出遊而落後，途中遇見一位老人，他用杖挑著一種叫做「篠」的竹器。子路問他說：「你看見夫子了嗎？」老人說：「四肢不勞作，五穀分不清，誰是夫子呢？」他將杖插立著而到田裏除草。子路無法，只得拱手站立。老人留子路住宿，殺雞煮飯請他吃，並且叫兩個兒子見他。第二天，子路動身趕上孔子，告訴他這件事的經過。孔子說：「這是隱居的哲人啊！」叫子路回來見他。子路到他家裏，他已經出門，於是留言給他的兒子請他們轉達，說：「不出去作官，這是失義。你們父子相養，已知長幼的禮節，不可廢棄，君臣的大義為什麼要廢棄它？隱居自好，只是想獨善一身，實際上卻擾亂了大道。君子的出仕，不過想實行自己的道義；至於『道』的不能施行，我們也已經曉得了！」

孔子在衛國的時候，有一天在那裏擊磬。一位挑著一種所謂「蕢」的盛土的草器的人走過孔子的門外，聽見磬聲，說：「有心啊！這擊磬啊！」後來又說：「太固鄙了！這樣的硜硜然，說沒有人曉得自己。這樣的完了，就完了，何必憂傷呢！人們的處世同渡水一樣，水淺不妨將衣襟揭起，水深就讓衣服濕了渡過去好了！」孔子聽到這譏刺的話，說：「太武斷了！然而也沒有法子駁難他啊！」

孔子到楚國的時候，有一位裝瘋賣傻的接輿唱著歌兒經過孔子的面前，說：「鳳啊！鳳啊！你的德行為什麼這樣的衰落啊！已往的無法阻止，將來的還可以追回，完了，完了！現在從政很危險啊！」孔子下車，打算和他說話；但接輿跑開避掉。

孔子始終抱著救世的情懷，所以他的苦衷無法得到這些隱居的哲人們的理解；然而孔子之所以為孔子，也正在於這種「淑世」的精神。

孔子返魯，已經是近七十歲的老翁了，然而他從前以禮治魯的主張仍舊不變。魯哀公十四年（前四八一年），孔子七十一歲。那年，齊國的權臣陳恒弒齊簡公。孔子沐浴齋戒去朝見，對魯哀公說：「陳恒弒他的國君，請討伐他。」哀公說：「你去告訴『三子』（指魯國權臣季孫、孟孫、叔孫三卿）。」孔子說：「因為我身居大夫之後，所以不敢不告；現在君卻命我去告訴『三子』」。孔子又到「三子」那裏去請求討伐陳恒，「三子」不肯，孔子說：「因為我身居大夫之後，所以不敢不告啊！」

起初，孔子東奔西跑，很想實行他的社會的、政治的理想。他很自負，曾經說過：

「如果有國君用我的話，一週年已經可以，三年一定成功。」弟子子貢問孔子說：「有一塊美玉在這裏，擱在匣櫃裏保藏呢？還是求好價格賣掉呢？」孔子說：「賣的，賣的，我是在等候著價格啊！」

後來孔子處處不得意，於是時常流露出慨歎的話。如說：「沒有人曉得我了！」子貢說：「為什麼沒有人曉得夫子呢？」孔子曰：「我不怨天，也不怨人。我下學人事，上知天命；曉得我的，大概只有天吧！」

孔子曾經對他的弟子顏淵說：「世間起用我們，就施行自己的大道；世間捨棄我們，就蘊藏著自己的美德；那只有我和你能夠這樣吧！」

有時孔子覺得中土無法施行他的理想，也頗有到邊遠地方去的感慨。如說：「大道不能施行，只好乘著木排去渡海，能夠跟隨我的，大概只有仲由吧！」孔子曾經想移居到當時未開化的地方所謂「九夷」，有人說：「太僻陋了，你怎麼辦呢！」孔子說：「君子住在那裏，有什麼僻陋呢？」認為君子是可以感化蠻夷的。

最後孔子已經衰老，清楚不能及身行道，於是時常有沉痛而絕望的語調。有一次，孔子在河川旁邊，看見河水流得很快，無法阻止，於是聯想到時間的流逝和自己的老邁，感慨道：「過去的竟像這流水一樣的快啊！日夜不停留。」又說：「啊！我已經很長久的不再夢見周公了！」因為他平素很熱情的想推行天道，所以時常夢見周公。又說：「鳳凰不來，黃河裏也沒有圖書出現，我是完了！」鳳凰、河圖，傳說是古代帝王接受天命的祥瑞，現在一丁點兒的祥瑞也沒有，他知道沒有推行大道的希望了。

魯哀公十六年（前四七九年），孔子七十三歲。那年夏四月己丑，孔子病死。以現在夏曆去推算，是正月十一日。孔子葬在魯國城北泗水的旁邊。

【內容結構】

現存《論語》共二十篇，492章。各篇以每篇開頭兩個或三個字作為篇名。在492章中，記錄孔子與弟子談論之語，及孔子日常行動的約444章，記載孔門弟子之間談論之語的約48章。《論語》二十篇，各篇內容提要如下——

《學而第一》主題是學習。孔子從政時間不長，平生功業唯教與學。孔門所謂的學習，不只是讀書，掌握知識、技能，更在於道德品質的修養、磨礪，「學而」記錄的都是為人處世、齊家治國必須具備的基本品德，其中有幾章是直接談學習的。

《爲政第二》主題是從政。孔子圍繞著仁政德治，論及以德服人，以孝參政，知人舉賢，取信於民等，回答了魯哀公、季康子、孟懿子、孟武伯（魯國君臣）關於為政的問題，和子張「幹祿」求仕的問題。孔子收徒講學的目的主要是培養從政的人才，以「為政」篇緊接「學而」篇，顯然是符合孔子思想的。

《八佾第三》主題是禮。記載了孔子對各種僭禮行為的批評：魯國君主舉行只有天子才能舉行的禘禮；魯國權臣季氏用只有天子才能用的八佾之舞，祭祀只有天子和諸侯才能祭祀的泰山；魯國三卿像天子那樣，唱著《雍》詩撤除祭品；管仲像國君那樣樹塞門、有反坫等。記載了孔子關於為禮要敬、臨喪要哀、君臣相處和君子交往要依禮的主張。

《里仁第四》主題是仁。首先強調了選擇仁以自處的重要性；無論環境夷險、遭遇窮通，仁者其心自安，寵辱不驚。無論好人壞人，仁者其心自明，並能真誠正直地表達自己的好惡，而寬容別人。不仁之人，則困境樂境都不能安處久居，所喜所厭亦不能真實好惡。本篇還談及與仁德密切相關的忠恕孝悌，與仁德互相聯繫的禮義智恥等。

《公冶長第五》主要內容是孔子對古今人物的評價。有孔子弟子，如公冶長、南容、宓不齊、端木賜、冉雍、漆雕開、仲由、冉求、公西赤、顏回、宰予、申棖等；有孔子前人，如孔圉、公孫僑、晏嬰、季孫行父、甯俞、伯夷、叔齊、微生高等。值得注意的是孔子品評人物的標準，以及孔門之多賢，孔子之知人。

《雍也第六》的內容可以一分為二，前16章也是評議人物的賢否得失，如冉雍、顏回、仲由、端木賜、冉求等；後14章則談論仁、道、智、禮、中庸、聖賢、君子等。這兩部分內容之所以合為一篇，是因為後者正是孔子用以評價人物的尺度。

《述而第七》記孔子之志行。孔子之志，多為自述，是孔子的自我評述，如述而不作，信而好古；默而識之，學而不厭，誨人不倦；志於道，據於德，依於仁，遊於藝；「飯疏食，飲水，曲肱而枕之，樂亦在其中矣。不義而富且貴，於我如浮雲」；發憤忘食，樂以忘憂等等。孔子之行，多為弟子印象，是學生對孔子的評議，如食於有喪者之側，未嘗飽也；於是日哭，則不歌；不語怪、力、亂、神；釣而不綱，弋不謝宿；與人歌而善，必使反之，而後和之等等。

《泰伯第八》的內容有三部分：一是孔子對堯、舜、禹、文武、泰伯的讚頌。二是記曾子語五章，曾子畢生謹慎，修身為本，仁以為己任，雖無事功，而有弘毅之德。三是孔子泛論，如「三年學，不至於穀，不易得也」；「篤信好學，守死善道。危邦不入，亂邦不居。天下有道則見，無道則隱」；「不在其位，不謀其政」，等等。若加推敲，則本篇孔子泛論之言，似間接與曾參相關，蓋曾參一生未仕，而能善終。至於對堯、舜、禹等的讚頌，合為一篇，應當是曾參弟子所以尊其師也。

《子罕第九》的內容有兩部分。一是續記孔子之志行，與《述而》篇遙相呼應。孔子博學多能，德高望重，自信而謙虛，未能大用於世，則「待價而沽」，甚至「欲居九夷」。二是孔子勉人為學之言，學者當堅守其志，自強不息，持之以恆，循序日進，以達智、仁、勇的境界。

《鄉黨第十》記載孔子在朝和閒居時的舉止言談，衣食住行，生活習慣等。孔子在朝固極莊敬，鄉居亦不苟且，一切以禮自守。閱讀本篇，可於細微處見精神，聖人盛德養成於也體現在平素日常一言一行之中。

錢穆先生《論語新解》按語中說：「《論語》之編輯，非成於一時……前十篇為上論，終之以《鄉黨》篇，為第一次之結集，下論十篇為續集。」錢先生所見，可供作為參考。

《先進第十一》是對孔子學生的評價。首章孔子高度概括了前期弟子與後期弟子學風之異。第三章列舉了孔門四科之佼佼者。接著載孔子對顏回、閔損、仲由、顓孫師、卜商、冉求、高柴、高參、端木賜等人的評述，大多言簡意賅，主要弟子的特點，比如師過，商不及，求退，由兼人，閔損言必有中，端木億則屢中等等，一目了然。本篇最末，是著名的「子路、曾皙、冉有、公西華侍坐」章。

《顏淵第十二》和《子路第十三》內容大同小異，都主要是孔子回答弟子及魯、衛君臣等之問，而談求仁、為政、致知、舉賢、交友之道。

《憲問第十四》內容有點雜。孔子評價了子產、管仲、晉文、齊桓、孟公綽、臧武仲、公孫拔等歷史和當時人物，還評價了原壤、「闕黨童子」等普通百姓，其評論多大處著眼，又獨具隻眼。本篇的另一部分內容則是孔子泛論為人處世之道。

《衛靈公第十五》也是孔子泛論為人處世之道，而多談怎樣才是君子，並以君子、小人對比，如：君子矜而不爭，群而不黨；君子不以言舉人，不以人廢言；君子固窮，小人窮斯濫矣；君子求諸己，小人求諸人；君子不可小知而可大受也，小人不可大受而可小知也。等等。

《季氏第十六》，有的學者認為屬《齊論語》，但無確鑿證據。不過，本篇行文是與他篇不同：每章都用「孔子曰」，而非「子曰」；「三友」、「三樂」、「三愆」、「三戒」、「三畏」、「九思」等章，皆不夠簡潔自然，「季氏將伐顓臾」章，記孔子話語之長，在《論語》中是絕無僅有的。從內容看，一至三章就當時魯國政治發議論，其餘仍多為君子論。

《陽貨第十七》記孔子拒絕出仕以助陽貨，公山弗擾以費叛而召孔子，佛肸以中牟叛而召孔子，孔子意欲前往，將以有為，而終未成行。孔子有經世致用的抱負和才能，卻無適當的機遇，加上本篇載孔子斥鄉愿，責鄙夫，批小人，惡鄭聲，以及「予欲無言」和今不如昔之歎，錢穆先生認為本篇旨在「見聖道之不行」，是有道理的。

《微子第十八》載微子去國，箕子為奴，比干被殺，柳下惠三黜，魯國樂官四散，上古逸民隱居，又載齊、魯不用孔子，接輿、長沮、桀溺、荷蓧丈人等對孔子的批評，則「聖道之不行」的旨意更加明顯，但是孔子又與避世離群、潔身自好者不同，知其不可而為之，相比之下，境界高出一籌。

《子張第十九》載孔子去世之後，其主要弟子的言論，反映孔門學說之傳承光大。特別是子貢讚美孔子的三章，對孔子的高度評價，後來成為世所公認，奠定了孔子在歷史上的地位。

《堯曰第二十》歷敘堯、舜、禹、湯、武王治國平天下之大端。並以孔子知命、知禮、知言之說壓軸，《論語》編定者尊孔之意於此昭昭易見。

《論語》篇章的排列，大體有兩種意見：楊伯峻先生認為《論語》篇章的排列不一定有什麼道理，就是前後兩章間，也不一定有什麼關聯（見《論語譯注・序言》）；而南懷瑾先生則認為《論語》本身有一貫的系統，不可分開，《論語》二十篇，每篇都是一篇文章，整個二十篇連起來，是一整篇文章，篇篇章章都有聯繫。（見《論語別裁・學而第一》）

事實上，《論語》的編排絕不是雜亂無章的，但也不能說是井然有序的。所謂絕不是雜亂無章，是因為《論語》的篇章間，大體有脈絡可尋。所謂不是井然有序，是因為《論語》是語錄體，不是一氣寫成的文章，很難結構嚴密。它是在孔子死後，把孔子和一些弟子的語錄蒐集起來編排的。由於數量一定很多，編排時在決定取捨時，考慮的應是每條語錄的重要性，而不是其是否有利於全書的結構嚴密。這樣，有些語錄是勉強安排在一定位置。《論語》編者為此，真是煞費苦心也！

《論語》中，一個問題，如「仁」、「禮」、「君子」、「詩」；一個人，如顏回、子貢、子路等，都分散在各章，不是集中在一起。但仔細研究，它們的安排不是雜亂無章，而是經過考慮的。就以有關「君子」的語錄而論，《論語》二十篇，篇篇論「君子」，最少的是《鄉黨》，只1章；最多的是《衛靈公》，有11章。如果把論「君子」的87章集中起來看，就會發現編者有意地把君子的性格安排得很有層次。

開始《學而》和《為政》前半安排了君子的修身（對己），《為政》後半至第五篇《公冶長》主要安排了君子如何對人，第六篇《雍也》至第十四篇《憲問》主要安排了君子的心胸，最後七篇主要安排了君子的終極關懷，所謂「主要」，就是說各篇章的界限不是那麼清楚，只是大致有序，不是井然有序。

由此不難推知，編者不會只對「君子」的安排這樣下工夫，他對全書的安排都下了工夫，「君子」的安排是服從全書的安排的。從對「君子」的安排有序，也可看出全書的安排有序。

《論語》各篇都有一個主題，各篇的位置也都經過仔細考慮。如首篇《學而》，第二篇《為政》，第三篇《八佾》，第四篇《里仁》，以至第十九篇集中了幾位弟子言論，最後一篇安排聖人的言論《堯曰》，從頭至尾，都安排得很有道理。

就章與章之間的關係來說，首章的「學而時習之」和最後一章的「不知命，無以為君子」是遙相呼應的。一篇之內的各章之間，大多前後有聯繫。如《八佾》的首章「八佾舞於庭」，第二章的「三家者以《雍》徹」，第三章的「人而不仁如禮何」，第四章的「林放問禮之本」，以及以下各章，都沒有離開一個「禮」字。

因此，「《論語》篇章排列不一定有什麼道理，就是前後兩章間也不一定有什麼關聯」的說法有失公允。認真分析體會《論語》篇章安排的次序和脈絡，有助於我們從整體上把握《論語》內容和精神實質。

【歷代推崇】

《論語》在中國歷史上產生了極為深遠的影響，孔子在中國古代得到了無以復加的崇奉。孔子以後，我國古代知識份子幾乎無不熟讀《論語》，《論語》的思想內容、價值取向、思維方式等早已融入中華民族的血液之中，沉潛在炎黃子孫的生命中，熔鑄成中華民族特有的文化傳統和智慧特徵。

戰國時期，學術上出現了「百家爭鳴」的局面。這一時期，繼承和發揚孔子思想的主要是孟子。孟子認為孔子「出乎其類，拔乎其萃」，「自生民以來，未有盛於孔子也」，把孔子的地位抬得很高。孟子受業於子思之門人，子思學於曾子（一說子游），而孟子自己卻是以孔子的「私淑弟子」（未能親自受業但因敬仰其學術而尊之為師者）自居的。孟子確實可以說是孔子的忠實信徒，是孔子學說的卓越繼承者。他一方面「集天下英才而育之」，一方面「遍幹諸侯」，從教育和宣傳兩個方面發揚了孔子學說，使孔子學說在百家爭鳴中處於領先地位。

司馬遷《史記》為孔子作傳，引用《論語》達九十多處，還大量地間接轉述孔子的言行，引述之多居《史記》全書所有人物傳記之首，足見他對孔子的重視和尊敬。司馬遷把孔子的傳記列入「世家」，給孔子以很高的地位，顯示了布衣同列王侯的卓越的史家眼光。不僅如此，司馬遷在《十二諸侯年表》、《儒林列傳》、《太史公自序》諸篇中多次說及孔子，並通過《仲尼弟子列傳》，通過對孔子弟子生活、思想的多角度反映，力圖給孔子以全面的記述和評價。

在《孔子世家》末尾，司馬遷寫道：「天下君王至於賢人眾矣，當時則榮，沒則已焉。孔子布衣，傳十餘世，學者宗之。自天子王侯，中國言『六藝』者折中於夫子，可謂至聖矣！」還滿含感情地說：「高山仰止，景行行止，雖不能至，然心嚮往之。」司馬遷的《史記》對擴大孔子及《論語》思想的影響，起了巨大的作用，為確立孔子在漢以後中國政治文化中的地位，奠定了基礎。

漢代董仲舒認為，要加強中央集權封建國家的政治統治，就必須加強思想上的統治，漢武帝接受了董仲舒的建議，「罷黜百家，獨尊儒術」，儒家思想從此成為我國古代封建社會的正統思想。董仲舒繼承孔子的仁政學說，提出「任德不任刑」，其目的在緩和階級矛盾，客觀上有利於生產的發展。董仲舒片面強調孔子的「君君、臣臣、父父、子子」說，拋棄了孔孟主張的君臣相互尊重的民主精神，主張人臣要絕對順從君主，假借儒學以強化封建專制主義。漢以後各朝代的統治階級根據自己的需要和見解，對孔子思想加以取捨，加以改造，雖然還打著孔子的旗號，名之為儒學，但實際上與孔子原來的思想有些已經大相徑庭了。

兩千多年來，《論語》以及孔子的思想在中國從官方到民間都影響至深、至遠，孔子創立的儒學也成為影響最大的學派。

陳獨秀對孔子和儒學在歷史上的地位和作用，給予這樣的評價——「孔教之為國粹之一，而影響於數千年之社會心理及政治者最大……孔教為吾國歷史上有力之學說，為吾人精神上無形統一人心之具。」

在儒家思想成為封建社會的統治思想以後，歷代帝王為了表示對其開創者的尊崇，使其更好地為現實政治服務，不斷給孔子加封增謚。漢平帝始封孔子為「褒成宣尼公」，唐玄宗尊孔子為「文宣王」，宋真宗尊其為「至聖文宣王」，到元武宗時已升為「大成至聖文宣王」，至清初更被推崇為「大成至聖先師孔子」，康熙尊其為「萬世師表」。孔子的嫡裔在漢高祖時被封為「奉祀君」，至宋代改封為世襲「衍聖公」並一直沿襲到民國時期，兩千年來備受當政者的隆崇和優待。在封爵贈諡的同時，歷代封建王朝對孔子的尊崇，還以種種物化形態表現出來，經長期積累，在孔子故里形成了一批極其珍貴的歷史文化遺產。

《論語》是中國歷史文化中的一部經典之作，它是後來的每個求知、求學者的文化「聖典」。當代史學家錢穆說：「《論語》是自西漢以來，為中國人識字的一部人人必讀書」。國學大師南懷瑾說：「孔子學說與《論語》本書的價值，無論在任何時代、任何地區，對它的原文本意，只要不故意加以曲解，始終具有不可毀的不朽價值。後起之秀，如篤學之、慎思之、明辨之，融會有得而見之於行事之間，必可得到自證。」

《論語》在漢代就是學者的必讀之書，到南宋時，理學家朱熹稱《論語》為「五經之管轄，六藝之吼吟」，並把《大學》、《中庸》、《論語》、《孟子》合為「四書」。明清規定科舉考試中八股文的題目必須從「四書」中選取，因而當時的讀書人把《論語》奉為「聖典」。

宋朝開國宰相趙普說：「半部《論語》治天下。」這是對《論語》的高度評價。《論語》在傳播傳統文化道德、引導人們向善行義和治國、平天下方面的確有其獨特的作用。

現在，人們深感道德缺失問題的嚴重性，呼籲重塑道德新風尚，一些有識之士建議在青少年中開展誦讀中華文化經典，恢復與開放古代地方學宮（孔子廟），讓孔子與《論語》重新傳播開來，使傳統的文化道德與現代文明緊密地結合在一起。

二〇〇六年10月，北京師範大學教授于丹女士，在CCTV非常受歡迎的欄目《百家講壇》上演講《論語》，受到了極大歡迎，當時有近半數的中國人，即大約有7億中國人收看了她的節目。並且，她的講述內容被編輯成《〈論語〉心得》，由中華書局出版，據估計，包括盜版書在內，迄今為止該書總共銷量在一千萬冊以上。今天對中國古代經典不屑一顧的年輕人，也開始翻閱「四書五經」了。也正是這本書掀起了可以稱之為「于丹現象」的前所未有的讀《論語》熱潮。

在這樣一種不安的時代，《論語》作為存儲了為追求心靈安寧的啟迪和智慧，不正是可以不斷地成為中國人的心靈羅盤嗎？

「于丹《論語》現象」在二〇〇八年後將持續「火」下去，為什麼呢？因為《論語》已經真正融入到「和諧社會」和奧林匹克的世界裏去了。

胡錦濤曾在公開的場合發言說「中國悠久的文化成為了13億人民排除內憂外患、構築幸福的精神支柱。」今天的中國將「《論語》加算盤」、「經濟與道德」，定位於社會發展的兩個輪子，高度重視《論語》的仁愛對促進中國和諧與世界和諧的重要作用。

二〇〇八年8月8日在北京隆重舉行的奧林匹克運動會開幕式上，《論語》中的句言出現在精彩的節目表演中，通過全球現場直播，將它們傳播到世界的每一個角落——

「有朋自遠方來，不亦樂乎」

「四海之內皆兄弟」

「己所不欲，勿施於人」

「德不孤，必有鄰」

「禮之用，和爲貴」

這幾句名言和奧運會「友好、相互理解、和平」的基本理念是相吻合的。《論語》的精髓是普遍的真理。

正如于丹教授所說，「《論語》是『千古永遠』超越時代，永遠發揮作用的書籍。」

【海外流播】

孔子不僅是中國人民的孔子，而且是世界人民的孔子；《論語》不僅是中國人民的

《論語》，而且是世界人民的《論語》。《論語》早已翻譯成不同的文字，傳播到世界各地，使不同國度、不同種族、不同膚色的人們，得到它的智慧光芒的照耀。

最早受益於《論語》並影響最大的，是漢文化圈內的日本、韓國等東亞國家。

西元二七一年，晉朝王仁傳《論語》到日本，日本頒布大寶法令，舉行隆重祭孔典禮。西元5世紀，仁德天皇說「朕以百姓為本」。西元7世紀，推古天皇改革政制，實行「大化革新」，官位分德、仁、義、禮、智、信六等。聖德太子制定憲法十七條，首條是「以和為貴，無忤為宗」；還有「群卿百僚，以禮為本」，「信是義本，每事有信」，「背私向公，使民以時」等政治道德要旨，皆基於《論語》精神。

德川時代，藤原惺窩辦學，以朱熹著作為《四書》、《五經》的訓詁本，使儒學經典著作通俗化。並採用漢唐大儒的論著作為補充教材。朱熹寫的《宋名臣言行錄》，由著名學者近藤元隆譯為日文錄輯，日本名將德川家康視之為至寶，作為處理政事的教本。16歲登基的明治天皇，愛讀此書，牢記精義，作為指導良師，成為領導日本走向強盛的一代明君。日本眾多著名學者認為這是一部改變日本歷史的中國讀本。提倡改革的大臣伊藤博文說：「日本明治維新，得力於《論語》的啟發。」

縱觀日本歷史，孔子儒學貫穿於日本各個領域。日本的著名學者、政治家、經濟家都以孔子儒學相標榜。

著名學者島田虔次認為：孔子儒學不僅是中國的精神文明，而且是東亞的精神文明。儒學在日本受到尊重，在明治維新時，發揮了很大作用。這種東亞文明共同體，也是東亞工業文明的基礎。」

一九八三年，日本首相中曾根康弘說：「日本要把民主主義、自由主義，和孔子的教導結合起來。」

日本三菱綜合研究所高級顧問中島正樹說：「中庸之道是最高的道德標準。」

日本著名經濟學家澀澤榮寫的《論語與算盤》，系統闡述了「義利合一」與企業經營的關係，作為建立現代企業的指導思想，對日本在20世紀60年後的經濟騰飛，產生了重大影響。職工以企業為家，勞資和諧合作，是創造高速度、高品質、高經濟效益的關鍵，這正是《論語》所發揮的效力。

孔子儒學對韓國文化影響很深。韓國社會組織、政治組織、歷史觀念、哲學文化思想，滿載儒學哲理。李氏朝鮮王朝五百年中，大量翻印經書，並出版通俗解析的書籍，普及儒學。宣宗下詔編撰了《論語諺解》等通俗讀物。正祖撰有《十三經問》6冊，作為考試選拔士官的問題摘要。《論語》乃十三經之一，可見《論語》很早就成為韓國的科舉教材。

今天，韓國的首爾、高麗、慶熙等市的重點大學、中小學都設有儒學課程或教材，

《論語》是必讀書，成均館大學以弘揚孔子儒學為辦學宗旨，每年全國在該校大成殿舉行祭孔大典。

孔子及《論語》在西方國家也大受推崇。

西元一五四四年，義大利傳教士利瑪竇將以《論語》為代表的《四書》翻譯成拉丁文，《論語》傳入西方國家。耶酥教新教派的經書，多方面吸取了儒學的精義，如把《論語》中的名言「己所不欲，勿施於人」列為主要教義，重視通過辦學以利傳教。

清代，英、法、美、德、意等國不少著名學者用多種文字翻譯《論語》，在歐美各國大量發行，使眾多歐美學者、政治家、宗教界人士和廣大人民，逐漸認識孔子和儒學，促進了歐洲的宗教革命和理性學說的興起。

英國貴族政治家鮑林白洛克（Bolingbroke），積極宣揚儒學，他說：「孔子是最奇特的形而上學家，也是最佳的道德學家，其學說分三部分：個人對自己的責任——修身；個人對家庭的責任——齊家；個人對國家的責任——治國。」

英國詩壇領袖蒲伯（Pope），對孔子非常崇敬，他說，孔子推崇理智，知天樂命，寫詩贊曰：東方有孔子，挺立如高峰。教人以為善，切實且有用。

英國顯赫的政治家兼著名的散文家天樸爾（Temple）說：「孔子是傑出的天才，博於學，長於德，美於行，愛國愛民。詞句典雅，巧譬善喻。孔子哲理，所講的都是私人道德、公眾道德、政治道德和經濟道德。」

20世紀前期，世界著名的和平主義者，英國大哲學家羅素（Russell），稱讚奉行儒家文化的中華民族，是熱愛和平的民族。他說：「中國從來沒有像西方國家那樣，強迫別人接受自己的文化，中國統治別人的欲望，明顯比白人弱得多。中國人的天性，態度是寬容和友好，以禮待人並望得到回報。」羅素主張東西方增加接觸，互相學習，對雙方有利，對和平有利。

英國史學家威爾斯（Wells）認為：孔子的教導取得巨大成果，世界上沒有一個國家像中國那樣有講禮節和自我約束的普遍傳統。孔子對中華民族性格的影響比許多皇帝加起來的影響還要大得多。

英國著名史學家湯恩比（Toybee）說：「以孔子為代表的中國文化傳到歐洲後，受到許多著名學者的讚揚，推動了歐洲的啟蒙運動。」

法國著名大哲學家伏爾泰說：「孔子講的都是最高道德，不講怪力亂神，不講自己為神所託，不涉虛言的科學態度，比基督教高明得多。」

法國學者普遍認為：孔孟儒學提出的道德秩序與自然秩序相調和，天人合一，人法天道，人性本善，真理至上，重視人道，嚮往內心和諧，追求仁義道德，博愛和平，乃是法國大革命尋求的指導思想，政治領袖普遍認為孔孟儒學是挽救法國的良法。

法國大革命中的雅各賓派領袖羅伯斯庇爾，在一七九三年起草的《人權和公民權利宣言》中，把《論語》中的「己所不欲，勿施於人」直接寫了進去，作為社會最高的道德界線。

當代著名孔子研究專家，美國芝加哥大學東方哲學教授顧立雅（Greel）博士的名著《歐美人士看孔子》中指出──「啟蒙運動開始時，孔子成為歐洲的名人。一大批哲學家，包括萊布尼茨、沃爾夫、伏爾泰，以及一些政治家和文人，都用孔子的名字和思想來推行他的主張……在歐洲，以法國為背景的民主理想發展中，孔子哲學起到相當重要的作用，通過法國思想，它又間接影響了美國民主的發展。」他又指出，孔子是一個革命者、改革家、民主先驅，孔子的影響，超過了基督。

美國《獨立宣言》和第一部憲法起草人、著名總統傑弗遜，十分仰慕孔子重視教育、積極培養人才的思想，特別讚賞孔子宣導的君子精神，並把它演繹為人文主義，寫進《獨立宣言》和美國第一部憲法。採取立法積極措施，大辦教育，大力培養人才，為美國的迅速富強，奠定了堅實的基礎。

諾林教授在《美國生活探討》一書中認為：美國獨立宣言的精神在於人文主義，而人文主義乃君子精神的表現。君子精神最大的貢獻在於使人與人相親相愛，作為道德第一要目，亦為人生最大的藝術。他的觀點與傑弗遜完全相同。

美國歷史上最偉大的總統林肯讚揚孔子仁義博愛的人道主義，特別讚賞「己所不欲，勿施於人」的平等恕道。

一九四五年第二次世界大戰結束，隨之成立了聯合國，發表了聯合國制訂的《世界人權宣言》，這份宣言一開始便說：「人皆生而自由，在尊嚴及權利上均各平等。人各賦有理性、良知，誠應和睦相處，情同手足」，這些話完全是《論語》中「四海之內，皆兄弟也」、「仁者愛人」和孟子提出的人生而具有「良知」、「良能」等思想的陳述。在聯合國總部大廳中，孔子的像與天主教的耶穌、佛教的釋迦牟尼等的肖像，並列懸掛。

一九八八年元月，全世界諾貝爾獎金獲得者在巴黎召開了一次討論會，結束時發表的宣言說：如果人類要在21世紀繼續生存發展下去，必須去吸取中國孔子的智慧。

而孔子的智慧，就濃縮在《論語》這部偉大經典中。

乙 智慧精華

【仁者愛人，為仁由己】

孔子生活在春秋末年。當時，周王室已名存實亡，諸侯紛爭，「禮崩樂壞」，社會動盪。孔子的高祖是殷商遺民宋國的貴族，本人出生並主要生活在周朝禮儀制度保存得比較完整的魯國。他一生學習周禮，傳播周禮，以恢復周禮作為自己的志向。他在對於周禮的研究和思考中，發展出一套獨特的哲學思想體系。

在孔子看來，周禮是夏、商、周「三代之治」的總結，是國家和社會管理的典範，人們只有奉行周禮，才能得以成就為有教養的「君子」；國家只要按照周禮去做，就會永享太平。但面對當時「禮崩樂壞」的現實，他不得不做更深層次的思考。「人而不仁，如禮何？人而不仁，如樂何？」（《論語．八佾》）人如果沒有仁愛之心，禮樂制度又從何談起呢？由此，孔子創造性地提出「仁」的範疇，並把「仁」與「德」相聯繫，建立起自己的道德學說；再進而把「德」同「治」相聯繫，闡發出自己的治國理想。

孔子的學生曾子在表述其師徒的基本信念時曾經說：「士不可以不弘毅，任重而道遠。仁以為己任，不亦重乎？死而後已，不亦遠乎？」（《論語．泰伯》）

孔子師徒強調要以行「仁」為己任，至於「死而後已」。可見「仁」在孔子的觀念中的核心地位。

「仁」在先秦的一些典籍中寫作「𢖻」，為「身」、「心」問題。寫作「仁」當為後出，由「人」與「二」兩部分構成。東漢古文字學家許慎在《說文解字》中解釋此字稱：「仁，親也，從人二。」清代文字學家段玉裁注釋：「親者，密至也。從人二，相人偶也。人偶猶言爾我親密之詞。獨則無偶，偶則相親，故其字從人二。」這是說，從字源看，「仁」是用以指稱人與人之間親密無間的範疇。

在《論語》中，「仁」字涉及58章，計出現109處，基本上是孔子在與學生的問答中提出來的。其中，孔子對其學生樊遲的回答最具概括性——

樊遲問仁，子曰：「愛人。」（《論語．顏淵》）

「愛人」可以被看做是孔子的「仁」的基本含義。

孔子說：「孝悌也者，其為仁之本歟。」（《論語．學而》）「仁」從孝悌引發，以孝悌為本，這表明孔子立足於親親之情論「仁」。

在孔子看來，人人都有父母兄弟，都接受過父母的關愛，感受過兄弟的友好；反過來，對父母的關愛報之以關愛，對兄弟的友好報之以友好，這是每一個感情正常的人發自內心的抉擇，是人類社會最淺顯、也是最深沉的「愛」。孔子說：「今之孝者，是為能養。至於犬馬，皆能有養。不敬，何以別乎？」（《論語．為政》）他認為對父母長輩是否有敬愛之情甚至是人與犬、馬等動物的一個根本區別。

在孔子看來，人不僅都有親親之情，都愛自己的父母兄弟；而且人又都有可能將這種親親之情向外推開。

孔子說：「弟子入則孝，出則悌，謹而信，泛愛眾，而親仁。」（《論語．學而》）這是說，一個人在家裏做到孝與悌，對社會之他人也必然會給予愛與仁。從愛父母兄弟到愛天下大眾，「愛」的對象從近到遠地推開。

在孔子眼裏，「仁」不是一個抽象概念，「仁學」不是一套抽象理論。在《論語》中，除仁者「愛人」的提法之外，孔子還有關於「仁」的許多提法。這並不表示孔子的思想是零散的。這恰恰說明，孔子所推重的是「仁」的踐行，關注的是在人的日常具體行事中，在在處處體現「仁」。

人何以成「仁」？孔子亦有一個稍具概括性的說法——

「為仁由己，而由人乎哉？」（《論語．顏淵》）

孔子認為，「仁」是從人對人的良好情感中引申出來的，如一個人對於父母兄弟有

「情」，便會對他們行以孝悌，對鄰里、鄉親以至社會他人有「情」，便會對他們行以信義，這便是「為仁」。由於「為仁」（或不「為仁」）完全取決於自己，所以孔子說「為仁由己」，而非「由人」。

孔子說：「仁者安仁，智者利仁。」（《論語．里仁》）就是說，仁者要把「仁」作為自己的安身立命之本，智者要把「仁」作為自己的事業成就之方，不管是仁者還是智者，都應該具有自覺「為仁」的道德意識。

孔子認為——「仁」的體現是「忠恕」。「忠」者，「己欲立而立人，己欲達而達人」（《論語．雍也》）；「恕」者，「己所不欲，勿施於人」（《論語．衛靈公》）。生活自立，事業發達，是每個人的追求。而孔子認為，一個人無論是「立」還是「達」，都不是單方面可以實現的。有仁德的人自己要自立，就必須使他人也自立；自己要有成就，就必須使他人也有成就。退一步說，即使不能成全他人，起碼也應該對他人採取寬容的態度。自己所不願意做的事情不要強求他人去做，自己所不願意得到的也不要強加給他人。總之「成全他人」與「寬容他人」在每個人的生存與發展中，是不可推卸的道德責任。

除了「忠恕」待人之外，孔子還提出「恭、寬、信、敏、惠」等道德條目。「恭」即恭敬，恭敬地對待他人，就不會遭受侮辱。「寬」即寬厚，待人寬厚，就會得到大眾的擁護。「信」即誠信，誠實不欺，言行一致，就能得到他人的信任。「敏」即快捷，勤勤懇懇，做事幹練，就會取得好效果。「惠」即慈惠，給予人以好處，就能使用人。另外，孔子還認為「剛、毅、木、訥近仁」（《論語．子路》），他的學生則稱讚「夫子溫、良、恭、儉、讓」（《論語．學而》）地待人處事。

在孔子以「仁」為核心的道德哲學中，包含著一整套道德修養的方法。孔子說：「能近取譬，可謂仁之方也已。」（《論語．雍也》）即是說，道德修養要從自己做起，要從身邊做起，其具體「之方」包括——

「求之於己」。孔子說：「君子求諸己，小人求諸人。」（《論語．衛靈公》）這裏即確認道德修養主要依靠個人的努力。孔子提倡「躬自厚而薄責於人」（《論語．衛靈公》）。這裏更強調要嚴於律己，寬以待人。孔子又提倡「內省不疚」（《論語．顏淵》），認為只要內心反省而問心無悔，就沒有什麼可以憂愁和恐懼的了。

「篤信好學。」孔子很強調學習，說：「我非生而知之者，好古，敏以求之者也。」（《論語．述而》）他孜孜不倦地追求學問，但又不是為了學問而學問。在他看來，學問提高的同時也應該是道德的提高。他對當時學習與修養相脫節的風氣很不以為然，批評道：「古之學者為己，今之學者為人。」（《論語．憲問》）這裏所謂「為己」就是說做學問成就自己，「為人」是指讀書只為裝飾自己以便向別人炫耀。孔子主張「為己之學」，強調「篤信好學，守死善道」（《論語．泰伯》），把做人與做學問緊密結合起來。「躬行」。孔子十分強調學了就要做，說了就要行，十分重視「言行一致」。他主張：「先行其言而後從之。」（《論語．為政》）這是說你要先實行了，再說出來；做得到的就說，做不到的就不要說。這才是真正的「君子」，否則就是「偽君子」。孔子對「偽君子」深惡痛絕，是因為「恥其言而過其行」（《論語．憲問》）。他主張「聽其言而觀其行」（《論語．公冶長》），以是否身體力行來作為檢驗道德修養的試金石。

「克己。」孔子認為，「仁」的實施方式是「克己」。《論語．顏淵》篇記載：顏淵問仁，孔子回答：「克己復禮。」請問行動的要點，孔子回答：「非禮勿視，非禮勿聽，非禮勿言，非禮勿動。」其中，克制物欲是「克己」的基本內容。

孔丘並不一般地反對人們的物質欲望，但他主張對這種欲望要有必要的控制，控制的標準就是「仁」。以違反「仁」去換取富貴，君子不應該接受；以違反「仁」來擺脫貧窮，君子也應該拒絕。為「仁」而犧牲自我則是「克己」的更高層次的要求。孔子說：「志士仁人，無求生以害仁，有殺身以成仁。」（《論語．衛靈公》）為了實現「仁」，君子絕不能貪生怕死，必要時還應該勇敢獻身。孔子的這一道德要求，對於後世的志士仁人具有極強的感召力。

孔子「為仁」的道德哲學，其最終目標是「成聖」。「何事於仁！必也聖乎！」

（《論語．雍也》）「成聖」構成為他的最高的道德理想，而由之推動統治者以「聖人之道」治國，則構成他的最高的社會理想。

【中庸之道，不偏不倚】

在《論語》中，孔子說：「中庸之為德也，其至矣乎！民鮮久矣。」（《論語．雍也》）與「仁」相似，「中庸」在孔子思想中佔有相當高的地位。但是，孔子雖然重視「中庸」，卻很少直接論述它，在《論語》中直接提到「中庸」的僅這一處。這說明，「中庸」也有點像「仁」一樣，是很難給它下一個準確定義的。但是，通觀《論語》一書，卻處處顯示出孔子的中庸立場與思想方式。對於孔子來說，中庸與其說是一種必須遵守的道德規範，不如說是處理各種問題，包括社會道德倫理的一種態度與智慧。

作為一種思想態度與思想方法，中庸的基本含義是「執兩用中」。程頤解釋說：「不偏之謂中，不倚之謂庸。中者天下之正道，庸者天下之定理。」（朱熹：《中庸章句》）朱熹進一步發揮程頤的說法說：「中庸者，不偏不倚，無過不及。而平常之理，乃天命所當然，精微之極至也。」（朱熹：《中庸章句》）可見，在儒家心目中，中庸既是有極精微的道理，亦是極平常的常理。在《論語》中，孔子反覆論述了這種「執兩用中」的思想方法原則。

如「子貢問：『師與商也孰賢？』子曰：『師也過，商也不及。』曰：『然則師愈與？』子曰：『過猶不及』。」（《論語．先進》）「不得中行而與之，必也狂狷乎！狂者進取，狷者有所不為也。」（《論語．子路》）這是對人的評判。

「惠而不費，勞而不怨，欲而不貪，泰而不驕，威而不猛。」（《論語．堯曰》）「學而不思則罔，思而不學則殆。」（《論語．為政》）這是對事的看法。

「質勝文則野，文勝質則史，文質彬彬，然後君子。」（《論語．雍也》）這是對理想人格的描述。

總之，一部《論語》，可以說是對孔子中庸思想的最好展現。

孔子為什麼要不遺餘力地提倡中庸呢？

這同孔子不愛走極端的思想方法有關。無論是在對於社會政治問題的看法上，還是對於人生價值與意義的理解上，甚至對於「禮」的理解上，孔子都取一種「中道」的立場，認為「過」與「不及」其實是一回事情。

例如，孔子以提倡恢復周禮而著稱，並且注重禮的形式，但假如禮的形式做得過分了，他則十分反對：「禮，與其奢也，寧儉；喪，與其易也，寧戚。」（《論語．八佾》）這是因為：任何事物只有保持在最佳狀態才是最好的，而對這種最佳狀態的偏離則是不好的。可見，作為一種思想方法與行事原則，中庸其實就是要去把握與達成事物的最佳狀態。蘊含在中庸「執兩用中」背後的，其實是「適度」原則，即努力去尋求與達到事物的最適合狀態。

但這種事物的最適合狀態是不容易達到的。孔子看來，與其說任何事物都會有一個最佳或最適合狀態，不如說任何事物都不會有一個絕對不變的最佳狀態。這不意味最佳狀態是相對的，而是說最佳狀態是與「時」與「地」是分不開的。因此，中庸原則的具體運用，其實是「時中」，即一切以具體的時間與條件為轉移，對最佳狀態與最適合狀態的選擇也是如此。所以，孔子說：「君子之中庸也，君子而時中。」（《中庸》）孟子稱孔子為「聖之時者」，道理正在於此。

然而，對於孔子來說，中庸除了是一套思想方法與處事原則，更是一種人生智慧。就是說，孔子將中庸視為一種人生的最高境界。孔子追求人的自我實現與自我超越，並且將這種自我實現與自我超越與人間的倫理道德結合起來。但這種人倫道德的實踐可以是悲壯感人的仁人義士的以身殉道；也可以是極平凡的，在日常生活瑣事中表現出來的，如同顏回居窮巷、處陋室時那樣。但無論是英雄悲壯的崇高行為，或者平凡的日常行為，都應當而且可以體現出極高明的人生境界。也就是說，人生的真正超越之境，並非要人們遠離人間煙火；人生有限性的突破與對無限性的嚮往與追求，並非要人們捨棄有限。

按照孔子中庸的思想原則，人生的最高境界既不是要人安於日常生活，也不是要人們捨棄日常生活去追求「彼岸」世界，而是在平凡而有限的日常生活中，如何實現不平凡與無限。因此孔子中庸的人生智慧追求的，其實是一種既高明而又平凡的人生：它看似平凡卻又不平凡，它是要在平凡中實現不平凡。這大概就是孔子以及後來儒家一直追求的理想人生吧！

【為政以德，子帥以正】

北宋著名宰相趙普有一句名言——「半部《論語》治天下」，可見，《論語》是為政治國者的必讀寶典。《論語》一書，較為集中地體現了孔子治國安民的政治智慧。

孔子在政治上主張德治，反對一味地懲罰和刑殺。在他看來，就道德與法律這兩種統治手段而言，道德具有法律所無可比擬的優越性。因為法律的嚴懲、酷刑和重罰，可以使老百姓由於懼怕法律的淫威而免於犯罪，卻不能使他們從思想深處排除犯罪的動機，不能從根本上解決問題。

與法律只能治標無力治本不同，道德可以通過一種內在的力量進行自我約束，不僅使人具有羞恥心，而且行動起來規規矩矩，從而標本兼治，天下太平。於是，孔子得出了這樣的結論——「道之以政，齊之以刑，民免而無恥；道之以德，齊之以禮，有恥且

格。」（《論語．為政》）

正是基於這種認識，孔子一生四處奔走，呼籲統治者推行德治。他說：「為政以德，譬如北辰居其所，眾星拱之。」（《論語．為政》）統治者憑藉道德治理國家，自己便會像北斗星那樣安靜地居於一定位置，所有別的星辰都環繞著自己。即統治者以德治國，便可以使人心悅誠服，能得到老百姓的擁護和愛戴。孔子堅信，只有這條策略才是事半功倍、永保國家長治久安的康莊大道。

通觀《論語》全篇，可以看出，孔子主張的「為政以德」的德治的內在精神是「愛人」，德治的外在表現則是「禮」。

1．「為政以德」的內在精神是「愛人」

孔子的德治思想顯得溫情脈脈，其樂融融。因為德治的基本精神是「仁」即愛人，德治的出發點和基本要求，就是本著愛人的精神實行或接受統治。正因為如此，孔子的政治主張與他的倫理思想是一脈相承的。

如前所述，在中國歷史上，孔子第一次建立起龐大的倫理思想體系，其核心範疇便是「仁」。仁者愛人的思想貫穿孔子學說的自始至終、方方面面。孔子聲稱：「吾道一以貫之。」（《論語．里仁》）表示自己的學說有一條貫徹始終的主線。

「仁者愛人」體現在政治上，就要求統治者在推行德治時，必須時時刻刻本著愛人精神，「己欲立而立人，己欲達而達人」，設身處地地為老百姓著想，讓他們有所立、有所達，一切良好的願望都能實現；「己所不欲，勿施於人」，不讓他們面對自己不願經歷、不想面對的情景或處境。除此之外，統治者還要在統治庶民、處理各種關係時，表現出「恭、寬、信、敏、惠」、「剛、毅、木、訥」即莊重、寬厚、誠實、勤敏、慈惠、剛強、果決、樸實、謙遜等品格。

2.「為政以德」的外在表現形式是「禮」

孔子認為，「仁」是本質，是內容，其基本精神要通過「禮」表現出來。在某種程度上，如果說「仁」作為一種基本精神是德治的出發點，和實行中一以貫之的原則的話，那麼，作為仁的愛人精神之外在表現的「禮」，則在表現為實行德治的手段和方法的同時，還體現為目標和結果。對於「禮」的作用和功能，孔子明言聲稱：「禮之用，和為貴。」（《論語．學而》）認定禮的作用和價值就在於對不同的人施予不同的恰如其分的愛，尊卑有別、長幼有序，達到整個社會的和諧。

具體地說，孔子嚮往的和諧社會就是「君君、臣臣、父父、子子」（《論語．顏淵》）的狀態。要實現這一理想，每個人都應該以禮行事：「君使臣以禮，臣事君以忠。」（《論語．八佾》）父對子以慈，子侍父以孝。反之，則會違背「愛人」的初衷。

孔子對德治實施的手段和方法極為關注，《論語》中，從統治者與被統治者，從道德領域與經濟領域等多維度、多視野地論證了這個問題。

1．孔子強調統治者應「克己復禮」，「能正其身」

在孔子那裏，作為一種社會調整措施和規範人與人之間關係的手段，德治是統治者與被統治者共同遵循的原則。對於前者而言，德治主要體現在以身作則、以理服人和以德感人上；對於後者而言，德治主要體現為依禮而行、忠孝君親、上行下效。無論對於哪個群體，「克己復禮」都是最起碼的為人原則和共同的行為規範。

孔子認為，實現德治的最佳方法是「克己復禮」。「顏淵問仁。子曰：『克己復禮為仁。一日克己復禮，天下歸仁焉。』」（《論語．顏淵》）所謂「克己復禮」，就是克制自己的各種欲望，使自己的行為符合禮（指周禮）的要求。

孔子所講的「克己復禮」不僅針對黎民百姓，而且針對或曰主要針對國君和統治者，因為他們是德治的實施者和矛盾的主要方面。德治除了給予君主優厚的待遇和特權外，還賦予君主應盡的責任和義務——主要指率先端正自身的行為，垂範天下百姓。這就是說，君主要在一切事務和場合中，以德感人，以理服人，以身作則。對此，孔子寫道：「臨之以莊，則敬；孝慈，則忠；舉善而教不能，則勸。」（《論語．為政》）在他看來，統治者對待老百姓的事情嚴肅認真，老百姓對他的命令也會言聽計從；統治者帶頭孝敬父母，慈愛幼小，老百姓就會對他盡心竭力；統治者喜歡重用有才能的人，教導沒有才能的人，老百姓就會相互勉勵。在這裏，沒有強制，沒有逼迫，更沒有威脅和利益誘導。老百姓之所以對統治者竭力而為、聽從指揮，是統治者的人格魅力使然。

有一次，魯哀公的正卿季康子向孔子請教政治，問道：「殺無道，以就有道，何如？」孔子對曰：「子為政，焉用殺？子欲焉而民善矣。君子之德風，小人之德草。草上之風，必偃。」（《論語．顏淵》）孔子的回答是說，只要您想把國家搞好，老百姓自然就會好起來。原因是領導人的作風好比是風，老百姓的作風好比是草。風向哪邊吹，草自然向哪邊倒。既然治理國家的關鍵是統治者向哪個方向引導，起決定作用的是統治者的道德感化，還用什麼殺戮之類的酷刑呢？這樣一來，不難想像：「上好禮，則民莫敢不敬；上好義，則民莫敢不服；上好信，則民莫敢不用情。」（《論語．子路》）既然仁、義、禮、智足以治理好國家，刑罰或殺戮哪還能派得上用場呢？

由此可見，孔子論政，始終強調統治者以身作則的帶頭作用。對於政治，孔子的定義是：「政者，正也。子帥以正，孰敢不正？」（《論語．顏淵》）在他看來，所謂的政治，就是統治者率先端正自己。如果統治者率先端正了自己的行為，老百姓誰敢不端正自己呢？對於統治者來說，「其身正，不令而行；其身不正，雖令而不從」（《論語．顏淵》）。統治者自身的思想和行為端正，那麼，不用發布命令，事情也行得通；如果他們自身不正，雖然三令五申，老百姓也不會信從。於是，孔子得出了這樣的結論：「苟正其身矣，於從政乎何有？不能正其身，如正人何？」（《論語．顏淵》）這就是說，是否能自正其身，是統治者能否治理好國家的關鍵。如果說統治者帶頭端正了自己的思想和行為，那麼，上行下效，治理好老百姓便沒有困難；否則，如果當權者連自己都端正不了，那還談什麼端正別人呢！

孔子論政，總是強調統治者的表率作用，充分體現了他的古代的聖王、賢君或明主情結。

2．孔子強調統治者應「使民以時」，輕徵薄斂

本著仁者愛人的精神，孔子尊重老百姓的生命權和生存權利。這一原則表現在統治方面上便是採取一定的經濟保護措施，保證老百姓最起碼的生存和生活。德治要求統治者「使民以時」，不在農忙時擾民，以確保境內之民有充足的時間適時播種、除草和收割。解決好溫飽問題。在經濟措施方面，除了興修土木、攤派徭役避開農時外，孔子的德治理想還要求統治者輕徵薄斂，減輕老百姓的經濟負擔。

此外，孔子提倡先富後教。設想在保證老百姓基本生活的前提下，再設立庠序之學，實施教育，督之向善。

3．孔子特別重視禮樂教化的作用

禮樂教化歷來是德治思想的內容之一，這一慣例在孔子這裏同樣適用。統治者如何能堅定地推行德治？老百姓為什麼會欣然接受德治？在此，教育起了舉足輕重的作用。孔子深刻認識到了教育的作用，得出了「君子學道則愛人，小人學道則易使也」（《論語．陽貨》）的結論。愛人，便可推行德治之道；易使，便可接受德治。無論對於統治者還是被統治者而言，教育都是極其必要的。這真切地道出了孔子的德治思想與教育思想的密切聯繫。

具體地說，孔子的教育思想可以說是倫理思想和政治思想的一個方面，而他的倫理和政治思想則是教育思想的主要內容和目的。正是基於教育與政治、倫理的這種關係，孔子非常重視教育，是中國歷史上第一個開辦私塾、收徒講學的人。

【有教無類，因材施教】

孔子以前，「學在官府」，只有貴族及其子弟才能進入學校接受教育。當文化下移的歷史趨勢突破了「學在官府」的文化教育體制，孔子即應運而創辦他自己的私學，而且在為人師表這個職業上做出了傑出的貢獻。而其中最值得後人稱道的一點，便是他那「有教無類」的主張，即不拘一格地面向整個社會廣泛招收弟子，不論人的出身、地位、貧富、貴賤、職業、國別、性格，乃至品行志向如何，只要有志於從學，孔子便樂於接收為徒。

無疑，孔子提出這一主張是與他對人性的看法密切相關的。孔子罕言「性」，他直接講到人性問題的只有一句話，即「性相近，習相遠也」（《論語．陽貨》）。

這是說，人在本性上是大體相近的，只是由於習染的不同，便導致了人與人品行的極大差異。而孔子認為一個人的品行，是可以通過教育和學習加以改變的。因此，可以說孔子對人性基本持一種肯定、信任的態度，儘管孔子對他所處的時代狀況頗為悲觀，但他絕不是一個人性的絕望主義者。

孔子「有教無類」的主張，不僅樹立了人人都應享有接受教育的平等機會的理念，而且在實際的教育活動中，孔子正是本著「有教無類」的原則和精神廣收門徒，並對前來求學的弟子施以平等的、一視同仁的教誨。

孔子說：「自行束修以上，吾未嘗無誨焉。」（《論語．述而》）只要送上十條乾肉的「束修」（作為見面禮或微薄的學費），孔子都給予盡心的教誨，而從不隱瞞什麼，即使自己的兒子孔鯉也並未從孔子那裏有所「異聞」（《論語．季氏》）。不僅如此，即使不是孔子的學生，上至諸侯國君、執政者，下至「難與言」的互鄉人的童子，凡有所問，孔子亦必有所答。

在孔子的學生中，既有富貴人家的子弟，但更多的是出身貧寒、低賤的平民子弟；他們志向不同，性格各異；有犯過罪的，有做過強盜的，還有流浪漢，等等。孔子招收的學生多達三千人，真可謂是一個歷史的奇蹟！孔門弟子所以如此雜多，正如子貢所言，那是因為孔子正身以俟，來者不拒，猶如「良醫之門多病人，檃栝之側多枉木」（《荀子．法行》）。孔子正身以俟，來者不拒，既往不咎，皆善加誘導，正是這種開放、博大的胸懷，使孔子成為中國歷史上第一位「人類靈魂工程師」的卓越典範。

無疑，「有教無類」作為孔子招收學生的指導原則，其實施不僅大大擴大了教育對象的範圍，而且客觀上更有力地促進了文化下移的歷史大趨勢及社會結構的活化，這是孔子在教育理念上的最大貢獻。

孔子主張「有教無類」，並著意貫徹其一視同仁的教育教學精神，這是其一貫的宗旨。但是，耐人尋味的是，他的施教方法卻因人而異，最重學生的個性差異。「因材施教」正是後人對孔子的這一施教方法的理論概括。

宋儒程頤即首先如此概括道：「孔子教人，各因其材，有以政事入者，有以言語入者，有以德行入者。」（《二程遺書》卷十九）明儒王陽明更有一絕妙的譬喻，即因材施教猶如醫生治病，須「隨其疾之虛實、強弱、寒熱、內外，而斟酌加減，調理、補泄之」（《王文成公全書》卷五《與劉元道書》）。

孔門弟子既號稱「雜」，其年齡輩分、出身閱歷、性格特點、智力水準、品行志趣當然是各各不同，有的甚至差距極大，於此最理想而有效的施教方法自然是「因材施教」。孔子雖未明確將其施教方法概括為「因材施教」，但從《論語》中可以看出，他在教育實踐中卻正是自覺地貫徹了這一卓越的施教方法。

通觀《論語》全篇，可以看出孔子的這一因材施教的方法主要體現在三個方面——

第一，對於學生所提的同一個問題，孔子的回答則因人而異。即所謂的「問同而答異」。這是「或因人材性，或觀人之所問意思而言及所到地位」（《二程遺書》卷十八）。而且，孔子答人所問，不僅因人而異，亦因時而異，如樊遲問仁，孔子彼一時答以「仁者先難而後獲」（《論語．雍也》），此一時則答以「愛人」（《論語．顏淵》）。誠如清人尹會一《讀書筆記》所說：「孔門教人莫重於仁孝，其答問仁問孝各有不同，皆因其材之高下與其所失而告之。故藥各中病，非如後世之教，自立宗旨以待來學，所謂不問病症而施藥者，藥雖良無益而又害之者多矣！」

此法的運用自如，不僅需要老師對學生各方面的個體差異先有一個全面綜合的了解，也最能體現以學生自身的不斷進步與成長為中心的教育過程的動態特點。

第二，孔子因材施教主要針對學生各各不同的性格特點。

孔子對自己學生的性格的優缺點可謂瞭若指掌：子路果斷，子貢通達，冉求多才多藝（《論語．雍也》）；高柴愚笨，曾參遲鈍，子張偏激，子路魯莽（《論語．先進》）。冉求懦弱退縮，孔子便鼓勵他；子路好勇急進，孔子便約制他（《論語．先進》）；司馬牛多言而躁，孔子便教他「其言也訒（言語遲鈍）」（《論語·顏淵》）；子路不好讀書而尚勇，孔子便教他好學無蔽以及「義以為上」（《論語·陽貨》）。孔門德行卓著者多出身貧賤之家，孔子並不引其急求富貴而是激勵他們卓爾立德，「貧而樂道」。

凡此種種，最足以彰顯孔子「因材施教」智慧的精妙與高明。此法運用得當，或在後推，或在前引，既可以充分激發學生各自材性與潛能的良性發展，亦能夠克服或抑制學生性格缺點的惡性擴張。孔門四科，所以人才濟濟，正得益於這一「具體而微」的施教方法。

第三，孔子鼓勵學生進行獨立思考。

教師的因材施教與學生的獨立思考是相輔相成的。學生獨立思考的水準，常常是進行因材施教的依據。同時，學生越能獨立思考，教師進行因材施教的效果就會越大。例如顏淵在孔門中之所以最為出色，這除了其他條件外，顯然是與其善於獨立思考、對老師的傳授能「聞一知十」有所發揮分不開的。

正因為如此，所以在教學中，孔子就總是鼓勵學生多問幾個「如之何」，以便開動腦筋，開闊思路。他說：「不曰『如之何，如之何』者，吾未如之何也已矣！」（《論語·衛靈公》）

第四，孔子善於抓住時機，因勢利導。

孔子在教育中一旦發現學生的優點或缺點後，善於抓住時機，因勢利導進行教育。例如，有一次當子貢對《詩經》中的某幾句詩有了新的體會時，孔子便抓住這一點好的苗頭，因勢利導，立即予以讚揚說：「賜也，始可與言詩已矣，告諸往而知來者。」《論語．學而》又有一次子貢對孔子說：「我不欲人之加諸我也，吾亦欲無加諸人。」孔子覺得子貢的這個自我評價不夠正確，於是便抓住此一時機，因勢利導，立即對子貢指出：「賜也，非爾所及也。」（《論語．公冶長》）

第五，孔子注意培養學生的自我教育能力。

教師因材施教，絕不能包辦代替，而應把因材施教與學生的自我教育結合起來。可以斷言，因材施教的效果常常受制約於學生自我教育能力的水準。也就是說，學生自我教育能力的水準越高，則因材施教的效果就會越大；反之，學生缺乏自我教育能力，則因材施教便很難有效進行。這一點也是可以從孔子的言論和實踐中受到啟發的。

孔子很強調主觀努力，鼓勵自我教育，如他不只一次地教育學生說：「為仁由己，而由人乎哉？」（《論語．諺淵》）「仁遠乎哉？我欲仁，斯仁至矣！」（《論語．述而》）意即要養成仁德，必須積極自覺，發揮主觀能動作用，培養自我教育能力。在孔子的這種教育下，他的學生幾乎都具有一定的自我教育能力，曾參便是一個典型代表。據《論語》載，曾參每天都要進行自我反省，（這是自我教育的一種好方式），以檢查自己在

三件主要事情上做得怎樣，這就是——「為人謀而不忠乎？與朋友交而不信乎？傳不習乎？」（《論語．學而》）

《論語》中所折射的孔子的「有教無類」的教育智慧，對當今仍然存在的嚴重的教育不公平、貧困地區和窮人的孩子上學難、分享不到良好的教育資源的現象，具有現實意義。而孔子的「有教無類」智慧，更是對當今應試教育制度下的「一刀切」、「注入式」教育方式的有力批判。

【善與人交，益者三友】

《中庸》中把人倫關係劃分為五個方面：「君臣也，父子也，夫婦也，昆弟也，朋友之交也。」朋友之交作為五倫之一，自然要受到孔子的特別關注，《論語》中有很多章句體現了孔子對「朋友之交」的全面而深刻的思考，也揭示了他關於「朋友之交」的基本原則。

孔子所主張的「朋友之交」的第一個原則是——「無友不如己」。

「無友不如己」這句話在《論語》中先後兩次出現，可見孔子本人和《論語》編纂者對它的重視。第一次是——

子曰：「君子不重，則不威；學則不固。主忠信。無友不如己者。過，則勿憚

改。」（《論語．學而》）

第二次是——

子曰：「主忠信。無友不如己者，過則勿憚改。」（《論語．子罕》）

自古至今，人們對「無友不如己」的釋義可謂眾說紛紜，莫衷一是。大致梳理一下，主要分為三類——

一是釋為不要跟不如自己的人交朋友，如朱熹的《四書章句集注》、楊伯峻的《〈論語〉譯注》、錢穆的《〈論語〉新解》均持此說；

二是釋為不要與不同類的人交朋友，可引伸為要交志同道合的朋友，阮元校刻《十三經注疏》、唐滿先《〈論語〉直解》、錢遜《儒學聖典〈論語〉》基本持此說；

三是釋為沒有不如自己的朋友，持此一說的有南懷瑾的《〈論語〉別裁》、夏劍欽主編的《十三經今注今譯》、李澤厚的《〈論語〉今讀》。

前兩說均有漏洞，在實際操作中也不可行，在《論語》中也缺乏足夠的內證。如果人人都不交不如自己的朋友，那結果是人人都沒有朋友可交。而且如果不交不如自己的朋友，也與孔子以仁愛為核心的思想體系大相悖離。如果不和不同類的人交友，就無法解釋「君子尊賢而容眾，嘉善而矜不能」，也無法解釋孔子為什麼要和原壤來往了。

這原壤個性怪異，母親去世時他居然站在棺材上又蹦又唱。《論語．憲問》中就記載了他坐沒坐相，兩腿八字大叉地等待孔子的場景。孔子對他不講禮儀的行為毫不客氣，罵他：「少而不孝悌，長而無述焉，老而不死，是為賊。」並且用拐杖敲打他的小腿。就是這樣一個與孔子完全不同的人，卻是孔子多年的朋友。《禮記．檀弓》有記，當他母親去世時，正是孔子前去幫助料理喪事的。在現實生活中，很多人的朋友也並不一定和自己志同道合，實際上，朋友有很多種，孔子自己也有非常清醒的認識，他就曾經說過：「可與共學，未可與適道；可與適道，未可與立；可與立，未可與權。」（《論語．子罕》）所以，把「無友不如己」解釋成不交志不同道不合的人，也實在不能夠自圓其說。

比較而言，大概第三種釋義更符合孔子的本意。李澤厚在《〈論語〉今讀》中的說法也比較貼近事理：「『無友不如己』者，作自己應看到朋友的長處講，即別人總有優於自己的地方……所以，它只是一種勸勉之辭。」這種說法與孔子以「仁」為核心的倫理體系吻合，與生活實際吻合，與《論語》中的「見賢思齊」、「三人行，必有我師焉；擇其善者而從之，其不善者而改之」等內容相吻合。

所以基本上可以說，「無友不如己」，是孔子在勸勉弟子擇善而從之。換言之，這句話是在強調學習朋友優點和長處的重要性，也體現了孔子人際交往的一個原則：寬以待人。當然，交友是為了取長補短，進德修業，用曾參的話說是為了「以友輔仁」，而不是為了「多個朋友多條路」這樣的世俗功利性目的，所以交朋友一定要謹慎，要有所取捨。

孔子所主張的「朋友之交」的第二個原則是，「益者三友」。

在孔子看來，有益的朋友有三種，有害的朋友也有三種。「益者三友：友直，友諒，友多聞，益矣。友便辟，友善柔，友便佞，損矣。」（《論語．季氏》）他認為，與正直、誠信、見聞廣博的人交友是有益的，與行為不軌、阿諛奉承、花言巧語的人，交友是有害的。

在有益的三類朋友中，孔子首先強調了要交正直之人（「友直」）。他認為，正直是一個人立身之本，而不正直的人儘管也能生存，可那不過是由於僥倖罷了。即「人之生也直，罔之生也幸而免。」（《論語．雍也》）為教人區別何為正直，孔子專門列舉了魯人微生高的故事。這位先生素有正直之名，可是孔子卻不以為然。「孰謂微生高直？或乞醯焉，乞諸其鄰而與之。」（《論語．公冶長》）即理由是有人向微生高借醋，他不直言說自家沒有，卻拐彎抹角地跑到鄰居家要了點醋給了那人。

這在孔子眼裏，就是不直之人。有就有，無就無，是就是，非就非，這才是直。像這位先生這樣曲意討好別人，就無直可言了，絕對不屬於孔子眼裏正直、直爽的人。「巧言、令色、足恭」的人，「匿怨而友其人」（《論語．公冶長》）的人，也都是孔子引以為恥的人。的確，花言巧語、謙恭過度、藏著怨恨與人交友，都是委屈世故的行為，與正直有違。甚至有人提出以德報怨時，孔子也給予了回擊，「何以報德？以直報怨，以德報德。」（《論語．憲問》）他認為一個正直的人不應該用恩惠回答仇怨，而應該用公平正直對待仇怨，用恩惠酬答恩惠。

益友的第二種是誠信（「友諒」）之人。信是仁的一個內容，是孔子一向倡行的仁人必備的品格。《論語》中，孔子的幾位高足弟子都對誠信、對於交友的重要性有所論述。曾參說：「吾日三省吾身——為人謀而不忠乎？與朋友交而不信乎？傳不習乎？」（《論語．學而》）他每天必做的一個功課，就是反省自己的交友有沒有做到「誠信」二字。曾子說：「賢賢易色；事父母，能竭其力；事君，能致其身；與朋友交，言而有信。雖曰未學，吾必謂之學矣！」（《論語．學而》）在長得最像孔子的有若那裏，他把誠信解釋得更加準確：「信近於義，言可復也。」（《論語．學而》）認為講信用，要符合道義，只有符合道義的信約諾言，才能去實踐、去兌現。孔子認為——「三人行，必有我師」，何況是見識淵博的人呢？一定要引以為己友，虛心向其學習。

益友的第三種是知識淵博的人（「友多聞」）。前兩種益友強調的是德性，這裏則強調學識。與見多識廣、多才多藝的人交朋友，可以開闊視野，增長見識。孔子自身之所以成為一個博學多聞的人，向朋友學習，肯定也是其中的一個原因。孔子還認為——

「不得中行而與之，必也狂狷乎？狂者進取，狷者有所不為也。」（《論語．子路》）如果找不到合乎中庸之道的人交朋友，那就與狂狷者為友，畢竟，狂者還有著進取之心，敢作敢為；狷者則耿直守分，潔身自好，雖不求作為，但也絕不肯同流合污。

孔子所主張的「朋友之交」的第三個原則是相待以敬，「不可則止」。

《論語》中記載「朋友之饋，雖車馬，非祭肉，不拜。」（《論語．鄉黨》）即平時朋友送孔子的禮物，即使像車馬那樣貴重的東西，他也不會躬身下拜。而對朋友送的祭祀祖先的祭肉，則無論多少他都會行禮，因為在他看來，朋友間的財物可以共用，而對朋友的祖先則應恭敬。

孔子認為，無論認識多久的朋友，始終能夠以敬相待，是一種難能可貴的品德。他誇讚晏平仲，「晏平仲善與人交，久而敬之。」（《論語．公冶長》）是說齊國三朝宰相晏嬰，他長於交友，始終敬友如新。孔子認為，朋友之間的理想狀態應該是「切切偲偲」，也就是相互勉勵，相互幫助。對於朋友的錯誤，「忠告而善道之，不可則止，毋自辱焉。」（《論語．顏淵》）即要忠誠地勸告，但是也要注意方式方法，要委婉恰當地開導，如果對方執迷不悟，就要適可而止，不要自取其辱。《論語》中還主張，與朋友之間要保持一定距離，不能過分親熱，子游說：「朋友數，斯疏矣。」認為朋友之間來往太頻繁，距離太近，反而可能導致互相疏遠。

【富以其道，見利思義】

長期以來，有一種頗為流行的觀點認為，儒家的社會理想是和諧的宗法等級關係，人格理想是「內聖外王」的君子、聖人，這種理想表現在價值取向上，就是重義輕利。孔子說：「君子喻於義，小人喻於利。」（《論語．里仁》）孟子亦說：「王何必曰利，亦有仁義而已！」（《孟子．梁惠王上》）漢儒董仲舒說：「盡其誼不謀其利，明其道不計其功。」（《漢書．董仲舒傳》）

而現代市場經濟的直接目的就是通過商品交換來追求利益的最大化，看起來，儒家「重義輕利」的原則與現代市場經濟的求利目的似乎相互衝突。基於此，有人把儒家的這種「重義輕利」的傳統看作是中國向現代化邁進的歷史包袱，認為要建立市場經濟，就必須消除儒家重義輕利思想的影響。其實，這種看法並不符合儒家思想的原意。從《論語》中，可以明顯地看出，孔子並不反對人們求富，也並不排斥和否定「利」。

孔子曾說：「富與貴，是人之所欲也。」（《論語．里仁》）肯定了人對利的追求的正當性。他甚至表示：「富而可求也，雖執鞭之士，吾亦為之。」（《論語．述而》）即如果能夠致富，雖然給人家執鞭作車夫，我也幹。我們還能說孔子是排斥和否定利，漠視對物質利益的追求嗎？孔子反覆強調當政者治民要「足食」、「富之」，都表明他對利的肯定和追求。

有人說孔子漠視「利」，是出於對「君子喻於義，小人喻於利」的誤解。這裏孔子並沒有把「利」和「義」對立起來，而是從社會分工的角度來談「君子」和「小人」的職分。程樹德《論語集釋》引《群經平議》說：「古書言君子小人大都以位言，漢世師說如此。後世專以人品言君子小人，非古義矣。《漢書．楊惲傳》引董生言曰：『明明求仁義，常恐不能化民者，卿大夫之意也。明明求財利，常恐困乏者，庶人之事也。』數語乃此章之鎬解。此殆七十子相傳之緒論而董子述之耳。」

這種解釋是完全正確的。這裏的「君子」、「小人」不是按道德品質來劃分的，而是按社會地位來劃分的。「君子」指統治階級，其職責主要是統治民眾，維護社會秩序，所以必須以「義」為重；「小人」指一般的勞動大眾，他們的職責在於生產，逐「利」是他們本分。

這即是所謂的「君子勤禮，小人盡力」（《左傳．成公十三年》），「君子務治，小人務力」（《國語．魯語上》）的另一種表達方式，並沒有輕視「利」的意思。

孔子講學授徒的目的是為社會培養統治人才，而不是造就擅長做具體工作的技術人才。統治人才，即「君子」的天職是為社會提供和諧秩序，為「小人」的生產勞動提供秩序保障。而具體的生產是「小人」，即一般勞動者的分內之事。所以孔子說：「君子不器。」（《論語．為政》）又說：「君子謀道不謀食。耕也，餒在其中矣；學也，祿在其中矣。君子憂道不憂貧。」（《論語．衛靈公》）如果「君子」不學道，不提高「治人」的才能，而去從事生產，在孔子看來就是「不務正業」。如果從這個角度來理解，孔子「君子喻於義，小人喻於利」是完全合理的。現代社會不也是這樣嗎？

孔子雖然不排斥和否定人對物質利益的追求，但他又認為人對利的追求必須受道義的約束。孔子講「義以為上」（《論語．陽貨》），「見利思義」（《論語．憲問》），就是要求人們在面對物質利益時，首先要考慮是否合義，他說：「富與貴，是人之所欲也，不以其道得之，不處也；貧與賤，是人之所惡也，不以其道得之，不去也。」（《論語．里仁》）

孔子承認富與貴是人之所欲，同時又認為人對物質利益的追求必須符合道義的要求，要做到當取而取，不以利害義。對符合道義的利，孔子提倡人們去積極爭取，即「富而可求也，雖執鞭之士，吾亦為之」。而當利與義發生衝突時，孔子強調要以義為先，不顧其利。對通過不符合道義的方式得來的物質財富，孔子是持鄙視的態度的，他說：「不義而富且貴，於我如浮雲。」（《論語．述而》）

從以上的分析可以看出，孔子並不是完全漠視對利的追求，沒有脫離物質基礎而空談仁義。他所強調的是個人對私利的追求，要符合道義，不能去侵犯他人和社會的整體利益，提倡「富以其道」，即君子愛財，取之有道；反對離義而言利，謀取不義之財。

《論語》中「義以為上」，「見利思義」的義利觀。孔子的義利觀，雖然是農業經濟的產物，但其中也不乏能促進市場經濟建立和發展的合理因素。要發展市場經濟，就絕不能不言利。市場經濟要求對追求個人利益的行為加以肯定和保護，只有這樣，才能形成真正的市場經濟。但市場經濟絕不能只言利，市場經濟是法治經濟，是道德經濟，要求人們對利的追求必須受法律和道德規範的制約。

在此意義上，孔子的義利觀與市場經濟是互通的。孔子既肯定了個人對利的追求的正當性，同時又主張君子愛財，取之有道。提倡以義制利，要求個人在追求私利時，要遵守社會道德規範，尊重他人和社會的整體利益；反對為謀取個人私利而不擇手段的不道德行為。這些在今天都是具有積極的現實意義的。

面對當前市場經濟中出現的道德滑坡、極端利己主義惡性膨脹、商業欺詐等嚴重影響經濟健康可持續發展的不良因素，尤其顯現出孔子義利觀的可貴之處。如果商家都能夠富以其道，見利思義，那麼像「三鹿毒奶粉」這樣的惡性事件就會少一些。

特別要提到的是，在目前的社會主義市場經濟建設中，官吏的腐敗行為和權力尋租現象，已嚴重地影響了經濟秩序，威脅著經濟的正常發展和社會的穩定。在這種形勢下，重提孔子的「君子喻於義，小人喻於利」思想，加強官員的廉政教育，使他們能夠依「義」而行，遵紀守法，顯然是非常迫切的。

當然，真理前進一步就變成了謬誤。儒家的義利觀強調「義以為上」，「先義而後利」，反對離義言利，這是正確的。但是不少儒者走向了極端，他們往往只看到「利」可能導致惡的一面，把「義」和「利」對立起來，只言義而不重利，成了脫離經濟基礎而空談仁義道德的「腐儒」。

丙　智者妙用

【董仲舒：《天人三策》中十六次引用《論語》】

在中國古代，臣下給皇帝上書言事時，常常引用《論語》以作為自己立論的根據。這在漢代由陸賈肇其端，漢高祖曾讓他論述——「秦所以失天下，吾所以得之者，及古成敗之國」的經驗教訓，「賈凡著十二篇。每奏一篇，高祖未嘗不稱善，左右呼萬歲，稱其書曰《新語》」。在這十二篇奏疏中，陸賈就曾十一次引用《論語》經文，分在六篇中，其中《道基》、《術事》、《辨惑》、《本行》、《思務》各一次，《慎微》六次。內容涉及教化、修身、治國等諸多方面。漢高祖劉邦雖不好《詩》、《書》，但對陸賈的奏疏卻每奏稱善，可見高祖對其所作所為還是認可的。

陸賈之後，漢武帝時的大臣董仲舒更上層樓，他不僅在其與漢武帝的對策中，而且在其著作《春秋繁露》中，多處引用《論語》經文，以之為自己的理論根據。董仲舒在著名的《天人三策》中共徵引《論語》十六次，其中第一策七次，第二策五次，第三策四次，用以說明仁義、教化、舉賢、德治等方面的問題。

如第一策中有這樣一段文字——「臣聞命者天之令也，性者生之質也，情者人之欲也。或夭或壽，或仁或鄙，陶冶而成之，不能粹美，有治亂之所生，故不齊也。孔子曰：『君子之德風（也），小人之德草（也），草上之風，必偃。』故堯舜行德則民仁壽，桀紂行暴則民鄙夭。夫上之化下，下之從上，猶泥之在鈞，唯甄者之所為；猶金之在鎔，唯冶者之所鑄。『綏之斯來，動之斯和』。此之謂也。」通過直接引用《論語．諺淵》「君子之德風，小人之德草，草上之風，必偃」和《論語．子張》「綏之斯來，動之斯和」，說明統治者採取什麼樣的統治措施，就會形成什麼樣的民風。

再如，第二策中有一段說：「臣聞聖王之治天下也，少則習之學，長則材諸位，爵祿以養其德，刑罰以威其惡，故民曉於禮誼而恥犯其上。武王行大誼，平殘賊，周公作禮樂以文之，至於成康之隆，囹圄空虛四十餘年。此亦教化之漸而仁誼之流，非獨傷肌膚之效也。至秦則不然，師申商之法，行韓非之說，憎帝王之道，以貪狼為俗，非有文德以教訓於（天）下也。誅名而不察實，為善者不必免，而犯惡者未必刑也。是以百官皆飾（空言）虛辭而不顧實，外有事君之禮，內有背上之心，造偽飾詐，趣利無恥；又好用憯酷之吏，賦斂亡度，竭民財力，百姓散亡，不得從耕織之業，群盜並起。是以刑者甚眾，死者相望，而奸不息，俗化使然也。故孔子曰：『導之以政，齊之以刑，民免而無恥』，此之謂也。」用《論語．為政》「導之以政，齊之以刑，民免而無恥」以作結論，說明統治者要實行德治，不要純任法治。行德治，則天下晏然；行法治，則天下紛亂。

又如第三策有一段說：「臣聞夫樂而不亂復而不厭者謂之道；道者萬世亡弊，弊者道之失也。先王之道必有偏而不起之處，故政有眊而不行，舉其偏者以補其弊而已矣！三王之道所祖不同，非其相反，將以捄溢扶衰，所遭之變然也。故孔子曰：『亡為而治者，其舜乎！』改正朔，易服色，以順天命而已；其餘盡循堯道，何更為哉！故王者有改制之名，亡變道之實。然夏上忠，殷上敬，周上文者，所繼之捄，當用此也。孔子曰：『殷因於夏禮，所損益可知也；周因於殷禮，所損益可知也；其或繼周者，雖百世，可知也。』此言百王之用，以此三者矣。夏因於虞，而獨不言所損益者，其道如一而所上同也。道之大原出於天，天不變，道亦不變，是以禹繼舜，舜繼堯，三聖相受而守一道，亡救弊之政也，故不言其所損益也。由是觀之，繼治世者其道同，繼亂世者其道變。今漢繼大亂之後，若宜少損周之文致，用夏之忠者。」

通過間接引用《論語．衛靈公》孔子曰：「無為而治者，其舜也歟」和直接引用《論語．為政》「殷因於夏禮，所損益可知也；周因於殷禮，所損益可知也；其或繼周者，雖百世，可知也，」說明「繼治世者其道同，繼亂世者其道變，」今漢朝繼大亂之後，應該改正朔，易服色，「少損周之文致，用夏之忠。」

董仲舒對《論語》一書的重視，不僅體現在《天人三策》中，而且在其專著《春秋繁露》中也有充分的體現。在該書的《楚莊王》、《玉杯》、《竹林》、《精華》、《隨本消息》、《俞序》、《度制》、《身之養重於義》、《奉本》、《深察名號》、《實性》、《郊語》、《郊祭》、《郊事對》、《執贄》、《山川頌》、《祭義》諸篇中，董仲舒共引用了二十九次《論語》經文，內容涉及天人關係、古今關係、君臣關係、君民關係等。由此看來，董仲舒對《論語》是熟讀成誦的，並且能順手拈來《論語》已經成為其著書立說的根據和指南。

【曾國藩：以「仁」「禮」治湘軍】

曾國藩以儒生治軍，其湘軍以「義師」自詡，因此湘軍出戰伊始，他就頒布了一紙討伐太平天國的檄令。聲稱：「自唐虞三代以來，歷世聖人，扶持名教，敦敘人倫，君臣父子，上下尊卑，秩然如冠履之不可倒置。」但太平天國事件爆發，卻使得「舉中國數千年禮義人倫、詩書典則，一旦掃地蕩盡。」他認為——「此豈獨我大清之變，乃開闢以來名教之奇變。我孔子、孟子之所痛哭於九原！凡讀書識字者，又烏可袖手安坐，不思一為之所也！」因此，他創建湘軍，鎮壓太平天國就打出「勤王衛道」的旗號，宣稱「本部堂奉天子命……不特紓君父宵旰之勤勞，而且慰孔孟人倫之隱痛」。把戰爭作為維護君主統治和孔孟綱常名教這一政治目的的工具，以冀其師出有名。

在曾國藩看來，湘軍要練就成為一支較之於舊綠營更加強悍的軍隊，必須以「赫然憤怒以衛吾道」為宗旨，成為一支有思想的軍隊。因此，他的治軍極其重視對湘軍將士進行思想教育。而他治軍思想之根源，就在於《論語》中一以貫之的「仁」與「禮」。

曾國藩治軍以「仁」、「禮」二字為指導，他說：「孟子曰『君子以仁存心，以禮存心。』守是二者，雖蠻貊之邦可行，又何兵勇之不可治哉？」

「仁」、「禮」是孔孟思想體系的核心。「雖蠻貊之邦可行」一語直接引自《論語》。對「仁」、「禮」的解釋儘管說法不一，但具體落實到一般的日常行為中，則不外乎強調服膺於「忠恕」、「孝悌」、「智勇」、上下名分、尊卑貴賤等社會準則和道德規範，並最終指向對君主的絕對忠誠。

曾國藩以「仁」、「禮」為治軍之旨歸，認為「守是二者」，即可治兵，自然有他的深意。孔子曰：「其為人也孝悌，而好犯上者鮮矣。不好犯上，而好作亂者，未之有也。君子務本，本立而道生。孝悌也者，其為仁之本歟？」（《論語．學而》）即「仁」之本即「孝悌」，提倡「以仁存心」，是要人們以「孝悌」自守，而自守「孝悌」的真正目的則在於消除「犯上作亂」的現象發生。

曾國藩治軍，首先希望能把湘軍訓練成為一支絕對服從命令的新式武裝，以加強對軍隊的控制，這種思想正好為其所用。

至於「禮」，就是《論語》中孔子所主張的「君君、臣臣、父父、子子」，在相當程度上是對上下名分、尊卑貴賤準則的集中概括，曾國藩治軍提倡「以禮存心」，所要強調的正是這一點。一方面，從湘軍本身來說，強調以禮治軍，能使士卒「慎語言、敬尊長」，服從統兵將官的指揮；另一方面，以禮治軍亦旨在澄清被太平天國「掃地蕩盡」、令「孔孟痛哭於九泉」的社會風氣，即「克己復禮為仁」。如此一來，「仁」與「禮」完全一致，故曾國藩自稱：

「少讀《論語》，至『克己復禮為仁』一語，深服其言，書諸座右，日必三復。厥後用兵執政，時時不忘此言。」

為了使招募來的樸實農夫更好地接受「仁」、「禮」的說教，曾國藩還提出——「獨仗『忠信』二字為行軍之本」。

根據曾國藩的解釋，「忠」在這裏主要是指下對上的行為標準，大則忠於國家、君主；小則忠於直接的上級，這就是「忠君尊上」的道理。「信」主要是指做人的誠信，「信，即誠實也」。曾國藩對湘軍官兵強調「忠」、「信」，是要他們絕對忠誠於封建國家與君主，注重湘軍「忠君尊上」的政治素質。

曾國藩在治軍實踐中凸顯了禮治所具有的仁與刑、恩與威並重的特色，強調了禮治具有的內（自治）與外（治人）結合的孔子精神。在中國古代，「禮」本來是指外在的政治及社會生活的典章制度與行為規範，但孔子主張在遵禮、愛禮的同時，強調禮所包含的思想情操、道德修養等方面的精神內涵，故而，《論語》中孔子所推崇的禮治就包括了外在禮節與內在修身、刑法與仁心愛民的二重性，從而形成了獨具中國特色的政治文化。曾國藩在其治軍實踐中將禮治的二重性發展到極致，在統領湘軍、治軍帶勇的過程中，就十分強調仁刑結合、恩威並用的禮治特色。

他在總結自己的帶兵之法時說：「用恩莫如仁，用威莫如禮。仁者，即所謂欲立立人，欲達達人也，待弁勇如待子弟，常有望其成立，望其發達之心，則人知恩矣。禮者，即所謂無眾寡，無小大，無欺慢，泰而不驕也；正其衣冠，尊其瞻視，儼然人望而畏之，威而不猛也；持之以敬，臨之以莊，無形無聲之際，常有凜然難犯之象，則人知威矣！」在這段中「欲立立人，欲達達人」，「泰而不驕」，「威而不猛」等語均出自《論語》。

治軍者通常都強調威猛之氣，「禮」的秩序、規範是軍隊形成這種「威猛」戰鬥力的保證。但曾國藩還強調治軍中仁恩的一面，將孔子《論語》中孔子所強調的忠恕之道的仁愛思想貫徹到帶兵之中，並以「待弁勇如待子弟」的血緣情感，滲透到軍隊以增強軍隊的凝聚力與戰鬥力。其實，禮治的精神不僅體現在威猛、嚴酷的一面，同時也體現在施恩、仁愛的一面，後者尤體現出孔子關於禮治的理想。

曾國藩的禮治實踐正是對二者的充分利用，他聲稱：「威恩並施，剛柔互用，或一張一弛，有相反而相成。」可見他深刻地把握了孔子禮治的實質。

曾國藩以禮治軍的特色，還體現在他對禮的教化精神的高度重視與不懈實踐上。

儒家禮治的根本精神，就是強調維護禮的社會秩序不能依賴於暴力，而是要通過教化的方式，使人們自覺地遵循禮的義務性規範，這就是孔子所要求的「道之以德，齊之以禮」（《論語．為政》）。所以儒家一直將「修六禮」、「明七教」的禮教，作為禮治的基本精神和主要任務。

湘軍組建的一大特色，是儒生與山農的結合，正如當時人們所記：「曾國藩既請練軍長沙，奮然以召募易行伍，盡廢官兵，使儒生領農民，各自成營。」、「迨曾國藩以儒臣治軍長沙，羅澤南、王鑫皆起諸生，講學敦氣誼。乃選士人領山農。」

這種儒生與山農的結合，使得曾國藩有條件對湘軍實施以「訓」為中心的儒家禮教的教化活動。由於他對禮教的特殊重視，故而將有關禮教的「訓」置於較軍事的「練」更加重要的地位。一方面，在形式上，以曾國藩為代表的儒將承擔著訓導兵勇的任務，即如他本人所說：「每逢三、八操演，集諸勇而教之，反覆開說至千百語……每次與諸弁兵講說，至一時數刻之久，雖不敢云說法點頑石之頭，亦誠欲以苦口滴杜鵑之血。練者其名，訓者其實。」另一方面，他們所「訓」的內容，主要是合乎禮教的「作人之道」，具有濃厚的「禮教」色彩，如在曾國藩所親自撰寫的——「上而統領，下而哨弁」的《勸誡營官四條》中，其內容無非是「禁騷擾以安民」、「戒煙賭以儆惰」、「勤訓練以禦寇」、「尚廉儉以服眾」等，均是道德禮儀方面教化。

曾國藩做出這樣的「勸誡」與規定：「訓有二端：一曰訓營規，二曰訓家規……點名、演操、巡更、放哨，此將領教兵勇之營規也；禁嫖賭、戒遊惰、慎語言、敬尊長，此父兄教子弟之家規也。為營官者，徒兵勇如子弟，使人人學好，個個成名，是眾勇感之矣！」

如此堅持不懈地禮教訓練，促使曾國藩能夠組建起一支合乎儒家仁禮精神的具有「忠義血性」的隊伍，並且依靠這支隊伍，消滅了洪秀全的「太平天國」，建立了赫赫功業，成為大清的「中興名臣」。

丁 智語集萃

1. 人不知而不慍，不亦君子乎？（《學而第一》）

——別人不了解自己並因此而惱怒，不也就是一位有德君子嗎？

2. 貧而無諂，富而無驕。《學而第一》

——貧窮，但不諂媚；富有，但不目空一切。

3. 君子周而不比，小人比而不周。（《為政第二》）

——君子能團結眾人，但不結黨營私；小人結黨營私，但不能團結眾人。

4. 舉直錯諸枉，則民服；舉枉錯諸直，則民不服。（《為政第二》）

——把正直的人提拔起來，放在邪曲的人之上，百姓就服從；把邪曲的人提拔起來，放在正直的人之上，百姓就不服。

5. 人而無信，不知其可也。（《為政第二》）

——一個人不講信用，不知他還能幹什麼！

6. 獲罪於天，無所禱也。（《八佾第三》）

——如果得罪了上天，向誰祈禱都沒有用了。

7. 成事不說，遂事不諫，既往不咎。（《八佾第三》）

——已經完成的事不用再說了，已經在做的事不用再反覆勸諫了，已經過去的事不必再追究了。

8. 夫子之道，忠恕而已矣！（《里仁第四》）

——老師一以貫之的道，就是忠、恕二字罷了！

9. 老者安之，朋友信之，少者懷之。（《公治長第五》）

——使年老者安心，使朋友信任我，使年輕人懷念我。

10. 君子周急不繼富。（《雍也第六》）

——君子只周濟急需救濟的貧窮人，而不會接濟富人的。

11. 己欲立而立人，己欲達而達人。（《雍也第六》）

——自己想立足於世，就幫助別人立足；自己想顯達，就幫助別人顯達。

12. 不憤不啟，不悱不發。舉一隅不以三隅反，則不復也。（《述而第七》）

——不到對方想搞明白，但卻不能搞明白的時候，不去啓迪他；不到對方想而說不出來的當兒，不去啓發他。舉出一個角落開導對方，他卻不能因此而推知其他三個角落，那麼就不要反覆教導他了。

13. 君子坦蕩蕩，小人長戚戚。（《述而第七》）

——君子胸懷開闊豁達，小人經常愁眉不展。

14. 士不可以弘毅，任重而道遠。任以為己任，不亦重乎？死而後已，不亦遠乎。（《泰伯第八》）

——仁人志士不能不弘大強毅，因爲其肩負重擔，且道路遙遠。以仁的推行作爲己任，難道不是重任嗎？爲了仁的推行而奮鬥終生，到死方休，難道道路不遙遠嗎？

15. 毋意，毋必，毋固，毋我。（《子罕第九》）

——不要主觀臆斷，不要強迫必定要如何，不要固執己見，不要太以自我爲中心。

16. 三軍可奪帥也，匹夫不可奪志也。（《子罕第九》）

——三軍可以奪去他的主帥，匹夫卻不可以強奪其志節。

17. 食不語，寢不言。（《鄉黨第十》）

——吃飯的時候，不交談；睡下後，不說話。

18. 過猶不及。（《先進第十一》）

——凡事太過頭，和達不到要求，後果是一樣的。

19. 己所不欲，勿施於人。（《顏淵第十二》）

——自己不想要的和不想做的，不要強加給別人。

20. 欲速，則不達。見小利，則大事不成。（《子路第十三》）

——一味圖快，則達不到目的。貪求小利，就成不了大事。

21. 君子和而不同，小人同而不和。（《子路第十三》）

——君子能協調各種不同意見，但不盲從附和；小人則只知無原則地盲從附和，但不知道如何協調不同的意見。

22. 古之學者為己，今之學者為人。（《憲問第十四》）

——古代人學習是爲了充實提高自己的知識和修養，現在人學習是爲了向別人炫耀賣弄。

23. 君子不以言舉人，不以人廢言。（《衛靈公第十五》）

——君子不只憑一個人說的話動聽而舉薦他，也不會因爲一個人有缺陷連他所說的正確的話也抹煞掉。

24. 君子有三戒：少之時，血氣未定，戒之在色；及其壯也，血氣方剛，戒之在鬥；及其老也，血氣既衰，戒之在得。（《季氏第十六》）

——君子有三件事必須警惕自己：年輕時，血氣未定，要警惕沉溺女色；到壯年時，血氣方剛，要警惕逞強鬥狠；到老年時，血氣已經衰弱，要警惕貪得無度。

25. 恭則不侮，寬則得眾，信則人任焉，敏則有功，惠則足以使人。（《陽貨第十

七》）

——恭敬就不會招致侮辱，寬厚就能贏得眾人的擁護，誠實守信別人就會賦予你重任，機智敏捷就能成就事功，慈惠大方就能很好地調動使用人。

26. 往者不可諫，來者猶可追。（《微子第十八》）

——過去的永遠過去，難以挽回；未來的還有機會很好地把握。

27. 士見危致命，見得思義。（《子張第十九》）

——仁人志士，遇到危難勇於獻身，面對可以得到的利益會考慮是否合於道義。

28. 不知命，無以為君子也；不知禮，無以立也；不知言，無以知人也。（《堯曰第二十》）

——不知曉天命，便不能做君子；不懂禮，便不能立身處世；不善於辨別他人言論中微妙的含義，便不能正確地了解一個人。

《老子》——道家的萬物智慧

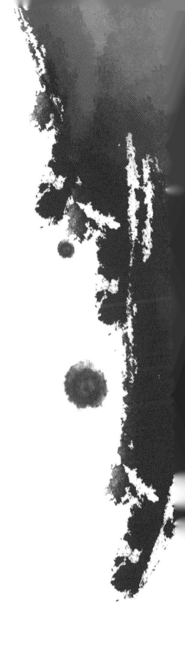

甲 智典概貌

【成書背景】

老子為什麼要著《老子》這本智慧經典呢？據司馬遷的記載，這與一個「老子出關」的故事有關。

老子看到周王朝越來越衰弱了，衰敗得不成樣子，於是決定避世隱居，決定遠走高飛了。

老子要到秦國去，到西域去，這就得經過函谷關。另外一種說法是大散關。函谷關大概在今天的河南靈寶縣。這裏兩山對峙，中間一條小路，因為路在山谷中，又深又險要，好像在函子裏一樣，所以取名「函谷關」。

守關的長官是尹喜，稱關令尹喜。這一天他正站在城關上遠望，只見關谷中有一團紫氣從東方冉冉飄移過來。關令尹喜是一個修養與學識極其高深的人。他看到這種氣象，心裏一震：這是有聖人來了！只有聖人來才會有這樣的雲氣，今天一定有聖人要經過我的城關了，不知是哪一位？

不多一會兒，就見到一位風骨非凡、仙風道骨的人，騎著一頭青牛慢慢向關口行來。竟然是老子！關令尹喜知道他要遠走高飛了，就一定要讓這位當代大智者留下他的智慧來，於是纏著他，「子歸隱矣，強為我著書。」要他將自己的感悟和智慧濃縮成一本書，作為放他出關的條件。

老子當然是不太願意的，但是不答應，關令尹喜是不會放他過關的。老子沒辦法，於是只得答應。

另外，老子答應關令尹喜還有一個原因。據《史記集解》說，關令尹喜「善內學星宿」，所以他能看天象，看星宿，看雲氣，看到一團紫氣飄來便知是聖人來了。據說關令尹喜自己也有著作，名《關令子》。老子也佩服這位「服精華，隱德行仁」的大智者，「亦知其奇怪」，所以有一種得遇知音的之感，於是為他著書。知音難遇，能為知音著述不亦樂乎？

那時老子深思默想，將他的智慧一個字一個字地寫在了簡牘上，先寫了上篇，又接著寫了下篇，據說只寫了幾天。寫完了一數，共有五千來字。於是一部「五千言」的驚天動地的偉大智慧著作誕生了！

據說，關令尹喜讀到這樣美妙的著作，深深地陶醉了，被他深奧的哲思折服得五體投地，於是對老子說：「讀了您的著作啊，我再也不想當這個邊境官了，我要跟您一起出走了。」老子莞爾一笑，同意了。關令尹喜真的跟著老子出走了，後來還有人看到他們兩人一起到西域流沙那裏，而且都活了好長好長的歲數！

老子出關一直被後人津津樂道地傳說著，演繹著。魯迅先生也對此發生過興趣，還創作了故事新編《老子出關》，還因此與別人打了一點筆墨仗。另外，老子出關中的「紫氣東來」也成了中國文化中的一個基因，帝王之家將「紫氣」當作吉祥、祥瑞。老百姓之家也把「紫氣」當作吉祥的象徵，於是把「紫氣東來」這四個字寫在大門上。先民還認為，哪個地方有寶物，哪個地方上空就會出現紫氣。

有趣的是老子騎坐的「青牛」，也成了道教文化中的一個著名的意象，青牛後來成了神仙道士的坐騎了。到後來，「青牛」也成了老子的代名詞了，老子又被稱為「青牛師」、「青牛翁」等。

【老子其人】

讀《老子》這部博大深邃的智慧經典，人們首先要問的是老子是何許人也，這位大智者有什麼事功立績？遺憾的是，關於老子的生平史料，非常渺茫的。老子的身世，就像他書中的「道」一樣，讓後人捉摸不定。

司馬遷在《史記》裏面著有一篇老子的傳記，叫《老子韓非列傳》。但是在這篇很長的傳記裏面，他的重點在韓非，關於老子的傳略非常短。可見博學多聞如太史公者，對老子的生平所知也甚少，實在是沒有什麼話好講。

司馬遷講到老子的生平籍貫的時候，有這樣一句話——

「老子者，楚苦縣厲鄉曲仁里人也，姓李氏，名耳，字聃，周守藏室之史也。」

姓也有了，名也有了，字也有了，官職也有了。看起來很明白，實際上不明白。為什麼？至少有一個問題，既然他姓李名耳，我們叫他李耳就是了，或叫李聃也行，為什麼又叫他老子呢？對這個問題，司馬遷避而不談。有很多人說他之所以叫老子，大概是因為長壽，老子活得壽命很長，這一點司馬遷後面也講到了。還有一種說法是，「老」這個字和一個字的字形非常相似，就是「考」，而「考」的本意就是長壽，所謂「壽考」。所以老子大概是個很長壽的人。但是司馬遷沒有明確告訴我們，留下了一個很大的疑團。

那麼「聃」是什麼意思呢？有人解釋「聃者耳大也」，耳朵很大，所以現在福建泉州老子的塑像，耳朵很大，垂到肩膀上，這個也是有根據的，「耳大謂之聃」。中國人老講「耳朵大有福氣」。為什麼西方人沒這個說法，中國人有這個說法呢？這個文化就來自於老子。大概這個老子生下來，耳朵比較特別，所以他的父親就給他取個名字叫

「李耳」。古人取名字大多很淳樸，有時就根據人生下的特徵取名。

司馬遷講老子的官職是「周守藏室之史也」，什麼叫「守藏室」？就是國家的檔案館。有很多人說是圖書館，實際上那時候不存在什麼圖書館，是檔案館，政府的檔案館，專門掌管政府的檔案。那時的檔案館兼有圖書館的一些職能，歷代的圖書都放在那裏，老子是這裏的「史」，所以說「道家出於史官」也是有根據的。老子讀了很多的書，讀著讀著他就把一切看穿了，看透了。

司馬遷還講到了孔子曾經到東周去向老子請教的問題，所以現在有種觀點認為，老子比孔子年紀大，而且孔子還跟著老子學了很多的知識，孔子算是老子的學生。孔子向老子請教的這件事，《史記》的《老子韓非列傳》有記載，《孔子世家》也有記載。這就證明老子和孔子確實是見過面的。但是這兩個記載，稍微有一點不同。在《孔子世家》裏面，司馬遷記了孔子見到了老子之後，老子跟他講了一段話——

「聰明深察而近於死者，好議人者也。」

意思是，一個人很聰明，很明白，把一切都看得很明白，這樣的人往往非常危險，常常與死亡打交道，弄不好就會丟掉性命，為什麼呢？因為這樣的人喜歡議論別人。

「博辯廣大危其身者，發人之惡者也。」

意思是，一個人知識很廣博，善於辯論，但是恰恰他自己給自己造成很大的危險，生命甚至都不保，為什麼呢？「發人之惡者也」，他喜歡揭發別人的缺點，好議論別人的缺點，好揭發別人的一些隱私。這不僅是一種很不好的德性，而且有時會危及自身。

老子對孔子又說了兩句概括性的話作為告誡：

「為人子者毋以有己，為人臣者毋以有己。」

這也是非常有智慧的話。「毋以有己」就是沒有自己，不要太有自己。做兒子的不要在父親面前太有主張，做臣子的不要在國君面前太有主張。因為太有主張了，太堅持自我了，顯得比他還聰明，那就要自招其禍了。

在《老子韓非列傳》裏面也講到了老子對孔子的一段教訓，他是希望孔子能夠戒除自己身上的驕氣、傲氣，戒除自己身上過多的欲望和過大的志向。因為欲望太多了不好，志向太大了不好，太驕傲了不好，太傲慢了不好，太鋒芒畢露了不好。他要求孔子把這些都戒除掉，因為這些都沒有用處，沒有好處。

孔子在聽了老子這一番教訓之後，回到了魯國，見到他那些弟子們，就告訴他們說：我見到過天上飛的鳥，天上的鳥我知道有什麼辦法對付牠，可以用箭去射牠；我見到地上的野獸，也知道用什麼辦法對付牠，可以用網去把牠網住；河裏的魚我也知道用什麼辦法，我可以把牠釣上來。但是見到老子，我知道我沒有辦法對付他。為什麼呢？他既不是鳥也不是獸，也不是水中的魚，他是龍。

老子是龍，可見孔子對老子的評價是非常之高的。

但是，在老子傳記的末尾，司馬遷又寫道：

「或曰：老萊子亦楚人也……」

莫名其妙地又出來一個老萊子。我們不知道太史公要說什麼意思，老萊子就是老子嗎？還是老子就是老萊子？司馬遷也沒說，他只說「老萊子亦楚人也」。這就使後世學術界產生很多問題：老萊子是不是就是老子呢？老子是不是就是老萊子？

講完這個「老萊子」，司馬遷又講了一句話——

「蓋老子百有六十餘歲，或言二百餘歲，以其修道而養壽也。」

司馬遷是一個非常具有理性精神的思想家、史學家，他不相信神話。中國古代神話那麼豐富發達，現在看到的只是一些零星的片段，這跟司馬遷有很大的關係。因為司馬遷在《史記》裏面沒有認真記錄神話。他的頭腦太理智了。《史記》的《本紀》裏面，第一個就是《五帝本紀》。記錄的是傳說中的三皇五帝，這個總有很多神話色彩的，但是司馬遷把那些有神話色彩的東西全部都刪掉了，只留下一些能夠理性理解的東西。

可是司馬遷寫到老子的時候，他自己就犯錯誤了。看來，只能說老子太神祕了，把司馬遷都弄得暈頭轉向。他竟然寫出這樣的話來：老子活到一百六十多歲，甚至還有說兩百多歲，然後他自己還加個解釋，因為老子修道，壽命很高。像司馬遷這樣有理性精神的人，在老子的面前都失去理性，失去理智了。接著司馬遷又說：

「自孔子死後百二十九年，而史記周太史儋見秦獻公……」

孔子死了以後一百二十九年，歷史上又記載了另外一個人，周代有一個太史儋去晉見秦獻公……又出來一個太史儋，而且這個人出現在孔子死後一百二十多年。這又給後人留下一個很大的謎團。

所以現在學術界有很多人說，老子不但不是孔子之前的人，而且是孔子之後很後面的人。孔子是春秋後期人，再往下就是戰國，一百二十九年就是戰國中後期的人，快到漢代了。所以現在學術界講到老子的時候，到底老子是比孔子更老一點，還是比孔子更小一點？是春秋後期人，還是戰國甚至戰國後期人，也都有很多不同的說法。

也許，司馬遷在記錄老子史實的時候，也不知道該怎麼說了，只好用一句話來收場：「老子，隱君子也。」

老子麼，也就是一個隱士、一個高人。那到底是什麼人呢？還是沒明白。

關於老子的身世生平後來還有很多的說法，比如葛玄在《道德經序》中說：「老子生而皓首。」即老子一生下來，頭髮花白。

葛玄的這句話，雖然是道教徒的附會之說，但是裏面確實帶有很強的象徵意義，有種隱喻的色彩。為什麼？老子一生下來就頭髮花白，如果不把它看成是個生理現象，而看成是一種文化現象，我們就可以理解了。老子生在一個什麼樣的民族裏呢？生在一個歷史很悠久的民族裏面，生在一個早熟的民族裏面。老子「生而皓首」，可以理解為老子出生在一個歷史悠久的民族之中。他一生下來就必須面對漫長歷史的種種文化上的積累，所以他的思想才會那麼深刻，那麼具有穿透力。從這個意義上說，老子的智慧是中華民族古老智慧的結晶，《老子》一書是中華民族祖先智慧的集大成。

【內容結構】

《老子》一書共八十一章，多為韻文，分「道」經和「德」經兩部分，所以又稱《道德經》。傳統的順序是「道」經在前，「德」經在後。而一九七三年發掘長沙馬王堆三號漢墓中出土的《老子》帛書，是「德」經在前，「道」經在後，這可能是古本的順序。

《老子》全篇共五千餘字，篇幅不長，但論述精闢，意義豐富，思想深邃。其內容重在詳盡論述作為宇宙本體、萬物之源和運動規律的「道」，並用「道」以關照人生世事，指導治國（包括砭時、議兵）和修身（包括養生），直面現實社會，涉及到宇宙、自然、社會、人生的各個方面。儘管《老子》的行文隱諱曲折，正言若反，撲朔迷離，飄忽不定，但是其思想是一以貫之的，是用樸素的辯證思維構建起來獨特的理論體系。

1 《老子》論道

《老子》的一、四、六、十一、十四、二十一、二十五、三十二、三十四、三十五、四十、四十一、四十二、五十一章，共14章，重在論道。其內容主要是——

道，渾沌而成，先天地生，是效法自然而形成的宇宙本體和規律法則。道是「天地之母」，「萬物之宗」。

道，無狀無象，是人的視、聽、觸、味等感官知覺無法直接觸及感知的，但又用之不盡，確實存在。道雖然恍惚迷離，質樸幽深，但是，通過萬物來體現，依靠萬物而存在。

道，渾然一體，獨立存在，雖然無始無終，無影無蹤，但是，超越時空，無處不在，週而復始，對立轉化，影響決定著自然、社會和人生的命運。道，以循環的方式運動，以柔弱的姿態發揮功用。

道，空虛不盈，清靜無為，永遠存在，順應自然，實際上又無所不為，永不窮盡，養育萬物，除舊更新。道無私無欲，不創始，不佔有，不主宰，不自大。

「道常無名」，「道隱無名」，質樸純厚，玄妙幽深，是人們根據自己的認識，勉強稱之為「道」，勉強稱之為「大」。

2 《老子》治國

《老子》的二、三、五、十七、十九、二十三、二十七、二十九、三十六、三十七、三十九、四十三、四十八、四十九、五十六、五十七、五十八、六十、六十一、六十四、六十五、六十六、七十二、七十三、七十九、八十章，共26章，重在論述治國之道。另外，十八、三十八、五十三、七十四、七十五、七十七章，共6章，重在針砭時弊。

《老子》的主要內容是——

統治者必須效法「道」，無私無欲，公正公平，善待百姓，善待萬物，不要棄人棄物，人為造成親疏、利害、貴賤的差別，這樣，才能真正得到善良和誠信。要認識到貴賤、高下的辯證關係，守道不爭，謙下卑弱，去甚、去奢、去泰，稱孤、道寡，言下、身後，才能無為而無不為，得到百姓擁戴，始終處於不敗之地。

治國的關鍵在於清靜無為，少私寡慾，慎行貴言，順應自然，不要肆意妄為，擾民害民，讓百姓自化、自正、自富、自樸，甚至讓百姓感覺不到統治者的存在。「多言數窮」，為者敗之。

老子憎恨統治者「損不足以奉有餘」、「以死懼之」的罪惡行為，指出百姓饑荒的根本原因在於統治者「食稅之多」，認為仁、義、禮、智之類都是在道、德淪喪之後的產物，既不可信，又不可用。

3 《老子》議兵

三十、三十一、六十八、六十九章，共4章，重在議兵。

老子認為戰爭對於雙方都會帶來極大的災難，其事好還，物壯則老，「師之所處，荊棘生焉。大軍之後，必有凶年。」因此，要以不爭之德對待戰爭，即使不得已而戰，取得勝利也不能驕傲自得，炫耀逞強。所以，他反對發動戰爭，反對主動進攻，更反對狂妄輕敵，主張防禦應戰，認為——「哀兵必勝」。

4 《老子》修身

《老子》中七、八、十、十三、十五、十六、二十、二十二、二十四、二十六、二十八、三十三、四十五、四十七、五十二、五十四、五十五、五十九、六十二、六十三、六十七、七十、七十一、七十六、七十八、八十一章，共26章，重在修身。另外，九、十二、四十四、四十六、五十章，共5章，重在養生。其主要內容是——

修身要將守護靈魂和堅守大道緊密結合在一起，達到專氣致柔的嬰兒狀態，關閉感官，純潔心靈，知其雄，守其雌，永遠保持質樸純厚的品德，真正進入空虛無欲、清靜無為的境界。

修道者既要有知人之智，勝人之力，更要有自知之明，自勝之強，明白四達，知而不知。社會上得失寵辱，都是因名利之類的身外之物而造成的後果，都會帶來禍患。修道者應無私無欲，清靜無為，知足不辱，知止不殆。

修道者以「慈」、「儉」、「不敢為天下先」為三寶，就是把慈柔公平、儉嗇收斂、謙下不爭作為人生的法則，即「治人事天，莫如嗇」。應「不積」、「不自生」，後其身以求身先，外其身以求身存，竭盡全力幫助他人，以求自我滿足。像天之道一樣「利而不害」，人之道應「為而不爭」。

事物總是互相依存，相反相成，「曲則全」是普遍法則，因此，聖人不自見，不自是，不自伐，不自矜，從沒有「餘食贅行」之類自我炫耀的多餘行為，一切順應自然，有道之人要像水一樣，處於下位，柔弱自守，清靜無為；慈愛真誠，滋養萬物；以柔勝剛，以弱勝強。

物欲的滿盈，聲色的誘惑，奢華的奉養，必定給自身造成災難和短命，因此，修身養生者必須「見素抱樸」，清心寡慾，儉嗇收斂，功成身退，才能長保平安。如果過分看重名利財貨，貪得無厭，不知滿足，必然帶來巨大的危害。所以，只有知足，才能不受辱；只有知止，才能不危險，這是修身養生的妙道要訣。

有人認為，《老子》五千言包羅萬象，世界上什麼事情都說到了，任何問題都可以在書裏找到答案，甚至認為讀透《老子》，可以得道成仙。

有位外國哲學家說：「中國迄今為止的所有哲學思想、流派都在《老子》創立的哲學體系的覆蓋之下。從世界範圍看，其思想高度可以和佛教哲學比肩而立，比古希臘哲學可能還要高出一籌。」

歷史上為《老子》做注者甚多，最早的注解是《韓非子．解老》，後來重要的有魏晉王弼的《老子注》和假託西漢河上公的《老子章句》等。收入《諸子集成》的是王弼《老子注》和清魏源《老子本義》。今人高亨《老子注譯》、陳鼓應《老子注譯及評介》等，都可供參考。

【後世影響】

《老子》開創了中華哲學思想的先河。其哲學思想不但對我國古典哲學思想的發展，做出了重要的貢獻，而且對我國三千年來的治國、宗教、教育、美學、醫學、軍事、經濟等許多領域，產生了深遠的影響。

1．《老子》對哲學思想的影響

以《老子》為代表的道家思想，構成了中國傳統文化深層結構上的哲學框架。《老子》的哲學思想，不僅影響先秦諸子各家各派，直至影響到宋明理學等等重大哲學流派。許抗生先生認為——「老子的哲學思想深深地影響了整個封建社會的意識形態。老子哲學有時為一些官方儒學的反對派所改造與繼承（如東漢王充等人），有時又為官方儒學所吸收（如宋明理學），甚至曾經一度取代了儒學成為了一個時代的統治思想（如魏晉玄學）。老子哲學還影響到我國的道教與佛教兩大宗教思想的發展。」

總之，《老子》的哲學觀念對中國哲學的發展有很深遠的影響，不管是唯物主義學派的或唯心主義學派的「儒」、「道」、「墨」、「法」、「名」、「陰陽」、「縱橫」、「雜」等諸家諸子，都從不同的角度、不同的程度汲取了《老子》的哲學思想。

2．對政治治國的影響

《老子》對於中國古代政治制度的影響，兩千多年來，一直都是有形無形地成為實際的指導力量。

漢朝初年直到漢武帝「罷黜百家，獨尊儒術」為止，這一段時間的政治，可說是百分之百地接受道家思想指導的。當時的道家思想通稱「黃老」，老是老子，黃則是黃帝。黃老之道，可說是老子哲學的一種新形式，主要的是側重在為政、治國方面，所以說是「君人南面之術」。黃老之術的主要旨趣是在清靜無為，使民寧一自富。而武帝以前的七十年間，便正是實行的這種政策。

中國歷史上有許多宰輔名臣也都偏重於以「黃老之術」治天下。例如大宋時——

趙普——為相時「置二甕於坐屏後，凡有人投利害文字，皆置其中，滿即焚之。」（羅大經：《鶴林玉露》卷十）

王旦——時「真宗以無事治天下。旦以為祖宗之法具在，務行故事，慎所改變。帝益信之。」（《宋史》二八二《王旦傳》）

李沆——沆對真宗問治道所宜先，曰：「不用浮薄新進喜事之人，此最為先。」（《宋史》二八二《李沆傳》）又嘗曰：「吾居政府，別無所長，但中外建議，務更改，喜激昂者，一切告罷。聊以此報國耳。」（《鶴林玉露》卷十）

由上面這幾個例子來看，可知宋真宗是以「無事治天下」，那便是清淨無為的黃老政治了。這些大臣名相，都是用「返淳守樸，唯施是畏」的方針，來領導政治的。尤其是趙普和李沆的故事，簡直與漢初曹參用酒灌醉建議興革者的做法是一脈相承，沒有絲毫分別。李沆姑且不論，趙普不正是那位用半部《論語》治天下的儒者麼？他儘管在理論上崇信孔子，實際的行為則是黃老的作風。這種情形，並不限於趙普一人。實際上歷來的儒者名臣，幾乎無不精研《老子》，並且無不在不知不覺中，遵奉著老子的教訓。

3．《老子》對道教的影響

在後世，人們將老子奉為道教之祖，是「太上老君」，所以《老子》一書對道教的影響是百分之百的。

其實，老子本與道教無關，《老子》裏也根本沒有涉及宗教的思想。但後世興起的道教，卻尊老子為教主，把老子附會為神仙，並把《老子》當作道教的中心經典，這真不是任何人始料所能及的。

道教人士所以選擇老子和《老子》為其附會和依託的對象，當然是因其有適合道教性質、可資利用的因素。但是一經選作崇奉的對象之後，這一適合之點，便構成指導和影響道教的力量了。而老子對道教和方技的影響，便是這樣形成的。

上述適合道教的因素，大致可分兩方面來講——

第一，老子本人，既是名高千古聲望隆盛，同時卻又事蹟含混莫知究竟，因此便適於把他附會為神仙，而可抬出來作為一個崇奉的偶像。

第二，再就《老子》的內容來說，不僅其清心寡慾依乎自然的人生思想，正吻合道教修養的精神，而偏偏湊巧的，書中許多語句，又恰好能用做道教的理論根據。由於這後一點，便使得老子對道教以及方技，發生了不可思議的影響。

道教是講長生不死，相信神仙的。而《老子》中「故能長生」（七章），「是謂深根固柢，長生久視之道」（五十九章），「蓋聞善攝生者，陸行不遇虎兕，入軍不被甲兵，兕無所投其角，虎無所措其爪，兵無所容其刃。何故？以其無死地」（五十章），「天地相合，以降甘露」（三十二章）各語句，便恰可作為長生信神的理論依據。

為了達到長生不死白日飛升，道教是講修煉的。修煉成仙的工夫有二：一為煉外丹，一為煉內丹。煉外丹便是指採藥製丹，燒鉛煉汞等事。煉內丹便是指人身借自己軀體的功能，而達成一種超人的境地。

煉外丹與《老子》關聯較少，而煉內丹的原則，便全附會在《老子》上了。原來煉內丹一事，大別有兩種工夫：一為打坐，一為呼吸導引，也就是運氣。這兩者一致所需的基本要求，是一個「靜」字。打坐，固非靜不能入定；而運氣導引，也非靜不能發生作用。

而《老子》中「靜為躁君」（二十六章），「清靜天下正」（四十五章），「致虛極，守靜篤」（十六章）等語，正是一個指導原則。至於「專氣致柔」（十章），「心使氣曰強」（五十五章），「虛其心，實其腹」（三章）……各語，又恰好是導引運氣所必循的原則。

道教修煉的工夫中，還有一派是講房中採補之術，以及主張根據男女陰陽之道來修煉的。就這一派來講，《老子》實給予了更多的理論依據。例如：「穀神不死，是謂元牝。元牝之門，是謂天地根。綿綿若存，用不之勤。」（六章）「天門開合，能無雌乎？」（十章）「骨弱筋柔而握固，未知牝牡之合而全作，精之至也。」（五十五章）甚要有人完全用這種觀點，來詳注全部的《道德經》。

4．《老子》對教育思想的影響

洪石荊先生在《老子教育思想問題研議》（《安徽師範大學學報》一九九〇年，第1期）中認為：老子教育思想的主題就是「帝王南面之術」。它不是以廣大群眾為教育對象的。這與儒、墨、法把教育看作是帝王及其統治集團的特權，是一樣的。老子的教育內容，以「道」為中心，包括下面三個方面：

一是「無為」，要求人君在治理臣民百姓時自己處在無為狀態，這樣就能達到「天下自正」的目的；

二是「無欲」，教育人君要恬靜寡欲，無貪婪之心，以免自取禍患；

三是「無爭」，告誡人君要謙虛自守、卑弱自持，達到「不為天下先」而又「成其先」的目的。

老子在這裏否定上帝主宰人世一切的傳統觀念，重視人君的統治地位，並以「南面術」教育人君，這是一個驚人的進步。他所提出的「無為」、「無欲」和「無爭」的主張，也具有一定的積極意義。

老子在求知觀上，並不是不要人學習知識，而是要求人君不要自矜其能，去「學不學」，即學眾人所不學的，也就是「三寶」：慈、儉、不敢為天下先。老子所提出的認識過程，也就是學習過程，這裏包括三個階段——

(1)「觀」即直接觀察事物，也就是感知；

(2)「明」就是明白事理法則；

(3)「玄覽」就是深觀遠照之意，即要求認識事物的全貌，洞察事物的本質規律。

5．對美學的影響

《老子》中直接論「美」的言論並不多，僅見者如第二章說：「天下皆知美之為美，斯惡已；皆知善之為善，斯不善已。」老子在這裏把「美」與「善」區別開來，在美學史上是具有重要意義的。葉朗先生評價說：「『美』這個字概念當然老早就有了，並不是老子第一次使用這個概念，但是老子給予『美』的這兩個規定，卻使得它第一次成了一個獨立的範疇。」（《中國美學史大綱》，第31頁）

老子所肯定和追求的美，不是那種外在的、表面的、易逝的、感官快樂的美，而是內在的、本質的、常駐的、精神的美，那種能夠給人以恬靜、閒適的感受，使人心緒寧靜、安祥，並能洞照事物本質，窮究各種變化的美。

例如，以王維為代表的唐代水墨畫，極力透過紛紜複雜、變化多端的現實生活去認識和把握生活的本質。

他們超凡脫俗、依山傍水，戲弄梅竹，賞玩雲月，畫出一派清靜無為、遠離塵囂、融入自然、安寧平靜的美感風光，深深地滲透著《老子》思想的影響。

6．《老子》對中醫學的影響

《黃帝內經》（簡稱《內經》）是我國現存最早的一部重要醫學文獻。《老子》對中醫學的影響，也主要是指對《內經》的基本醫學理論和指導思想的影響。

《老子》對《內經》的影響，主要表現在下列三個方面——

其一，《老子》天道觀的無神論思想，對《內經》指導思想的形成，起到重要作用。《老子》認為，「道」是天地萬物的本原，又是天地萬物運動、變化、發展的根本法則。天地萬物的產生不是神創造的。「道」並不是有意志，有人格的神靈。「天地不仁，以萬物為芻狗。」（五章）這就打破了有神論的天道觀的桎梏。「道之為物，惟恍惟惚。恍兮惚兮，其中有象；惚兮恍兮，其中有物；窈兮冥兮，其中有精；其精甚真，其中有信。」（二十一章）

道雖然無形無象恍恍惚惚，但卻又是真實存在的。這種存在被人們理解為是一種精氣。《內經》的作者也正是這樣來觀察天地萬物的。體現在《內經》中的宇宙觀，恰恰是把人的生存統一於自然界的運動、變化、發展，並歸結為精氣運動的結果。

其二，《內經》的陰陽學說與《老子》的哲學思想有關。《內經》把「陰陽」看作是天地萬物變化的根本原因，一切事物生殺榮衰，都是陰陽關係的作用所致。陰陽關係存在於一切事物之中。如果人體陰陽失去平衡，必定會引起身體機能紊亂，必然患病。因而診治疾病，首當從陰陽入手，陽病治陰，陰病治陽，恢復機體的平衡。

《老子》指出：「道生一，一生二，二生三，三生萬物。萬物負陰而抱陽，沖氣以為和。」（四十二章）這不但說明陰陽關係的存在、重要，而且還強調了它們之間的關係應該是和諧、平衡。陰陽是氣的動與靜。動為陽，靜為陰。有了動靜，也就有了陰陽。這對《內經》的陰陽醫學理論，應該說是具有重大影響的。

其三，《老子》中充滿修身養性的思想，這與《內經》提倡養生理論，關係密切。

7．《老子》對軍事學的影響

一九七三年長沙馬王堆三號漢墓帛書本《老子》出土後，有些學者就《老子》是否為兵書的問題進行了討論。翟青先生撰文題為《老子是一部兵書》，認為，從唐代的王真到明代末年的王夫之，一直到資產階級革命家章炳麟，都把《老子》看作一部兵書。《老子》一書直接談兵事的有四章，哲理性喻兵的有近二十章，同時其餘各章也都貫串了對軍事戰略戰術思想的發揮。

翟文認為，《老子》不是一般的軍事家的著作，而是哲學家論兵戰的軍事哲學著作。哲學是一切科學的根本學問，而《老子》中又有一些具體指導兵家戰略戰術思想的論述。

《孫臏兵法》具有十分明顯的辯證法思想，但是，它的成書比《老子》要晚出一百幾十年。就是《孫子兵法》也比《老子》晚出一些。很有可能兩書都受到《老子》中樸素辯證法思想的強烈影響。

8·對經濟學的影響

雖然老子關於經濟問題的直接論述不多，但是他的經濟思想對後世也頗有影響。總的說來，老子的經濟思想表現為「寡慾」「無為」和「均衡」等諸方面。

胡寄窗先生指出：「從無為論出發可以推演出《老子》對經濟現象的基本觀點。一切社會活動既以無為為最高準則，則經濟活動自然也不能例外。在經濟上強調無為，可以獲得兩方面的結論：一方面它會主張『絕聖棄智』、『無知無欲』，甚至認為『民之難治，以其智多』；另一方面它也會因此導出一些有意義的經濟觀點，如反對私有制，反對貧富不均，反對過重的財政捐稅以及反兼併戰爭等等。」（《中國經濟思想史》上冊第208頁）

現代社會生活中許多重要問題，都同經濟學有最直接間接的關係。《老子》中有關經濟思想的一些正確論述，無疑對今天具有參考和借鑒意義的。

9·《老子》對民俗風習的影響

《老子》不僅影響了有學問、有地位的高級人士，並且也影響了一般的普通老百姓和民俗風習。因為《老子》一書實在具有「雅俗共賞」的作用。《老子》的思想在學理上非常深刻警闢，足供研究學術的人來流連賞玩。同時老子的言論在人生方面又非常親切有力，一切教訓都可說是飽經世故閱盡滄桑得來的智慧結晶，可使人們在實際生活中得到無盡的受用。

在《老子》思想的影響下，使中國人養成一種澹泊自安、與人無爭的美德，使中國人普遍地具有成熟老練、通「全」明變的智慧。粗茶淡飯，簡樸生活，固非理想所在，但是大家卻都能澹泊相安，甘之如飴，尤其廣大的農村居民更是如此。個中原因固然有些是限於經濟條件，不得不然，但在農村中，特別是北方的農村中，即令家中富有，也一樣是生活簡樸，飲食清淡，絕沒有醉心物欲，追求享受的。否則便受人譏笑，視為膚淺浮薄的暴發戶。

中國人有句俗話——「知足常樂，能忍自安」，一般認為忍不下去的，中國人仍然能若無其事地忍下去。中國老百姓的生活的重心是內向的，很少向外與人競爭。在老子的教訓下，大家深明「爭」不能解決問題，而爭強好勝之徒，終究要自討苦吃。社會上普遍遵奉的座右銘是「忍為高」，是「退後一步自然寬」。不僅對人無爭，並且對事也是相容並蓄，不為苛察。

因為中國人在《老子》智慧的薰陶下，第一，深知一切分別對立的事情，若從一較高的角度來看，實很難說有什麼基本的差異。第二，深知一切事情，究竟能帶來什麼後果，實很難說。吉事便一定是福？凶事便一定是禍？那可不一定。第三，深知一切事情善惡利害都是通變互易的，你若鑿執分辨，便將使其僵化，否定了融通互易的可能。反之唯有渾漠無別，善惡並容，倒可因勢化導，融歸於「一」。正因為有這些認識，所以一向不以察察為明。有道是「不癡不聾，不作阿翁」，又說是「難得糊塗」。糊塗而云難得，可見原本並不糊塗。不糊塗而要做到糊塗，實有其深沉悠遠的含義了。

外國人常譏笑我們「並不多」、「大概其」，那是只知其一不知其二的見地。實際這裏面還有一層深遠的背景，其中很大一部分得益於《老子》思想的薰陶影響，不過不是一般人能夠說出「所以然的道理」罷了！

【海外流播】

海外研究老子已有悠久的歷史，對於老子的評價較孔子高出許多，特別是西方科學家對於老子有普遍的關注和贊同。在近鄰日本、韓國，老子具有巨大影響，近年來更在韓國成為熱門話題。日本和韓國，從更早時起，已有各種漢文版《老子》本流傳。在亞洲其他國家，越南文、印度文以至梵文、女真文的《老子》譯本，都可以找得到。

西方學者，對於老莊道家思想向來懷有很大興趣。北京大學教授李零一九九三年訪美，回國以後著文說：「西方人對中國思想一見鍾情的必然是道家，對儒家老是提不起興趣」，因為道家「所表現出來的東西，無論是對宇宙、生命、社會，還是其他問題的關心，都比較容易同他們的傳統合拍，比較容易同他們做心理溝通。」

一七八八年，羅馬天主教教士波捷，第一個用拉丁文翻譯了《老子》。

一八九一年，俄國聖彼得堡一位出版家詢問托爾斯泰，世界上哪些作家和思想家對他影響最大。他回答說：受中國的孔子和孟子的影響「很大」，而受老子的影響則是「巨大」。在他的一篇日記中這樣寫道：「我認為我的道德狀況是因為讀孔子，主要是讀老子的結果。」托爾斯泰對《老子》太喜愛了，他又開始翻譯老子的言論，可以說《老子》在俄國的流傳，早期得力於他的編譯本。

第一次世界大戰後，歐洲出現反思的熱潮，當時中國的《老子》、《莊子》在那裏非常流行，《老子》的德文譯本就有五、六十種。有一位牙科醫生非常可愛，他不是漢學家，又不是文學家，但是他被老子的思想吸引住了，硬是憑著一本字典、一股傻勁把《老子》翻譯了出來。這已經成為一段佳話了，實在令人欽佩！

西方政治家也特別喜歡老子。老子說：「治大國，若烹小鮮。」（六十章）這就是說，治理一個大國就像煎一條小魚，要慢慢地將它煎熟，要自然而然，不要多翻動，否則就使魚破碎得不成樣子了。

據說美國的一位總統就很欣賞老子的這一智慧，他在「國情諮文」中就用這一理念來指導其經濟政策。

西方哲學家對《老子》有很高的評價，黑格爾還把老子的思想和歐洲人的老祖宗的哲學相比，認為有著重要的共同之處，「有點像我們在西方哲學開始時那樣的情形」。黑格爾尊崇《老子》哲學，把它同希臘哲學一樣看成人類哲學的源頭。

現代西方有一個大哲學家叫海德格爾（Martin Heidegger），影響很大。他的思想和西方哲學邏輯的傳統不一樣，倒與中國的老子很合拍。比如，《老子》中說「有無相生」，還說「有之以為利，無之以為用」等等，他被這種思想觸動，對此非常讚賞。

海德格爾和別人一起翻譯《老子》，十分用心琢磨，反覆鑽深鑽透《老子》字詞句中的深刻含義，還要千方百計找到最適合的西方文字傳達出來。

海德格爾還請人用中文把《老子》第十五章中的兩句話寫在硬紙片上，懸掛在自己的書房的牆上，朝夕相對。這兩句話是：「孰能濁以靜之徐清，孰能安以動之徐生。」

日本喜歡並研究《老子》的人不少，翻譯《老子》的也不少，《老子》對日本人的影響很大。被視為二十世紀首屈一指的禪學大師鈴木大拙就受到《老子》很深的影響。他不僅稱號「大拙」來源於《老子》裏的「大巧若拙」一語，而且《老子》所說的「大器晚成」亦是享齡近百歲的鈴木禪學自我發展的最佳寫照。據說他平生一大嗜好就是揮毫疾書「無」字，當下一筆寫成，要表達他那日本臨濟禪一派的頓悟禪心與禪意。

關於《老子》，日本學者盧川芳郎說：「《老子》這本書，是完全沒有固有名詞的，是用警句和格言來編輯的，但它採取了對偶和韻文的文體，而其內容表現則採取了巧妙表意的逆說手法。《老子》有一種魅力，它給在世俗世界壓迫下疲憊的人們以一種神奇的力量。」（《古代中國的思想》）此言值得玩味。

當代著名的人文主義物理學家卡普拉說：「在偉大的諸傳統中，據我看，道家提供了最深刻並且最完善的生態智慧。它強調在自然的循環過程中，個人和社會的一切現象和諧在兩者的基本一致。」

現代以來，有一大批西方和東方的科學家、哲學家，都曾關注老子。其中最為著名的如英國人文主義物理學家卡普拉、英國科學史家李約瑟、比利時物理學家普利高津和日本物理學家湯川秀樹。

卡普拉所寫的《物理學之道》專門探討現代物理學與東方哲學的會通，對於《老子》思想做了極大肯定。該書出版之後很快暢銷全球，幾年之內就多次再版，行銷50萬冊，並被譯成多國文字。

李約瑟從20世紀30年代起就獻身中國文化，他的巨著《中國科技史》是這個領域中最偉大的著作，他自己因為熱愛道家學說，甚至取了道號，叫做「十宿道人」。

日本著名的物理學家湯川秀樹，他對關於老子說過這樣的話——「早在兩千年前，老子就預見到了今天人類文明的狀況，可能正是這個原因，他才寫下了《老子》這部奇書。不管怎麼說，使人感到驚訝的是，生活在科學文明發展以前某一時代，老子怎麼會向近代開始的科學文化，提出那樣嚴厲的指控？」

總之，《老子》受到世界各國的重視。隨著研究的深入，人們將會對《老子》智慧有越來越深刻的認識，《老子》智慧必將會對人類的明天做出更大貢獻！

乙　智慧精華

【天下萬物生於有，有生於無】

在《老子》中，有一句話，可以把《老子》有關於宇宙觀的各章都貫穿起來。這句即是：「天下萬物生於有，有生於無。」（四十章）從這句話的字面上看，各章都是這樣說的。「道」就是「無」，也是各章都承認的。這樣說起來，《老子》的宇宙觀當中，有三個主要的範疇：道，有，無。因為「道」就是無，實際上只有兩個重要範疇：有，無。不僅在《老子》中是如此，在後來的道家思想中也是如此。

然而問題在於，對於「有」、「無」可以有不同的理解和解釋。

實際上《老子》中就有三種不同的解釋——

第一種，帶有原始宗教性的說法。譬如說：「谷神不死，是謂玄牝，玄牝之門，是謂天地根。」（六章）有的原始的宗教，從人的生育類推天地萬物的生成。人的生育，靠男性的和女性的生殖器。有的原始宗教以男性生殖器為崇拜的對象，認為有一個生天地萬物的男性生殖器，天地萬物都是由它生出來的。

《老子》在這裏所說的「牝」，就是女性生殖器。它所根據的原始宗教，大概以女性生殖器為崇拜的對象。因為它不是一般的女性生殖器，所以稱為「玄牝」。天地萬物都是從這個「玄牝」中生出來的。「谷神」就是形容這個「玄牝」的。女性生殖器是中空的，所以稱為「谷」。玄牝又是不死的，所以又稱為「神」。

據此說法，《老子》是認為有一個中空的東西，萬物都從那裏邊生出來。《老子》又說：「天地之間，其猶橐籥乎。虛而不屈，動而愈出。」（五章）「橐籥」就是扇火用的風箱，它的中間是空虛的，可是運動起來，可以扇風助火。這個風是沒有窮盡的。只要它運動，就有風生出來。這就是所謂「動而愈出」。第六章所說的「綿綿若存，用之不勤」，也是這個意思。都是認為有一個中間空虛的東西，可以生出無窮無盡的東西。中間的空虛是「無」，無窮無盡的東西是「有」。這種說法的意思就是「有生於無」，顯然比較粗糙，有點像原始的宗教。

第二種，主要意思還是「有」生於「無」，但是說法比第一種精緻得多了。第一種說法還沒有「有」「無」這兩個概念，「有」「無」這兩個概念是兩個高度抽象的概念，第一種說法還不能有這兩個概念，它只能想到，具體的中間空虛的事物如同女性生殖器或風箱之類。第二種說法，有了「有」、「無」這兩個概念，這就進步得多了。

第三種，把「無」理解為「無名」，「無」就是「無名」。不能說「道」是什麼，只能說它「不是什麼」。這就是「無名」。一說道是什麼，那它就是有名，就成為萬物中之一物了。《封神榜》上說，姜子牙的坐騎是「四不象」，可是「四不象」也有個象，那就是「四不象」。道可以說是「萬不象」，但是「萬不象」也有一個象，那就是「萬不象」。「萬不象」就是「無象之象」，即為「大象」。這個「大象」，雖然無象，可是能生萬象。「有物混成，先天地生。」（二十五章）這個混成之物，就是「無物之物」。「無物之物」，「無象之象」，就是天地萬物的根源。「吾不知誰之子，象帝之先」，「先」是祖先之「先」。這個「道」，照老子的定義就是只能為「先」，不能為「子」。

這樣說起來，「道」和「無」可真是「惟恍惟惚」，「玄之又玄」了。

照第三種說法，「道」或「無」就是萬物的共相。它是無物之物，就是因為它是一切物的共相。它是無象之象，就是因為它是一切象的共相。比如：無聲之樂，就是一切音的共相。它既不是宮，也不是商；可是也是宮，也是商。一切萬物的共相，就是「有」。它不是這種物，也不是那種物；可是也是這種物，也是那種物。實際上並不存在這種有，所以有就成為「無」了。這個有無是「異名同謂」，這四個字是《老子》第一章的主要之點。帛書本保存了這個讀法，這是帛書本之所以特出於眾本之處。懂得了這四個字，就可以懂得上面所說的第三種看法的要點。

《老子》說：「道，可道；非常道。名，可名；非常名。無，名天地之始；有，名萬物之母。故常無，欲以觀其妙。常有，欲以觀其徼。此兩者同出，異名同謂，玄之又玄，眾眇之門。」（一章，「此兩者」以下依馬王堆帛書本）

意思就是說：可以言說的不是永恆不變的道，可以稱謂的不是永恆不變的名。無是天地之始；有是萬物之母。天地、萬物，互文見義。妙，帛書本作「眇」，有苗頭的意思。陸德明《釋文》說：「徼，邊也。」有邊緣、極限、歸宿的意思。用「常無」這個範疇觀察天地萬物的苗頭。用「常有」這個範疇觀察天地萬物的邊緣、極限、歸宿。「常有」和「常無」出於一個來源，是「異名同謂」，雖然是兩個名詞而說的是一回事，這就「玄而又玄」了；雖「玄而又玄」，不容易懂，可是天地萬物苗頭都是從這裏出來的。

就「道」這一方面說，它是無也是有，就具體的事物說，它們都是一個過程。這個過程就是從無到有，從不存在到存在，又從有到無，從存在到不存在的過程。

就萬物的發生、成長和歸宿說，任何事物的存在都是一個過程；一個從無到有又從有到無的過程，這就是有無相生，也就是「有」「無」的互相轉化，可以說它是從無到有，也可以說從有到無。每一事物都是如此。這樣的一個「有」「無」相生的過程，從無到有又從有到無的過程，叫做「周行」。宇宙是一個總的過程。這個總的過程也叫「道」，「道」也是經常在那裏「周行」。這個「周行」是無始無終的。《老子》說：它是「獨立而不改，周行而不殆」（二十五章）。又說：「迎之不見其首，隨之不見其後。」（十四章）這都是說道是無始無終的過程。

《老子》第一章講了三個概念，一個是「有」，一個是「無」，一個是「道」。這是《老子》中最概括，最抽象，最難懂的一部分。黑格爾的《邏輯學》，也是從三個概念講起，一個是「有」，一個是「非有」，一個是「生成」。這並不是說誰抄誰，也不是說他們對於這三個概念的理解和用法都完全一致，只可以說，在這一點上，他們所見略同罷了！

上面說的三種說法，《老子》中都有，但是，書中講得多的，還是第二種說法。對於《老子》全書來說，第一種說法是太低了，第三種說法是太高了。以後講《老子》的人，韓非和淮南王劉安都是用第二種說法。王弼開始用第三種說法，所以他的《老子注》能別開生面。

【反者道之動】

《老子》之所以是古代一部偉大的智慧經典，首先得益於其中所包含的豐富的辯證法思想。《老子》辯證思維最著名的一個命題，就是四十章所提出的「反者道之動」，可以說，這是老子辯證思維的核心。

「反者道之動」，郭店楚墓竹簡《老子》中作「返也者，道動也」，可知在最古的《老子》的本子中，是用的「返」字。「反者道之動」和「返者道之動」，含義是不矛盾的。

第一，在古漢語中，「返」本是「反」中之一義。

第二，「返者道之動」突出了大道終而復始、循環往復的外在運動形式，是對大道的運動的直觀描述，似乎可以說，對於「道」運動，人們首先觀察到的應是較為直觀的「返」，而不是較為抽象的「反」。

第三，「返」是相對於「往」而言的，先是有「往」，然後才會有與「往」對立的、相對於「往」為反向運動的「返」，因而「返」中原本也蘊涵了「反」之義。而這個含義更為抽象、更為豐富的「反」，正可以提取出來作為一種普遍的方法，「對反」、「用反」即由此而來。

因而，由「返者道之動」到「反者道之動」，乃是一個合乎規律的推進和發展。

「反者道之動」這一命題有著豐富而深刻的涵義。其第一層涵義是，「反」是世界萬物運動變化的根本原因和動力。

老子認為世界萬物都處於永恆不息的運動變化之中，那麼這種運動變化的動力來自哪裡呢？或者說，是什麼原因使得事物在永不停息地運動變化著呢？是神意的安排？還是由於某種外在力量的推動？老子的回答都是否定的。

在老子看來，事物運動變化的原因就在事物的內部，它們是自己運動、自己變化的。萬物從「道」那裏稟受了形質，同時也從「道」那裏稟受了運動變化的本性。「道」自身的運動本性和推動萬物運動的作用，通過「反」——對立相反得到具體的表現，或者說這種本性及其作用，就落實和表現在一個「反」字上。

在老子的哲學中，「一」是「道」的代名詞，它表明「道」最初是一個渾然一體的東西，是一個渾沌未分的「混成」之物，是世界的原本狀態。然而「道」在自身中潛在地蘊含有兩種對立相反的力量——「陰」和「陽」，正是由於這種內在的活躍機制的作用，才使得「道」具有了運動的本性，「道」之所以能夠「周行而不殆」，就是由於這一內在機制的推動。在「周行而不殆」的運動中，陰陽這兩種相反相成的對立勢力互相氤氳、排斥、交感、激蕩，由此化生出天地萬物。

可見「道」化生天地萬物，也是由於這種內在的機制和動力，亦即——「反」的推動。「道」中有陰陽，由「道」化生的萬物也必然在自身中包含著陰陽，所以《老子》中說——

「萬物負陰而抱陽，沖氣以為和。」（四十二章）

「負陰而抱陽」是說萬物都是一陰一陽、一正一反的統一。因而對反的現象普遍地存在於一切事物之中，這種內在的相反雙方既互相排斥又互相吸引，由此推動了事物的運動變化，使得萬事萬物變動不居，生生不息。

一句話，「反者道之動」「反」是事物運動變化的內在動因。

「反者道之動」命題的第二層涵義則是揭示事物運動的總規律。

老子認為自然界中事物的運動和變化莫不依循著某些規律，其中的一個總規律就是「反」。「反」的總規律中蘊涵了兩個概念——

其一，相反對立，老子由此揭示了對立轉化的規律；

其二，返本復初，老子由此揭示了循環運動的規律。

先說「反者道之動」所蘊含的對立轉化規律。

《老子》認為，任何事物都有它的對立面，同時又都因著它的對立面而形成。為什麼是這樣呢？也就是說，這個對立面是如何形成的呢？老子以人們最為熟悉的「美」與「惡」、「善」與「不善」為例，對此進行了十分精闢的回答，他說：

「天下皆知美之為美，斯惡已；皆知善之為善，斯不善已。」（二章）

常見有人把這兩句解釋為：天下都知道美之為美，就變成醜了；都知道善之為善，就變成不善了。顯然，這是誤解。老子的原意其實不在於說明美的東西「變成」了醜，而是在於說明有了美的觀念，醜的觀念也就同時產生了；有了善的觀念，不善的觀念也就同時出現了。看看古人的解釋吧——

王安石《老子注》曰：「夫美者，惡之對；善者，不善之反，此物理之常。」

陳懿典《老子道德經精解》曰：「但知美之為美，便有不美者在。」

王夫之《老子衍》曰：「天下之萬變，而要歸於兩端生於一致，故方有美而方有惡。」

可見，「美」「惡」的事端或概念乃相對而生。知道了什麼是美，也就知道了什麼是醜，或者說知道了什麼是美，正是因為知道了什麼是醜，離開了醜，就無所謂美，也就不知道什麼是美。根據這一道理，老子指出，一切事物及其稱謂、概念與價值判斷，都是在相對立的關係中產生的。於是他接著說：

「有無相生，難易相成，長短相形，高下相傾，音聲相和，前後相隨。」（二章）

相對立的事物之間的這種依存關係，就是所謂的「相反相成」。

老子認為，這種相反亦相成的對反依存關係在自然界和社會現象中是普遍存在的。兩兩對立的概念在《老子》一書中俯拾皆是，除以上例舉的美惡、有無、難易、長短等之外，還有巧拙、動靜、盈沖、曲全、枉直、窪盈、少多、敝新、雌雄、白辱、輕重、靜躁、歙張、弱強、廢興、取與、貴賤、明昧、進退、成缺、辯訥、寒熱、禍福、損益、正奇、柔剛、虛實、開闔、清濁、存亡、親疏、主客、終始、治亂、成敗、有為無為、有事無事、有道無道等等，在短短的「五千言」中，老子舉出了這種相反相成的對反概念，竟達八十餘對。

老子列舉的這些對反概念，涉及到天文、地理、數學、物理、生物等自然領域和經濟、政治、軍事、思想意識、道德修養、人際關係等社會生活諸方面，其涉及面之廣，觀察之細微，論證之精闢，令後人歎為觀止，這在中國古代思想史上是罕見的，在世界思想史上也是罕見的。

在老子的辯證思維中，對反雙方的關係是複雜的，不只是對立和依存。從表面上看來，對反的雙方是相持不下、互不相容的，但老子經過深入的觀察和思考後發現，它們之間又是互相包含、互相滲透的。他舉例說：

「禍兮！福之所倚；福兮！禍之所伏。」（五十八章）

一般人只看到事物的表面，而不能進一層地透視其中隱藏著相反的可能性。而在老子看來，禍患的事情中未嘗不潛伏著幸福的種子，幸福的事情也未始不滋長著禍患的根苗。實際上，不僅是禍福、美醜、善惡、好壞等等，一切對反的事物之間都是如此，你中有我，我中有你，很難把它們絕對分開。正是由於對立雙方的這種互相包含相互滲透，才使得它們之間能夠彼此相通，並最終導致了它們的互相轉化。

在老子看來，事物間對立相反的關係不是僵死的、凝固的，而是可以改變的，當事物發展到某種極限的程度時，便會改變原有的狀態，而向反面轉化，這就是古語所說的「物極必反」。常言所謂盛極必衰、樂極生悲、否極泰來等，都可以說是老子這一思想的具體表述。

這裏特別值得注意的是，老子看到了事物的變化不是變為任何別的東西，而是變為自己的反面，之所以如此，正是由於存在於對立相反的事物之間的那種互相包含和滲透，決定了事物轉化的必然趨勢和方向。

老子認為，「物極必反」是宇宙間的一個普遍法則，任何事物的變化莫不如此。老子以「物極必反」的眼光深入地觀察自然和社會，舉出了許多方面的例證，如：

「物壯則老。」（五十五章）

「兵強則滅，木強則折。」（七十六章）

「甚愛必大費，多藏必厚亡。」（四十四章）

事物強壯到了極點，便會走向衰老；樹木強硬了就會失去柔韌性，容易被風摧折；兵器過於堅硬就容易折斷；過分吝嗇就會導致重大的破費，儲藏過多必然要招致嚴重的損失。總之，鼎盛乃是衰落的標誌，事物的變化莫不如此。

關於事物向對立面轉化的思想是《老子》中講得最多的，其中提到的所有對反的關係都是可以互相轉化的。可以說，「物極必反」的法則貫穿於老子學說的各個方面，它是「反者道之動」命題中最重要的內容之一。

事物向對立面轉化的規律，在西方是由近代哲學所系統論述的，而老子在西元前六世紀便已發現並具體闡釋了這一規律，足見老子不只是中華民族的先知，更是全世界的先知！

再說說「反者道之動」所蘊含的循環運動規律。

《老子》的「反者道之動」這一命題中還包含返本復初的思想。老子概括萬物生滅變化的規律說：「夫物芸芸，各復歸其根」，萬物為什麼一定要返回本根呢？河上公對此句的注解為——「萬物無不枯落，各復返其根而更生也。」原來萬物之所以要返本歸根，是為了從本根那裏「更生」，即獲得新的生命。萬物回到本根處獲得新的生命力後，重又聚集了能量，再次投入到新的一輪循環。這種終而復始的循環運動生生不已，永不止息。這就是宇宙大化的真諦。可見，老子關於返本復初的思想中，實蘊涵著再始更新的重要觀念。

「返」和「復」、「歸」，與「周行」同義，都是循環的意思。這是「反」的一個重要涵義。

「反」若作「返」講，則「反者道之動」即是說：「道」的運動週而復始、循環不已的；循環運動是「道」所表現的一種規律。老子說：

「有物混成……周行而不殆……強字之曰『道』，強為之名曰『大』。大曰逝，逝曰遠，遠曰反。」（二十五章）

「致虛極，守靜篤。萬物並作，吾以觀復。夫物芸芸，各復歸其根。歸根曰靜，靜曰覆命。覆命曰常，知常曰明。不知常，妄作凶。」（十六章）

老子形容「道」時，說到「道」是「周行而不殆」的。「周」是一個圓圈，是循環的意思，「周行」即是循環運動。「周行而不殆」是說「道」的循環運動永不停息。「強為之名曰『大』，大曰逝，逝曰遠，遠曰反。」就是對「周行而不殆」的解釋：「道」是廣大無邊的，萬物都從它生出（「大」），萬物從「道」生出來以後，周流不息地運動著（「逝」）；萬物的運行越來越離開了其初始狀態（「遠」）；離開其初始狀態遙遠，剝極必復，又回復到原點（「反」）。這樣一「逝」一「反」，就是一個「周行」。

十六章所說的「復」，也是「周行」的意思。老子從萬物蓬勃的生長中，看出了往復循環的道理（「萬物並作，吾以觀復」），他認為紛紛芸芸的萬物，最後終歸要各自返回到它們的本根。本根之處是一種什麼狀態呢？老子認為，萬物的本根之處是一種虛靜的狀態（「歸根曰靜」）。在他看來，「道」是合乎自然的，虛靜是自然狀態的。萬物的煩擾紛爭都是不合自然的表現。所以只有返回到本根，持守虛靜，才體合於自然，才不起煩擾紛爭。

總之，《老子》辯證思維的核心命題「反者道之動」，向人們揭示了世界萬物辯證運動的全景圖：第一，萬物在「道」的作用下運動不息；第二，萬物的運動都是向相反的方向的運動；第三，萬物循環運動，返回原點。這既是萬物運動的總規律，也是「大道」運行的總規律。理解了「反者道之動」的豐富內涵，我們就掌握了破譯《老子》深邃哲理智慧的鑰匙。

【柔弱勝剛強】

《老子》中說「柔弱者生之徒」，因此世人皆曰「老聃貴柔」。但「柔弱」二字引起了許多人的誤解。有的人把老子所說的柔弱曲解為「懦弱」、「陰柔」。又有人說：「柔弱亦即委屈，叫人柔弱亦即叫人委屈；柔弱與委屈是一而不是二。」還有人說：「道便是柔弱，而道散為萬物。」

老子確乎「貴柔」，《老子》五千言中，談到「柔」和「弱」的地方很多。如：

「專氣致柔，能嬰兒乎。」（十章）

「常德不離，復歸於嬰兒。」（二十八章）

「物壯則老，是謂不道，不道早已。」（三十章）

「柔勝剛，弱勝強。」（三十六章）

「弱者道之用。」（四十章）

「天下之至柔，馳騁天下之至堅。無有入無間。」（四十三章）

「守柔曰強。」（五十二章）

「含德之厚，比於赤子，骨弱筋柔而握固。」（五十五章）

「人之生也柔弱，其死也堅強；草木之生也柔弱，其死也枯槁。故柔弱者生之徒，堅強者死之徒。是以兵強則滅，木強則折。堅強處下，柔弱處上。」（七十六章）

「天下莫柔弱於水，而攻堅強者莫之能勝，其無以易之。弱之勝強，柔之勝剛，天下莫不知，莫能行。」（七十八章）

從以上所引文句中，分析老子所說的柔弱，實在看不出一點「懦弱」的意思，也嗅不到一點「陰柔」的氣味，更找不到一點「委屈」的影子。從「柔」「弱」的字面看，似乎是消極、後退、無作為，而其實質是積極、前進、生氣充沛、能夠戰勝一切的東西。吳澄說得對，「道以弱而動之因由也」；黃子通說得好，「老子的柔弱實在是最剛強、最活動的變相。」

綜合《老子》中關於柔弱的論述，可知——

首先，老子所說的「弱」、「柔」、「柔弱」，都是指新生的事物。因為新生事物總是幼弱的，總是柔嫩的，所以他以嬰兒為例，嬰兒的骨是弱的，嬰兒的筋是柔的，可是他握起拳頭來卻是很緊的，可見新生的柔弱是其生命力的標誌。

其次，老子據此又以柔弱來指「活潑」、「發展」、「充滿生命力」的東西。故他說：「人之生也柔弱」，「草木之生柔弱」，「柔弱者生之徒」。

最後，老子以柔弱來指「活動」、「流通」、「運行」、善變化、不凝滯等。老子認為「水」最合乎這標準，故他說，「天下之物莫柔弱於水」，「水幾於道」。因為水無定形，隨遇而變，遇方則成方，遇圓則成圓。

總而觀之，柔弱是指新生，是指充滿著生命力，是指活潑、發展、流行、靈活、善變化、不凝滯等作用，故老子總名之為——「弱者道之用」。

至於和柔弱相反的，那就是堅強。如果柔弱是新生的，那麼堅強就是陳舊的，而陳舊東西的堅強又是它趨於死亡的標誌。故老子曰：人之「死也堅強」，草木之「死也枯槁」，「堅強者死之徒」。而且陳舊東西所表現的堅強，外貌也許強大，而實際是僵化、死硬、呆板、頑固、衰老，凝滯不化，一擊就斷。故老子曰：「木強則折」。

柔弱與堅強總是對立著，因為客觀世界是不斷運動著、變化著，所以其中總有一些事物在產生，在發展，而另外一些事物在敝舊，在衰頹，因此新與舊、弱與強、柔與堅總是要進行鬥爭。在新的產生和舊的消滅之過程中，新生事物還是幼弱，還是柔嫩，然而它總能克服其所遭遇的一切障礙而生長起來。至於陳舊的東西在當時還顯得堅固，還顯得強大，然而它終於要被新生的事物所克服，所戰勝。

故此老子得出結論——「弱之勝強，柔之勝剛」，「其無以易之」，「柔弱勝剛強」。這就是說，柔弱勝剛強，新生勝腐朽，這是自然的法則，不可改變的，柔弱一定能戰勝剛強。

《老子》「柔弱勝剛強」的思想，楊興順先生解釋得很好，其言曰：「在老子看來，『生』是現實中不可遏阻的力量，萬物所從屬的、所向無敵的『道』的法則，就是生的基礎，誰破壞這一法則——生的法則——就會過早的死亡，所謂『不道早已』。」

生的力量確是最大的，不可遏阻的，試看春天一來，草木萌生，不論是夾在石縫中或處黑暗中的草子，都會衝破莫大的壓力而茁長出來。至於「生」之所以戰勝一切者，則在其不是依靠外力，而是憑自身發出的力量，故曰，「柔勝出於己者，其力不可量」。

既然「柔弱勝剛強」，所以老子說「守柔曰剛」。為什麼要「守柔」呢？因為柔弱是活潑，是生動，是流行，是靈活，是善變化；而剛強是僵化，是死硬，是呆板，是凝滯。所以人們永遠守著柔弱，就永遠守著新生，亦即一生保存著朝氣，蓬蓬勃勃，向前發展。思想守柔，思想就活潑而不僵化，靈活而不凝滯，生動而不呆板，進取而不頑固，看問題和處理事務就能因應適宜，而不至拘執不化。行動守柔，行動就前進而不頑固，靈活而不生硬，圓融而不固執，就能「柔弱隨時，與理相應」，這樣就會受到人們的擁戴。因此老子曰：「柔弱處上。」

柔弱是銳利的鬥爭武器，無堅不摧。老子說：「天下莫柔弱於水，而攻堅強者莫之能勝。」水能流大物，轉大石，水滴石穿，水磨刀利。鑽探機能鑽入地層數千公尺，如果沒有水，則寸步難移。這表明天下之物沒有比水再柔弱，然而也沒有比水的力量更善於攻堅。因此老子說：「以天下之至柔，馳騁天下之至堅。」但是這個「柔弱勝剛強」的道理，天下人都知道，然而沒有人能真正實行（「天下莫不知，莫能行」）。

總之，老子所謂「柔」或「弱」是新生的本質，是「生」的法則，「其力不可量」，「其用不可勝」。所以人們若能用柔守弱，就可戰勝一切，而保存自己，「是為天下王」。

【為學日益，為道日損】

《老子》說：「為學日益，為道日損。損之又損，以至於無為，無為而無不為。」

（四十八章）老子不說「以至於無」，而說「以至於無為」是不是多了一個「為」字呢？不是，因為只能「以至於無為」。人畢竟是一個具體的個體，如果把這一點也損了，「以至於無」，那就需要把這個具體個體也損去，那就沒有人了。沒有人還有什麼人生呢？既然談人生，那就不能「以至於無」，就只能「以至於無為」。

「無為」並不是什麼事情也不做，而是「無所為而為」，是順乎自然。《老子》認為，一個很小的小孩子的生活，就是無為的生活。

《老子》中有一大部分講「為道」。為道就是照著道那個樣子去生活。他不說「學道」，因為道是「無名」，沒有任何規定性，是不可以用思考、言語那樣的方法去學的。言語所說的都是事物的規定性，對於沒有規定性的東西，那就不可說了，對於不可說的也不能進行思考。因為思考不過是無聲的言語。對於「道」只能體會，照著它那個樣子生活。

對於道要勉強地說，那只能說它不是什麼。它不是這，也不是那。它首先不是一個具體的個體。而人則首先是一個個體。因為是一個個體，所以人就有一個個體所有的許多東西，如欲望、感情等。人和道比起來不是少了些什麼，而是多了些什麼，而且多得很多。人要「為道」想照著道那個樣子去生活，那就需要把那些多出來的東西漸漸地減少。這就叫「日損」，一天天地損減。

《老子》形容「為道者」：「眾人熙熙，如享太牢，如春登臺。我獨泊兮其未兆，如嬰兒之未孩。儽儽兮若無所歸。眾人皆有餘，而我獨若遺。我愚人之心也哉！沌沌兮，俗人昭昭，我獨昏昏。俗人察察，我獨悶悶。澹兮，其若海，飂兮，若無止。眾人皆有以，而我獨頑似鄙。我獨異於人，而貴食母。」（二十章）「食母」就是照著道那個樣子生活。

「為道」的方式是「日損」，「為學」的方式就不然了，它是要「日益」。

「為學」就是學習知識。知識要積累，越多越好，所以要「日益」。「為道」是求對於道的體會。道是不可說，不可名的，所以對於道的體會是要減少知識，「見素抱樸，少私寡慾。」（十九章）所以要「日損」。

《老子》所講的「為學」的方法，主要的是「觀」。他說：「致虛極，守靜篤。萬物並作，吾以觀復。」（十六章）又說：「以身觀身，以家觀家，以鄉觀鄉，以邦觀邦，以天下觀天下。」（五十四章）這就是說，觀，要照事物的本來面貌，不要受情感欲望的影響，所以說：「致虛極，守靜篤。」即必須保持內心的安靜，才能認識事物的真相。

《老子》又說：「不出戶，知天下；不窺牖，見天道。其出彌遠，其知彌少。是以聖人不行而知，不見而名，不為而成。」（四十七章）這也是它所說的「觀」的一種方法。這幾句話也就是如後世所說的——「秀才不出門，全知天下事。」

《老子》認為「言有宗，事有君」（七十章）。就是說，言論有其主要的論點，事物有其主要的原則。抓著了它們的要點和原則，就好像抓著了一張網的綱，其目自然就張開了，所以「不出戶」，就可以「知天下」。

《老子》認為，事物的變化是有規律的，這就是所謂「事有君」。自然界中的事物的規律，他稱為「天道」，社會中的事物的規律，他稱為「人道」。《老子》認為人憑藉這樣的知識，可以趨利避害，以達到保全自己、反撲敵人的目的。這種事情變化的規律老子稱之為「常」。

對於規律的認識和了解，《老子》稱為「明」。他說：「知常曰明。」（十六章）「知常」且依之而行，這種「行」稱為「襲明」，「是以聖人常善救人，故無棄人；常善救物，故無棄物；是謂襲明。」（二十七章）「襲明」即「習明」，亦稱為「習常」，「見小曰明，守柔曰強……無遺身殃，是為習常。」（五十二章）如果不能「習常」而任意妄為，則必有不利的結果，「不知常，妄作凶。」（十六章）

《老子》認為，要認識「道」也要用「觀」。「常有，欲以觀其眇，常無，欲以觀其徼。」（一章）這是對於「道」的「觀」。他認為，這種觀需要另一種方法，他說：「滌除玄覽，能無疵乎？」（十章）「玄覽」即「覽玄」，「覽玄」即觀道。要觀道，就要先「滌除」。「滌除」就是把心中的一切欲望都去掉，這就是「日損」。「損之又損」以至於無為，這就可以見道了。見道就是對於道的體驗，對於道的體驗就是一種最高的精神境界。

「為道」而又得道的人，是個什麼樣子呢？《老子》說：「古之善為道者，微妙玄通，深不可識，故強為之容。豫兮若冬涉川，猶兮若畏四鄰。儼兮其若客，渙兮若冰之將釋。敦兮其若樸，曠兮其若谷。混兮其若濁。孰能濁以靜之徐清？孰能安以動之徐生？保此道者不欲盈，保此道者唯不盈，故能敝而新成。」（十五章）好像是冬天要蹚水過河，又想過，又怕水冷；好像是誰都在迫害他；好像是個客人，不是主人；好像是很樸實、很糊塗、很空虛。可是他的糊塗慢慢地會變成清楚，他的靜會慢慢地變成動，他的舊會變成新。

《老子》雖然也不廢「為學」，但是還是主張以「為道」為主。老子認為，人生中最主要的事情是提高精神境界，對於外界的知識的積累同人的精神境界沒有直接的必然的關係。所以它說：「絕學無憂。」（二十章）他認為，人生的指導原則應該是順其自然。「為學」可能導致這個原則的反面。所以《老子》說：「大道廢，有仁義；慧智出，有大偽。」（十八章）所謂「偽」的意思是人為，人為和自然是對立的。「為學」增加人的知識，知識的增加可能導致人為的增加，那就走到順自然的反面去了。「偽」也有虛假的意思。《老子》認為，自然的東西是真的，相對於真說，人為的東西就是假的。人為總有造作模擬的意思。有了造作模擬，那就有假的成分。

「大道廢，有仁義」，這並不是說，人可以不仁不義，只是說，在「大道」之中，人自然仁義，那是真仁義。

至於由學習、訓練得來的仁義，那就有模擬的成分，同自然而有的真仁義比較起來它就差一點，次一級了。所以《老子》說：「上德不德，是以有德。」

【治大邦，若烹小鮮】

《老子》一書中蘊藏著豐富的治國安民大智慧。

老子說：「修之於國，其德乃豐。」（五十四章）在老子看來，大道之德不是獨善其身，而是要將自己有的才能充分運用到為人民服務中去。也只有這樣，自己的德性才能不斷豐富發展。老子認為——「治大邦，若烹小鮮」（六十章）。國雖大，魚雖小，其道卻是一致的。愛民治國，須無為，才能樸不散為器，從而避免落入紛爭之中。烹魚做菜須順物性，才能保護其真味。可見，聖人治國尚無為。

《老子》第三章說：「不尚賢，使民不爭；不貴難得之貨，使民不為盜；不見可欲，使民心不亂。是以聖人之治，虛其心，實其腹；弱其志，強其骨；恒使民無知無欲，使夫智者不敢為也；無為而已，則無不治。」

聖人治國實際上相對於世人修身而言，兩者是一外一內，聖人只不過把修身的道理加以發揮，用在治國上罷了！當然也只有治理好國家，才能輔助修身以自然。

比如：不去尊尚賢能之士，人民就不會去爭名逐利，因為不是不存在賢能之士，而是賢能之士盡其本分，服務於社會，本不稀奇；但如果去歌頌賢能之士，人們就會爭先效法，這樣——「天下皆知美之為美，斯惡已！皆知善之為善，斯不善已。」（二章）本來純樸，自然的東西就會被改變，沾染上是非善惡美醜的觀念，離「大道」就會越來越遠了。

同樣地，人們不去貴重難得的貨物，就不會產生貪欲，而鋌而走險，敗壞道德，幹起盜竊的勾當。

再者，不以稀奇古怪的東西來誘惑人，人們的心態就會平靜而不會混亂。

因此，聖人治世，抓住關鍵，那就是清虛人們的心，充實人們的腹，損弱人們的志，強壯人們的骨，永恆地使人們保持「無知無欲」的狀態。如此一來敢為奇的「智者」，應該制而殺之，這樣他們就不敢胡作非為。如此就應該明白，所謂「無為」並不是無所作為，而是「為無為」（六十三章），即作為於無為，才是真作為，也就是「善行無轍跡，善言無瑕謫，善數無籌策，善閉無關籥而不可啟，善結無繩約而不可解。」（二十七章）善為道者，並不是不行、不言、不數、不閉、不結，而是順勢而趨，心至功成，毫不費力，也不勞心，但能夠心想事成。

老子深刻地指出：「古之善為道者，非以明民，將以愚之。民之難治，以其智，故以智治國，國之賊；不以智治國，邦之福。」（六十五章）這裏的「愚」實際跟「樸」、「素」意義上是相近的。而「智」恰恰是破壞「樸」的罪魁禍首。也正因如此，老子說「絕聖棄智」（十九章）。這兩章中提到的「智」就不是「智慧」意義上的智，而是指有機心，投機取巧，妄圖通過有為來達到自己的目的，有時反而會失去正常的安身立命的基礎。老子不是要人們都變成傻瓜，恰恰相反，老子希望人們都能「明白四達」，但要謙虛自守，這樣社會才不會以智鬥智而造成天下大亂。

總之，治理國家，難也不難，就是應該把握一點，「以正治國」（五十七章）、「正善治」（八章）。以正來治國，也就是「以百姓之心為心」，在百姓面前要外我身，後我身，先天下之憂而憂，後天下之樂而樂。如果出現「民難治」的局面，就應該反思一下自己，是不是自己「有心作為」，而破壞了人們的純樸心靈。所以，老子認為只有「有道者」才能保國安民，才能「王天下」。

【以奇用兵，戰勝以喪禮處之】

從古到今有很多人認為《老子》是一部兵書。唐人王真有《道德真經論兵要義述》，說《老子》「未嘗有一章不屬意於兵也。」近代著名學者章太炎先生說：《老子》「約金版、六韜之旨。」毛澤東也曾說過《老子》是兵書。有學者認為，《老子》全書以論兵為出發點和落腳點；當然，也有人認為不應該看做全書是談兵的。

確實，《老子》中包含以退為進，以弱勝強，以少勝多等軍事思想即兵法。

《老子》中有幾處講兵法，有一章完全講兵法。它說：「用兵有言：吾不敢為主而為客，不敢進寸而退尺。是謂行無行，攘無臂，執無兵，乃無敵。禍莫大於輕敵，輕敵幾喪吾寶。故抗兵相加，哀者勝矣！」（六十九章）這是《老子》兵法的精髓。

《老子》中說，善用兵的人不敢先發（「為主」），寧願後發（「為客」）。他不敢前進一寸，寧可後退一尺。個人打架，必先擺出一個架式，然後扭住敵人的胳臂，把他打翻在地。兩軍打仗也有類似的情況，總要有陣勢，用一定的兵器打擊敵人。《老子》卻說，善於用兵的人打仗，他的陣勢就是沒有陣勢。敵人要抓住他的胳臂，他沒有胳臂可抓。他也沒有兵器，但是敵人卻打不倒他，也找不著他。但這不是輕視敵人。《老子》說，打仗切不可輕視敵人，如果輕視敵人就要失敗。所以在兩軍打仗的時候，自己認為是處於劣勢的人，就有可能轉為優勢，打勝仗。

《老子》又說：「善為士者不武，善戰者不怒，善勝敵者不與。」（六十八章）這裏所謂士就是武士。可是真正的武士並不劍拔弩張，張牙舞爪。真正善於打仗的人，並不是怒髮衝冠，吹鬍子瞪眼睛。「善勝敵者不與」這個「與」字就是敵的意思，就是說，善於勝敵的人，不與敵人為敵。「善為士者不武，善戰者不怒」所講的就是「哀者勝矣」的意思。「善勝敵者不與」所講的就是——「行無行，攘無臂，執無兵，乃無敵」幾句的意思。就是說：「要叫敵人抓不住你、找不到你。」

《老子》裏所講的，是以弱兵對強兵的兵法。它要想用這種兵法轉劣勢為優勢。它所說的——「不敢為主而為客，不敢進寸而退尺」，並不是真是要永遠處於被動，永遠向後退。它的意思是用被動爭取主動，用後退爭取進攻。先自處於被動，為的爭取主動，先後退為的是進攻。《老子》把它對於辯證法的認識應用於戰爭，這就成為它的獨特的兵法。《老子》說：「以正治國，以奇用兵。」（五十七章）《老子》兵法的獨特，在於其主要是用「奇」。

從《老子》兵法中，還是可以得到啟發。它可以滿懷信心地對強兵說：「你有你的打法，我有我的打法。你打你的，我打我的。」由此轉弱為強，直到最後勝利，「無敵於天下」。

必須認識到的是，《老子》中大談兵法，但他絕不是一個「好戰分子」，他絕不主張窮兵黷武。《老子》講兵法謀略，其目的是用戰爭消滅戰爭。「故善者果而已」（三十章），即善戰者只是為了以戰爭的手段解決紛爭，消滅戰爭，爭取和平而已，「兵者不

祥之器，非君子之器，不得已而用之。」（三十一章）

老子生存的春秋之世，西元二四三年中列國間軍事行動有483次，諸侯國爭域爭地，互相砍殺不已。老子目睹了戰爭給人民帶來的痛苦和對國家的巨大破壞，所以對戰爭持明確的反對態度。《老子》中說：「夫兵者，不祥之器，物或惡之，故有道者不處。」（三十章）意思是：兵器乃不祥之物，有道者不願使用它。又說：「天下有道，卻走馬以糞；天下無道，戎馬生於郊。」（四十六章）即當天下有道之時，適於作戰的快馬，也只是用來耕田；天下無道，便會戰禍連年不斷，以致懷孕的母馬都不得休息，在戰場上生出馬駒。

以上還只是一般地反戰。更進一步，老子又從當時的禮儀制度中，發掘其中深隱的意義：「吉事尚左，凶事尚右。偏將軍居左，上將軍居右，言以喪禮處之。」（三十一章）中國古代的禮儀性場合，以地位高下排列座次。喜慶的禮儀中，尚左而卑右，即地位高的在左，地位低的在右；但在喪禮中，卻要把規則顛倒，以示區別。

老子注意到，當時軍隊中位次的排列，是地位低的偏將軍居左，而地位高的上將軍居右。這意味著什麼呢？老子說，這表明戰爭與喪事屬同樣性質，所以使用喪禮的規則。也許，老子的時代，軍中尚右卑左，僅是殘存的古俗，其原有的意義，已經不為人們熟悉，至少是不為人們重視了。老子以其敏銳的智慧，把這一點指示給人們看，以提

醒人們：戰爭絕不是可喜可賀的事情！他說：「殺人之眾以悲哀泣之，戰勝以喪禮處之。」（三十一章）

戰爭是要死人的。所謂「敵人」，所謂「自己人」，無非是站在對立立場上來分別；倘若超越了對立關係來看待，人類都是「人」這一「類」。如果人類能夠遵照老子的意見，始終記得戰爭是「凶喪」事件，即使打了勝仗，也要感受到「殺人之眾」的悲哀，用喪禮來處理它，那麼，這自然而然就會對戰爭有所抑制！

慶賀勝利，頌揚勝利，已經成了人類古老的習慣。老子卻勸戒我們：「勝而不美；而美之者，是樂殺人。」人豈可以殺人為快樂？亦即，有許多戰爭是不得已而為之。

老子表現出來的反戰思想表明其有積極的救世心懷。正如研究《老子》的專家陳鼓應先生說：想想看，打勝仗就是殺很多人，而每一個被殺的人，都是和你一般的，從呱呱墜地，由母親含辛茹苦地撫養成長起來的，每一張青年的臉孔上，可以體味出多少母愛，母愛之蘊藏了多少辛酸血淚，豈料無辜地被驅使到戰場上，在瞬間被打得血肉模糊，血水迸流。

所以老子沉痛地說：「殺人之眾以悲哀泣之，戰勝以喪禮處之。」這是何等偉大的人道主義思想的流露。他懷著對人類的深沉的哀憫之心，因而提出「慈」字，「夫慈，以戰則勝，以守則固。天將救之，以比衛之。」（六十七章）要列強發揮慈心，愛百姓而不可輕殺。在那兵禍連年的年代，在那爭奪迭起的社會，老子苦心婆心，極欲解決人類的爭端。老子著書的動機是多方面的，然而從這一方面作為出發點去了解，才能把握老子立說的真正用意，並且從這點上去體認，當可知老子具有積極救世的心懷。（《老莊新論》第39頁）

丙　智者妙用

【戰國范蠡：功成身退，乘舟入五湖】

范蠡，字少伯，楚國宛（今河南南陽）人，越國大夫，助越王勾踐滅吳。

他為越國大夫，在吳越戰爭中運籌帷幄，多次為越王出使吳國，甚至和越王勾踐一起在吳國做人質，並設法返國，督導越王臥薪嘗膽，十年生聚，十年教訓，直到復國，甚至最後戰勝吳國，逼迫吳王夫差自殺，使越王「橫行江淮東，諸侯畢賀，號稱霸王」。助越滅吳，功成身退以後，范蠡偕西施扁舟入五湖，遊齊魯，為齊相，改名為「鴟夷子皮」。不久又離開齊國到陶，經商十九年中，三致千金，散而復聚，富可敵國。

中國歷史上和范蠡一樣有很輝煌的政治業績的大政治家很多。就范蠡那個時代來說，就有齊相管仲，吳相伍子胥，越國文種等等，都可以與范蠡齊名，功業巍巍。但是像范蠡這樣助越滅吳，功成以後又輕於去留，敢於「下海」而成為大商人的，在中國歷史上就屈指可數了。特別是他的功成身退，更是千古佳話。

范蠡為越王勾踐出謀劃策，苦身戮力地效命了二十餘年，二十餘年中，他看清了勾踐這個人「可與共患難，不可與共樂」，且「大名之下，難以久居」，決心離開越王，隱退於湖海之間。離國後，范蠡沒有忘記與他共事了二十多年的文種大夫，他寫了一封信給文種，說：「飛鳥盡，良弓藏；狡兔死，走狗烹。」文種收到信後稱病不朝，有人對越王說，文種要造反了。越王馬上派人送一把劍給文種，並對文種說：「你教我伐吳有七種方法，我才用了三種，就打敗了吳國，還有四種方法在你那裏，你為我去跟從先王試一試。」文種於是只能自殺「從先王」去了。

在兩千四百多年前對專制制度下的君主能有這樣的認識，唱出「飛鳥盡，良弓藏，狡兔死，走狗烹」這樣的千古絕唱，並且立即脫身，還告誡自己的戰友脫身，這樣的人是前無古人的。雖然這以後的歷史上也有大臣遇到這種情況，也唱這二句，但常常是在帝王的囹圄之中了。如漢初三傑之一的韓信，功高震主，終於身首異處。

老子說：「君子得其時則駕，不得其時則蓬累而行。」（《史記．老子傳》）言君子得明主則駕車而事，不遭其時則像蓬草一樣流轉而行。

《老子》第九章說：「持而盈之，不如其已。揣而稅之，不可長保。金玉滿堂，莫之能守。富貴而驕，自遺其咎。功成身退，天之道。」

中國歷史上，那些因輔佐君主立了大功，致使「金玉滿堂」、「富貴而驕」的人們，有幾個人落下了個好下場呢？只有像范蠡這樣體悟了「天之道」的智者，才能真正瀟灑地「功成身退」，保住了性命，得了善終。

韓信功高震主而被殺，這使多少後人遺憾唏噓。司馬遷在《淮陰侯列傳》中說：「假令韓信學道謙讓，不伐己功，不矜其能，則庶幾哉，於漢家勳可比周、召、太公之徒，後世血食矣！」意即韓信功成後如果能學習黃老之術，謙退隱忍，不宣耀自己的功勞，不自視過高，妄自尊大，那麼他對於漢家江山的功勳，可以和周公、召公、姜尚等人相媲美，會享受後代不絕的祭祀。

《老子》第二十二章中說：「不自伐，故有功；不自矜，故能長。」誠哉斯言！假令韓信能讀一讀《老子》，「學道謙讓」，像范蠡那樣遵從「天之道」，功成身退，何至於兔死狗烹，身首異處呢？

【漢初曹參：載其清靜，民以寧一】

漢朝建國之初至漢武帝「罷黜百家，獨尊儒術」為止，這一段時間的政治，可以說是接受了《老子》的思想，無為而治，使民寧一自富。

漢初推行黃老之術的第一位重要人物是曹參。曹參與蕭何都是秦朝的小吏，後來跟著漢高祖劉邦起兵，立了功，當了齊國的丞相。

他到齊出任的時候，聽說當地有個蓋公「善治黃老言」。他派人把蓋公請來。「蓋公為言治道貴清靜而民自定，推此類具言之」。曹參非常讚賞，於是用「黃老術」治理齊國。他在齊國做了九年丞相，「齊國大治」。

當時漢朝的丞相蕭何死了，曹參被召到朝中當丞相。他走的時候告訴他的繼任人說：「要把齊國的獄市留作容納奸人藏身的地方，慎勿擾也。」繼任者說：「治無大於此者乎？」曹參說：「不然。夫獄市者，所以並容也。今君擾之，奸人安所容乎？吾是以先之。」曹參認為治國不在苛察，而在寬容並包。倘若對民眾吹毛求疵，務必找出奸邪之人，則人將恐懼混亂於下，更不用說治理國家了。

曹參代替蕭何以後，什麼事情都沒有變動，一切都照蕭何的辦法，他選任不善文辭、忠實樸厚之人辦事，自己只是坐在家裏喝酒。遇到有建議興革制度的人，他便用酒把來人灌醉，使其扶醉而出，無從建議。

漢惠帝看見他不辦事，覺得很奇怪，詢問原因。曹參對惠帝說：「高帝與蕭何定天下，法令既明。今陛下垂拱，參等守職，遵而勿失，不亦可乎？」

曹參做了三年丞相，老百姓歌頌他說：「蕭何為法，齊如劃一。曹參代之，守而勿失。載其清靜，民以寧一。」

司馬遷在《史記．曹相國世家》中讚頌曹參說：「參為漢相國，清靜極言合道。然百姓離秦之酷後，參與休息無為，故天下俱稱其美矣！」

意思是曹參的清靜無為最合乎道家的原則。而當時老百姓在遭受秦朝暴政的虐害之後，曹參無為而治，讓百姓休養生息，所以天下人都稱讚他的好處。

曹參的這一「清靜無為」的治國方略，被其後的文帝、竇太后、景帝所接受和繼續推行。一時風氣之盛，可說漢初的政治，全是道家的天下了。漢初七十年實行這種黃老政治，結果大見實效。到武帝即位前夕，已由一困窮交敝的天下，變成物阜民豐，家給人足的社會了。

那時太倉之粟，陳陳相因，溢出倉外；府庫之錢，年久索斷，取時撒落滿地；而閭巷之內，安定富足，民食粱肉。即以馬匹一項來說，西漢開國之初「自天子不能致鈞駟，而將相或乘牛車」，可見馬匹之稀少。但到了漢武帝時，則田野之間，馬匹成群。元狩四年（西元前一一九年）出擊匈奴，一次之中即出動官私戰馬及飛芻挽粟之馬匹三十餘萬。這種情形實與漢初不能倫比。正因如此，才給漢武帝奠定了雄飛寰宇的基礎。

總之，漢初七十年間，由於道家「清靜無為」採用到實際政治上，而實用的結果證明是大大的成功了，雄辯地證明了《老子》中「我無為而民自化，我好靜而民自正，我無事而民自富」，乃是治國守成、安民富國的大智慧。這對於今日追求富強、復興的中華民族，也不無借鑒意義。

丁 智語集萃

1. 大方無隅，大器晚成，大音希聲，大象無形。（四十一章）

——方正之形若至大無比，反而看不見其邊緣棱角。所成之器若龐大無比，反而不能知見其全部之形。所發之音若極其洪大，反而聽不到其聲響。物象若宏大遼闊，反而看不清其相狀。

2. 勇於敢則殺，勇於不敢則活。（七十三章）

——勇於敢作敢爲可能被殺死，勇於有所不爲則可保存性命。

3. 天長地久。天地之所以能長且久者，以其不自生，故能長生。（七章）

——天地亙古長存。天地之所以能夠長久存在，因爲天地無私，不爲自己而生，因此能長生。

4. 天下之至柔，馳騁天下之至堅，無有入無間。（四十三章）

——天下最柔者莫過於道，它能制馭驅使天下最堅硬之物。道無形質，所以能出入沒有空隙之物，而一無所礙。

5. 天下難事，必作於易；天下大事，必作於細。（六十三章）

——辨天下的難事，必須從最容易處入手；辨天下的大事，必須從細小處開始。

6. 無為故無敗，無執故無失。（二十九章）

——不去作爲，則無所謂失敗；不執持，則不無所謂失去。

7. 見小曰明，守柔曰強。（五十二章）

——見之愈少則愈明，守之愈弱則愈強。

8. 為無為，則無不治。（三章）

——要做的事就是「無爲」，那麼就沒有治理不好的。

9. 天地不仁，以萬物為芻狗。（五章）

——天地是大公無私的，對萬物一視同仁，沒有偏愛，把萬物當作祭祀時用草紮的狗一樣，不喜愛也不憎恨，任其自生自滅。

10. 夫唯不爭，故天下莫能與之爭。（二十三章）

——正是因爲不與人爭，所以天下之人沒有誰能夠與之相爭。

11. 民不畏死，奈何以死懼之？（七十四章）

——當老百姓被逼上絕路，不顧命地起而反抗的時候，統治者以殺死他們來威脅又有什麼用呢？

12. 合抱之木，生於毫末；九層之台，起於累土；千里之行，始於足下。（六十四章）

——合抱的大樹，生長於細小的萌芽；九層的高臺，由泥土一層一層地堆積；千里的行程，開始於腳下邁出的第一步。

13. 上善若水。水善利萬物而不爭，處眾人之所惡，故幾於道。（八章）

——上善之人，其性如水。水滋潤善利萬物，而又處於人們所厭惡的低下和污穢處，不爲自己爭取什麼。所以水之性與道相近。

14. 企者不立，跨者不行。（二十四章）

——踮起腳則不能久立，跨步過大則無法遠行。

15. 樸散則為器，聖人用之，則為官長，故大制不割。（二十八章）

——眞樸的道分裂則成萬物，有道者體驗道的眞樸本質而用之，就成爲百官的首領，所以完善的政治是順其自然，不容強行割裂的。

16. 兵者不祥之器，物或惡之，故有道者不處。（三十一章）

——兵革戰爭乃是很不吉祥的東西，大家都怨惡它，所以有道者不會輕啓戰端。

17. 飄風不終朝，驟雨不終日。孰能為此者？天地。天地尚不能久，而況於人乎？（二十三章）

——狂風暴雨來得快也去得快，不可能持續很長時間。誰能產生狂風暴雨呢？天天地所為尚不能持久，何況人事狂暴驟急呢？

18. 信言不美，美言不信。（八十一章）

——誠實的話不動聽，動聽的話不誠實。

19. 知人者智，自知者明。（三十三章）

——了解別人是機智，了解自己才算高明。

20. 貴以賤為本，高以下為基。（三十九章）

——貴以賤爲根本，高以下爲基礎。

21. 甚愛必大費，多藏必厚亡。（四十四章）

——過分貪愛必定要付出巨大的耗費，豐富的藏貨必定會招致慘重的損失。

22. 輕諾必寡信。（六十三章）

——輕易許諾的人，必定會缺少誠信。

23. 我有三寶，持而保之：一曰慈，二曰儉，三曰不敢為天下先。（六十七章）

——我有三件法寶，持守不渝：一是慈柔；二是儉樸；三是不敢爭強好勝，凡事搶在別人之前。

24. 道生一，一生二，二生三，三生萬物。（四十二章）

——「道」是獨一無偶的，獨一無偶的「道」稟賦陰陽二氣，陰陽二氣相互交感而成一種適勻和諧的狀態，萬事萬物都從這種狀態中產生出來的。

《金剛經》——佛家的「第一般若」

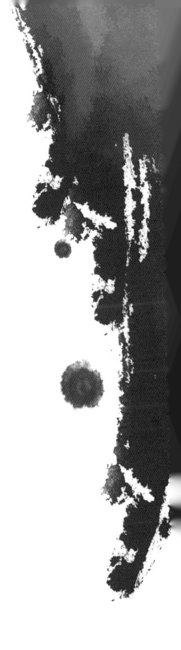

甲 智典概貌

【成書背景】

佛教傳入中國已一千七百多年了，當佛教在它的發源地印度衰落的時候，在中華大地上卻得到了蓬勃的發展。自東漢以後的帝王，很多就非常崇奉佛教，甚至將其定為國教。和儒、道一起，佛教在中華文化史上打上深深烙印。千百年來，中國人的言行舉止和日常生活，無不潛移默化地受到佛法的影響。佛教智慧已成為中華智慧寶庫中天然的不可分割的重要組成部分。

就像提起儒家想到《論語》，提起道家想起《老子》一樣，提起佛家，中國人首先想到的是《金剛經》。《金剛經》是佛教史上最偉大的一部經典，包含了大乘佛法的最高智慧，被奉為——「諸佛之智母，菩薩之慧父，眾聖之所依。」

在傳介到中土的大量佛經中，《金剛經》是譯介最早、流傳最廣、影響最大的經典之一。千百年來，從僧眾到俗眾，從皇室貴族到平常百姓，不知道有多少中國人在研究

《金剛經》、念誦《金剛經》，因《金剛經》而得感應，因《金剛經》而開悟成道。最典型的，就是禪宗六祖慧能，因聽聞《金剛經》而頓悟成道。

《金剛經》的最偉大之處，是超越了一切宗教性，但又包含了一切宗教性。經文句句乃寶中之寶，妙意盡藏。句句說理說修，句句都可貫通全經，隨拈一句體悟，皆可由此悟道。一般人喜其哲理豐富，禪修者視其為修心的指針、開悟的鑰匙。

佛教的經典通常分為三部分：經、律、論，也就是所謂「三藏」。「經」是佛教教義的基本依據，它在佛教中一般被認為是佛所說的；「律」是佛教給僧眾所制定的紀律或行為規範，它的基本原則一般被認為是佛所確定的；「論」則是對經等典籍中教義的解釋，或對佛教重要思想的闡述，它在佛教中一般被認為是菩薩或論師做的，有些是佛自己做的。

佛教最初的傳播不是通過書面文字，而是依靠宣講、背誦等口耳相傳的方式。所使用的主要語言也不是梵語，而是佛教傳播地區的方言或俗語。因此，佛教中表現為書面文字的三藏，並不是在佛教產生之初形成的。現在人們所看到的記述有關原始或早期佛教內容的主要佛典，通常不是在所謂原始或早期佛教時期形成書面文字的，形成書面文字的時間，要比佛教產生的時間晚得多。

最初的書面佛典的內容，主要是通過所謂「結集」的方式，在釋迦牟尼圓寂後確定的。由於釋迦牟尼初傳佛教時，佛教教義並未形成文字經典，釋迦傳教主要靠言傳說教，弟子們學習主要靠耳聞心記，因此眾多弟子長時間的記憶必定會有所差別。

這種差別在釋迦圓寂後就自然會引起爭論。為了解決在這些矛盾和衝突，並使佛教教義以經典的方式固定下來，佛教僧團組織了所謂「結集」，即佛教徒在佛陀圓寂後召開的幾次重要的信眾大會。在這樣的會議上確定佛教的基本學說。具體的方式是由佛陀的主要弟子或影響較大的信徒，根據記憶誦出其所聽佛陀的教法，由會眾加以確定。最初的結集確定的主要是佛教的「經」和「律」，「論」出現的時間相對要晚一些。

根據佛教史料的記載，佛教主要的結集總共有四次。這四次結集都與佛教經內的形成有關。

《金剛經》，全一卷，全稱《金剛般若波羅蜜經》，是「般若類」經的代表經典。在所有的大乘經典中，般若類經典出現得最早，在各種各樣的般若類經典中，《金剛經》出現得最早。

有研究者提出，《金剛經》在形式上比較接近小乘經典，也是說明其產生的年代應該比較早。然而產生雖早，卻是大乘經典中十分重要的一部經典。般若思想的出現，是大乘佛教的完成，雖然在大乘經典的發展歷史上，般若類經典是大乘佛教最早期的經典，但其所包含的內容和境界，無疑正是大乘佛教最高度的智慧表現，也是佛教自產生以來，所欲表現的諸佛本懷。

釋迦牟尼在菩提樹下獲得的大覺大悟，是破人生的無明黑暗之一種最高智慧，此一智慧就是般若。般若是佛陀所證境界的總稱，也是它開示出來的一切思想的代詞，所以佛教界稱般若為「諸佛之母」。般若之內容，就是諸法之實性，亦就是緣起性空之真諦，簡單地說就是性空。專說諸法實相，諸法性空的經典，便是般若類經典了。

般若思想典籍的彙編就是《大般若經》，共六百卷，包括十六部經典，稱十六會。從產生的先後次序看，這十六會中，第二會即《二萬五千頌般若》，第四會即《八千頌般若》，第九會即是《金剛般若》，也就是《金剛經》，表述的是般若類經典的基本思想，成書於西元前一世紀左右。其他的各會，則是在以後的幾個世紀中逐漸形成和增補的。從所述的內容看，第一會至第五會的篇幅雖然長短不一，但內容大致相同，都是對般若思想的全面敍述；第六會至第九會則是攝取大乘的精華，論述「無所得空」的法的義理；第十會是佛對金剛手菩薩等說一切法甚深微妙般若理趣清淨法門；第十一會至第十六會則依次敍述佈施、持戒、精進、禪定、般若、忍辱等六度法門。

學術界和佛教界都共同認為，十六會六百卷之多的《大般若經》之核心，即是第九會《金剛般若》，也就是《金剛經》。所以，作為一個中國人，你可以不信佛教，但不可不讀《金剛經》。因為《金剛經》會賦予你一柄無堅不摧的智慧利劍，啟發你澈悟世事人生的真諦和實相！

【作者簡介】

一部佛經，一般具備以下的因緣才能出現於世，那就是說法者、當機者和記錄者。《金剛經》的說法者是佛祖釋迦牟尼，當機者是須菩提尊者，記錄者是阿難尊者。對於流通最廣的中文《金剛經》而言，還有翻譯者鳩羅什法師。當然在這幾個因緣中，最關鍵的是佛祖釋迦牟尼，沒有他的成佛，就不會有佛教，也不會有佛教的三藏經典，當然就不會有這部「百千萬劫難遭遇」的《金剛般若波羅蜜經》。

1．說法者：釋迦牟尼

釋迦牟尼原名悉達多，族姓為喬達摩。生於古印度的迦毗羅衛國（現在尼泊爾王國南部），是淨飯王的太子，釋迦牟尼是佛教教徒對他的尊號。關於他的生卒年，歷史上記載不同。根據佛典記載，釋迦牟尼大約生於西元前五六三年，相當於我國周靈王九年，比孔子大12歲。卒年大致推定在西元前四八〇年～前四九九年間。佛陀世壽約80多歲。

釋迦牟尼是人，是佛，不是神。「釋迦」是印度的一個民族，「牟尼」是明珠，喻聖人的意思，釋迦牟尼就是「釋迦族的明珠」或者「釋迦族的聖人」。我國古代翻譯為能「仁寂默」，是表佛具足的智德與悲德。他是人間的聖者，這是歷史的事實。他曾經講過：「諸佛世尊，皆出人間，非由天而得。」這就是說，佛是人間的正覺者，不在天上。佛是「佛陀」的簡稱，是「覺者」或者「智者」，用現在的話說就是「偉大的哲人」的意思。他的言教就是佛教。他是佛教的創始人，不是天上的上帝，也沒有冒充上帝的兒子或者使者，來向人間說教。所以，佛教是人間覺者的教化。

釋迦牟尼既是淨飯王的太子，那麼，他是怎樣創建佛教的呢？

據佛典上說，他出生七日後，生母摩耶夫人就去世了，姨母摩訶波闍提被淨飯王續立為后，幼時的悉達多便由她撫育。他相貌端莊，天資穎悟，淨飯王對他寄予極大的希望。在當時，迦毗羅衛國處於憍薩羅國和摩揭陀國兩個強國之間，受到它們的嚴重威脅，處境險惡艱難。淨飯王希望兒子能繼承王位，擺脫強鄰的侵犯。於是，從各個方面對他進行嚴格的教育，和精心的培養，期待他成為一個赫赫有名的「轉輪王」。

在淨飯王悉心的關懷下，悉達多不僅向婆羅門學者學習文學與算術，還跟武士學習兵法與武藝。他學識廣博，思想淵默，能文能武，智勇雙全，被立為太子。但是悉達多太子後來並不想成為父親所期待的「轉輪王」，不願做政治上的統治者，而是爭取在學術上、思想上有所建樹。於是他出家向很多學者學習，終於構成了獨特的學說體系，創建了佛教。

佛典對悉達多太子的出家，有詳細的說明。在他14歲那年，一次外出郊遊，看見農夫在炎炎烈日下，大汗淋漓，氣喘吁吁，低頭耕田，十分可憐。而牛的頸上勒著粗繩，不斷受鞭打，以至皮破血流。田地裏翻出的小蟲，被飛來的小鳥爭著啄食。而耕田的農夫，全然不顧及生命之可貴。悉達多猛然感悟，原來世間是何等殘酷，生命又是何等地悲慘！後來，悉達多遊都城的四門時，先後看到步履艱難、老態龍鍾的老人，輾轉呻吟、痛苦萬狀的病人，以及失去生命、屍體僵硬的死人。他感到不快、厭惡和可怕，感到人世的痛苦和悲慘，人生的短暫和無常。促使他苦苦地思索這樣的一個問題：造成人生痛苦的原因何在？解脫人生痛苦的方法和出路又是什麼？

悉達多從前學過的各種道理，都不能解決這樣一個問題。於是他深深地陷入了無限惶恐、感傷、煩惱和痛苦之中。最後在北門，遇到了一個出家修道的沙門，他從沙門那裏聽到出家修道可以解脫生、老、病、死的道理，便由此萌發了出家的念頭。

淨飯王堅決反對兒子出家，為了斷絕他出家的念頭，在悉達多16歲的時候，就替他娶了鄰國的公主——他的表妹、聰明美麗的耶輸陀羅。後來，他們還生了個兒子，即羅睺羅。淨飯王還為他建造了豪華壯麗的寒、暑、溫三季的宮殿，為他提供盡情享樂的物質條件，並經常苦心勸阻，要兒子放棄出家修道的打算。但是所有這些努力，都沒有動搖悉達多出家修道的決心。就在他29歲（一說19歲）那一年，他毅然放棄了太子的高貴地位，離別妻兒，剃除鬚髮，到深山曠野參訪明師，修行學道，以求解脫人生的痛苦。

淨飯王勸說兒子終歸無效，只好在親屬中選派出憍陳如、跋提、跋波、摩訶男、阿說示等五人隨他出家。悉達多出家後，在摩揭陀國一帶尋師訪道。他和他的五個隨從，先後曾以當時的宗教導師阿羅羅迦羅摩和優陀伽羅摩子為師，接受了導師們關於信仰和行為的一般概念，如修習禪定和按毘奈耶（宗教紀律）生活。

但是他們的教義內容並不適當，不能滿足悉達多的要求。他得知當時的先哲思想中，尚無真正的解脫之法，便離開了他們。他決定實行最嚴格的苦行，也就是通過自我克制的方法，謀求獲得覺悟和解脫。他在尼連禪河邊的樹林中，開始了一系列可怕的修行，如逐漸減少食物，直至「一日食一穀一麥」，或者七天吃一頓飯。他穿粗毛織成的衣服，或穿鹿皮、樹皮做成的刺激皮膚的衣服，他拔除鬚髮，連續站立，臥於荊棘、牛糞之上。他不洗污垢，形同枯木一般。他還到墓地，和腐爛屍體睡在一起……

為了尋求解脫，悉達多嘗夠了艱苦辛酸，前後六年堅持不懈；結果身形消瘦，瀕臨死亡，仍然徒勞無獲。這時他領悟到苦行無益。於是，他重新思想另一條求得解脫的道路。他停止了苦行，在尼連禪河中洗去了六年的積垢，隨後接受了一個牧女供養的牛奶，恢復了力氣。當時他的五個隨從見到了這種情景，認為他放棄了信念和努力，便離開了他，前往波羅奈城繼續他們的苦行。

悉達多一個人走到伽耶城外一棵畢缽羅樹下，鋪上吉祥草，向東方盤腿坐下，發誓說：「我若不證到無上大覺，寧可此身粉碎，終身不起此座！」他在樹下專心思索解脫之道，經過七天七夜（有的記載說是「七七四十九天」）的冥思苦想，終於在內心出現了一個越升越高的精神境界，超越了自身的視力和聽力的限制，超越了時間和空間的障礙，心平如鏡，一切煩惱全部斷除，各種疑惑全部澄清，豁然覺悟到宇宙人生的真實本質——個業報和轉生的體系，從而把握了真理，成就了正覺，獲得了解脫。這是悉達多35歲那年的事。

從此，人們稱他為釋迦牟尼。他是人間的覺者，是佛陀，簡稱「佛」。後來皈依他的信徒又尊稱他為「世尊」，意思是具足眾多功德，能利益世間，於世獨尊。

釋迦牟尼在畢缽羅樹下思考了些什麼問題？所悟道的內容又是什麼？佛典裏記載得很龐闊，概言之：人事現象逃脫不了因果報應，人之所以有種種病痛煩惱，歸根到柢是由於有了情欲貪愛，而之所以受情欲驅使產生貪愛的動機，從事種種活動，那是因為不明道理（無明），這樣便循環往復地流轉於生死輪迴之中，不得解脫。

而要達到解脫，則必須遵循正確的方法。如果採取苦行的方法，則使人精神「惱亂」，無益於達到解脫；不修苦行而過世俗生活，則使人貪戀福樂，永遠受苦。正確的做法是捨棄這兩種偏執，而採取介於二者之間的做法（中道）。這些內容都包含在「四諦」、「十二因緣」和「八正道」之中。

釋迦牟尼悟道成佛以後，就開始宣傳自己的學說，以期人人成佛，個個解脫。他接受路過的商隊的獻食，便到波羅奈城去找離開了他的五個隨從，為他們說法。波羅奈城的鹿野苑是古代帝王養鹿的地方，佛陀在這裏住了三個月，向他的五個隨從講他悟證的道理。這是釋迦牟尼第一次說法，佛教史稱之為「初轉法輪」。

憍陳如等五人聽講以後，都皈依了佛陀，出家為弟子，成為比丘。所以，鹿野苑「初轉法輪」是佛教的第一件大事。從那時起，釋迦牟尼才正式創建了教團，具足了「三寶」，創建了佛教。釋迦牟尼是創教人，是佛陀，故為「佛寶」；他宣說的諦理是法，故為「法寶」；五比丘是僧伽，故為「僧寶」。

釋迦牟尼創建了佛教，具足了「三寶」，他發誓要在黑暗的世間捶響不朽之鼓，普濟眾生。在以後的45年中，席不暇暖地到處奔走，足跡踏遍了恒河兩岸，以摩揭陀、憍薩羅、跋沙三國為中心，東到瞻波，西到摩多羅，布法的範圍相當廣泛。

在傳教的過程中又有很多人皈依，受渡為僧。從出家人的身分來看，各個種姓的都有。佛陀的十大弟子中的摩訶迦葉、舍利弗、目犍連、須菩提、富樓那、迦旃延，都出身於婆羅門種姓。

釋迦牟尼成道後曾回故鄉探望父親淨飯王，受他的影響，其異母弟難陀，堂兄弟阿難和提婆達多、阿尼律陀、婆提利迦，以及他的兒子羅睺羅，都跟隨他出了家。他們都屬剎帝利種姓。王宮裏的剃髮師優婆離也跟隨著出家，他是首陀羅種姓。他的姨母摩訶波闍提，妻子耶輸陀羅都出家為比丘尼。因為印度的沙門中沒有婦女，佛陀特為她們特定了「八尊師法」，也稱為「八敬法」、「八重法」。至於不出家而皈依「三寶」的弟子則為數更多。佛陀的孜孜不倦使佛教得以弘揚發展。在他入滅之夜，波羅門學者須跋羅陀求見，阿難想攔阻他，佛陀知道了，仍喚他到床前為其說法，於是，須跋羅陀成了佛陀最後的弟子。

釋迦牟尼創建的佛教，宣布眾生平等，打破了婆羅門教嚴格的種姓制度。主要教團內不分種姓高低，只按受戒前後分長幼之序。他曾說：「四大河入海已，無復本名字，但名為海。此亦如是。有四姓，云何為四：剎帝利、婆羅門、長者、居士種，於如來所剃鬚髮，著三法衣，出家學道，無復本姓，但言沙門釋迦弟子。」

所以，佛教的教團中，不僅有國王、貴族、富商，也有像優婆離那樣的首陀羅出身的人。首陀羅種姓的男人和婆羅門種姓的女人，結婚所生的混血種，被稱為不可接觸者，他們的地位最低，不能與一般人接觸。但佛陀和他的弟子們，平等地接受他們的供養，還特設法和一個不敢來見他的不可接觸者相見，為他說法。佛陀的弟子中有乞丐，甚至有妓女。有一次，佛陀拒絕了國王的邀請，而到一個妓女那裏去應供。

佛教開創以來，得以延續至今，輾轉流布於印度、巴基斯坦、尼泊爾、阿富汗、緬甸、中國、蒙古、朝鮮、日本、越南、斯里蘭卡、泰國、柬埔寨等國，蔚成大觀。近來歐美佛教亦盛行起來了，影響十分深廣。

2．當機者：須菩提尊者

讀《金剛經》的篇首幾段，我們就會知道，佛陀在乞食歸來，吃完飯，正要打座入定時，他的十大弟子之一的須菩提，「即從座起」，合掌恭敬問道：「世尊，善男子善女人發阿耨多罪三藐三菩提心，應云何住，云何降服其心？」為了徹底地解答須菩提的問題，世尊才說了這部《金剛經》。在經中，師徒二人反覆問答，須菩提還談了自己聽聞世尊說法後的悟解。因此，須菩提是《金剛經》的當機者。為什麼佛陀選擇須菩提作為當機者呢？因為須菩提在佛陀的十大弟子中，最善解般若空理，被譽為「解空第一」，而《金剛經》中，佛陀反覆闡說的正是般若空理。

須菩提是梵語音譯，意譯就為「善吉」。其生之日，家室皆空，父母驚異，請問相師。相師占云，此是吉相，故名。又意譯「善業」，稟性慈善，不與物爭，及其出家，見空得道。兼修慈心，得無淨三昧，善護三業，故名。又意譯「空生」，以其生時，家宅皆空，故名。須菩提出生於婆羅門教家庭。佛陀到他的家鄉布教，他的父母改信佛教。須菩提受父母的影響，出家做佛的弟子。

傳說，佛陀曾到忉利天為生母摩耶夫人說法。三個月過去，佛回到人間，大家都爭先恐後地前去迎接。當時須菩提在靈鷲山的石窟中縫衣，聽到佛回來的消息，即放下手中的衣服，前去迎接。忽然一想，佛的真身不是六根可以看見。我現在去迎接佛陀，是把佛的法身當成地水火風四大種和合的肉身，是不識空性的表現。不識諸法空性，就看不到佛陀的法身。佛的法身是無我、無人、無作、無所不作的諸法空性。空性是無處不遍的，佛的法身也無處不在。於是他安然坐下，依舊縫衣。

在迎接的人群中，比丘尼中神通第一的蓮花色，第一個看到佛。她一邊頂禮、一邊說：「弟子蓮花色第一個迎接佛陀，請接受頂禮。」佛陀對她說：「迎接我的第一個人不是你，是須菩提。」此時須菩提在靈鷲山石窟中觀察諸法空性，見空即見如來，所以他是第一個見到佛陀，第一個迎接佛陀的人。

須菩提的心境和胸襟，豁達自在，為諸比丘所敬佩。但也有人對他冷嘲熱諷，說他整天癡癡呆呆，一點也不活動，沒有什麼了不起。一些比丘聽了這話，為須菩提鳴不平，要和那些人辯論。須菩提勸這些好心的人說：修道的人要將譏嘲譭謗逆境，看成是助道增上緣，可以依此消除業障，加強信心。再說諸法空性的真理，是無我無人，無彼無此，無高無下，無凡無聖，平等一相。辯白和爭論，是有勝負心，與真理相違。須菩提由於通達空性，所以能隨順世間，行大忍辱，對任何人，都能做到無惱無諍。

佛陀對他的修證，十分欣賞，稱讚他已證得無諍三昧，是人中第一，是第一離欲阿羅漢。須菩提回答說：「您老人家對我的稱讚，真不敢當。我絕不做這樣的念頭，我是人中第一，是第一離欲阿羅漢。若我有這樣的念頭，說明我執還未斷除，終日還沉溺在有證有得的法執之中。」

3．記錄者：阿難尊者

《金剛經》的開篇是四個字「如是我聞」（這是古漢語的倒裝句，按現在語言應是「我聞如是」），意思是：我親耳聆聽到的佛親口所說的法是這樣的。可見，這個「我」是這部經的記錄者。這個「我」是誰呢？據佛典記載，他是釋迦牟尼的十大弟子之一，被譽為「多聞第一」的阿難。

不僅《金剛經》的開頭有這四個字，所有佛經的開頭都有這個四字。「如是我聞」這四個字不是隨便加上去的，是有一定來歷的。

《涅槃經》上說，佛陀在拘屍那娑羅雙樹間要涅槃的時候，弟子們哭聲一片，雖然有的已證得了阿羅漢果位，但佛對他們都有法乳深恩，聽到佛要涅槃的消息，內心無比悲傷。特別是阿難，哭得死去活來。

正當大家在痛哭的時候，有一位阿那律尊者就勸阿難說：「你呀，快別哭了，我們應當繼續弘揚佛陀的教法才是，你得趕緊去問佛幾個問題。第一，我們平時都是和佛住在一起的，如果他老人家不在了，我們應該住在什麼地方？第二，佛在世時，我們以佛為師，佛不在了，我們以誰為師？第三，他老人家不在了，日後我們結集經典時，每部經的開頭應該怎麼辦？第四，佛在世時，惡性比丘有佛調伏，佛不在了，惡性比丘應如何調伏？」

阿難聽後恍然大悟，趕快跑到佛陀的跟前，向佛請教這四個問題。

於是，佛陀一一給予了明確的回答。當回答結集經典問題的時候，佛對阿難說：「日後要結集經典時，就在經典的開頭加上『如是我聞』四個字，以表示你就是這樣子聽我說的，這樣別人就會相信你所說的話是真的，另外，也以此來作為佛經與外道典籍的區別。」

佛交代完以後，就圓寂了。

料理完佛陀的後事，弟子們就開始忙著組織結集經典，準備把佛陀一生所說的經典重新整理，以使經典的內容達到統一。阿難是佛的侍者，常跟隨佛，平日聽的佛經最多，而且頭腦靈活，像答錄機一樣，故由阿難背誦出平日聽到的全部佛經。阿難登上法座後，按佛所說的加上「如是我聞」四個字，然後就開始敍述佛的行化事蹟。這是佛教史上佛滅後的第一次結集，共有五百人參加，故也叫「五百結集」。

自此以後，佛經前就開始有了「如是我聞」的字句。

結集經典時，為什麼都推舉阿難來誦出法藏呢？原因有三：一者世尊成道之日，阿難才降生，到出家時，佛已說法二十年了，因請佛將二十年前所說法，均為補說，阿難復得法性覺自在三昧，能於定中徹了一切諸法。二者這也是佛所親許的，如《法華經》曰：「我與阿難，於空王佛所同時發心，我好精進，遂致作佛，阿難常樂多聞，故持我法藏。」三者阿難是佛的侍者，跟隨佛的時間最長，聽到的經典最多，故結集法藏時必推阿難誦之。

阿難，漢譯慶喜，佛成道日誕生，故名。白飯王次子，提婆達多的親弟。佛成道以後，曾有舍利弗、目犍連侍奉過佛陀。由於佛陀漸漸老了，需要一個常隨侍者，就把弟子集合起來，要大家推一個人來。舍利弗、目犍連認為阿難年輕，記憶力強，擔任此職最合適，就推舉阿難。

阿難提出三個條件：一、佛陀的衣服，無論新舊，我不要穿。二、如有信眾請佛陀應供，我不侍奉前去。三、不該見佛陀的時候，我不去見。

舍利弗、目犍連將阿難的條件告訴佛陀。

佛陀非常喜歡地歎說：「阿難是一位品格優秀的人，他提出的條件是為了避免譏嫌，生怕別人批評說為了穿衣和吃食物，才侍奉佛陀的。」

佛陀五十三歲時，十九歲的阿難，在竹林精舍正式被選為佛的侍者，侍奉佛陀二十七年，跟著佛的身後，到各地弘化。阿難在僧團中深受人們的尊敬，他待人謙遜誠懇，和人相處，從不揚己之長，顯人之短，總是盡力幫助別人，為別人提供方便。有時和外道談論佛法，也只是顯正而不破邪。如在翟師羅園，他感化了旃陀外道，奉行佛法。他不是以滔滔的雄辯來征服對方，而是如和暖的陽春，慢慢地溶解冰塊。

在二十七年侍者的生活中，阿難對比丘、比丘尼和在家信眾來參拜佛陀時，他總是安排適當時間，滿足各人的願望。尤其是遠道而來的比丘，在未見佛陀前，阿難總是以親切的安慰，使其安樂。比丘尼非常願聽阿難的教誡。他常對比丘尼說：「你們要好好遵守聖戒！」在家信眾，也喜歡聽阿難說法。他教導在家信眾要尊敬三寶，受持五戒、十善，侍奉雙親，供養僧團。

佛陀入涅槃時，阿難悲痛地泣不成聲。佛陀以憐憫的眼神看著阿難，對大家說：「阿難非常辛苦地侍奉我二十七年，他為人溫和而寬厚，聞法不忘，將來能在世間上發光發熱。」

當然，這裏說阿難尊者是佛陀所說經的記錄者，是指他記錄在自己的大腦中，並在經典結集時當眾誦出的。至於對佛經進行文字記錄和整理，那是佛涅槃後很久的事了。

4．中文翻譯者：鳩摩羅什法師

《金剛經》的原本是古印度的梵文，由高僧大德翻譯成中文的。

《金剛經》傳入中國以後共有六種譯本：姚秦三藏法師鳩摩羅什譯《金剛般若波羅蜜經》，南北朝時北魏菩提流支譯《佛說金剛般若波羅蜜經》，南北朝時陳真諦譯《金剛般若波羅蜜經》，隋代達摩笈多譯《金剛能斷般若波羅蜜經》，唐代玄奘法師譯《能斷金剛般若波羅蜜經》，唐代義淨法師譯《能斷金剛般若波羅蜜經》。

一般認為鳩摩羅什譯本應該最接近梵文本來面貌。從流傳情況看，鳩摩羅什譯本最為流行。歷史上各代高僧大德的注釋論頌及唐玄宗、明成祖等御注和敕令全國讀誦的本子，一般都是鳩摩羅什譯本，所以人們平時所說的《金剛經》即是羅什所譯的《金剛經》。正是基於以上原因，本書介紹《金剛經》也以羅什大師的譯本為準。

鳩摩羅什（西元三四四～四一三年），龜茲人（今新疆庫車南），出生於一個崇奉佛教的家庭，他的母親是龜茲國王之妹，其父鳩摩羅炎棄相位而出家，為龜茲國王國師。

鳩摩羅什7歲時隨母出家，同遊北印度。9歲時，碰到一位阿羅漢，阿羅漢預言鳩摩羅什說：「將來要到東方去，會大利佛法，對大乘佛教特別有幫助，但是對他的個人戒行會有虧損。如果留在西方，他的個人解脫會非常有成就。」

鳩摩羅什先學習的是小乘佛法，後來轉向大乘，通達大乘經論，名聞西域各國。

鳩摩羅什之名遠播到當時前秦的京城長安，前秦皇帝苻堅深為仰慕，再加上僧道安的敦促，於是派遣大將呂光於三八二年出兵龜茲，命其速護送鳩摩羅什到長安。但是，當呂光攻下龜茲時，苻堅已亡國。呂光索性佔據涼州做起皇帝來，建立後涼。鳩摩羅什在後涼的姑藏（今甘肅武威）留居長達近十八年之久。

西元四〇一年，後秦姚興滅後涼，鳩摩羅什被後秦迎請到長安。姚興待鳩摩羅什以國師之禮，讓他在逍遙園西明圖專事佛經翻譯。鳩摩羅什的逍遙園譯場成為國家譯場的肇始。這在中國佛教發展史上是一件具有重大意義的事情。

逍遙園是一個有六百人的譯場，鳩摩羅什是譯場之主，在他的主持下翻譯了很多經典，像《大品般若經》、《維摩詰經》、《妙法蓮華經》、《金剛經》、《大智度論》、《中論》、《百論》、《成實論》，這些了義的經典都是他翻譯的。

據說羅什法師被奉為國師以後，他弟子有上千人。隨著他事業的發展，羅什法師的道德也越來越高，聲望也越來越大。姚興從俗人的角度著眼，認為羅什法師年齡大了，道德又這麼好，過世了怎麼辦？誰來接他的班？如果給他成個家，繼承他的偉業，這應該是國家的榮幸。

因此，就派了一些美貌的女子幫他灑掃、照料他吃住等等，其目的是讓羅什法師傳宗接代，讓「法種流傳」。這樣一來他的弟子對師父有了想法。你給我們講了這麼多的佛法和戒律，要求我們如何做、如何行，而今天國君給你安了一個家室，這又該當做何解釋？

有一日吃飯時，羅什法師從缽中拿出一把針，自己先吞了下去，然後用定力從毛孔中將針排出。然後他又同樣拿這一把針，給每個弟子缽中都放了一個針說：各位弟子，如果你們哪一位能夠像我一樣把針吃下去，不死的話，我也允許你們享受國君給予我這樣的待遇。

結果，大家只能面面相覷。

自佛教入傳，漢譯佛經日多，但所譯多滯文格義，不與原本相應，羅什精熟梵文，博覽印度佛教和其他宗教古籍，加之曾在姑藏居住長達十八年，而有機會通曉漢語。更何況他具有深湛的佛教造詣，所以，譯文能契合佛教經典的精義。此外，鳩摩羅什的翻譯多採用意譯，避免了直譯的生硬，具有漢語的閱讀趣味，文體簡潔曉暢。同時，如果西域本音有譯不正確者，則以天竺語訂正；漢譯如有錯誤者，則另以恰當的語言加以釐定；不能意譯的術語，則大半採取音譯。因此羅什的譯經事業除了奠定了中國翻譯文學的基礎，還開展了中國佛教文化的新境界。

弘始十一年（四〇九）八月十九日，羅什自知世緣將盡，向僧眾告別，自言個人才德不足，忝為佛經傳譯，願其所譯經典能流傳後世，發揚光大，並在大眾面前發願：若其所譯經典無誤，願荼毘後舌頭不焦爛。

第二日，鳩摩羅什圓寂於長安，遺體於逍遙園荼毘後，果然舌頭如生，不曾毀損。一代大師，願力難測。羅什圓寂後，其弟子僧肇、道融、僧叡仍留在長安繼續弘化，道生等其他弟子則遷移南方，使得鳩摩羅什的大乘佛法得以傳至江南，廣為弘揚。

傳說鳩摩羅什從七佛以來，就當佛的翻譯法師，佛的經典要流通到不同語言的國土去，鳩摩羅什都為他當翻譯人。因此他的法緣深厚，跟眾生結緣甚多。鳩摩羅什所譯的《金剛般若波羅蜜經》，千錘百鍊，於佛法精義，拿捏得分毫不差。

【內容結構】

《金剛經》是佛教史上一部最偉大佛經經題的簡稱，其全名是——《金剛般若波羅蜜經》。在這八個字中，對佛教所知甚少的人，稍有所解的也許是「金剛」「經」這兩個詞，至於什麼是「般若」，什麼是「波羅蜜」呢？為何要在這部經典之前冠以「金剛」二字呢？這其中大有深意焉。下面做個淺顯的介紹——

「經」字是通名，佛所說的佛法都稱為經。「經」字前的七個字，是本經所獨有的，這是別名。

「金剛」是比喻。金剛即印度的金剛石，它最光明，最堅硬，也最珍貴。金剛石做的刀子可以裁玻璃，硬度最高。它能破壞一切，而不被一切所破壞。所以它最堅最利，而沒有能破壞它的東西。也有些人解釋金剛為真金久煉而成剛，具有堅固、光明、銳利三義。又有一些佛教古德，不把「金剛」二字作為譬喻解釋，而是指金剛心——具足金剛觀智，力用堅強，能破根本無明，得超生死此岸，而到達涅槃彼岸的「金剛心」。

「般若」又音譯作波若、般羅若、缽刺若，意譯為慧、智慧、明、黠慧，即修習八正道、諸波羅蜜等，而顯現之真實智慧。明見一切事物及道理之高深智慧，即稱般若。菩薩為達彼岸，必修六種行，亦即修「六波羅蜜」。其中因為諸佛皆由般若而成就，因此般若波羅蜜在六度波羅蜜中起關鍵作用，也因此稱般若為「諸佛之母」，成為其他五波羅蜜之根據，而居於最重要之地位。

「波羅蜜」是梵語，意譯為到彼岸，也可譯作度無極。彼岸者，對此岸說。煩惱是此岸，菩提是彼岸；生死是此岸，涅槃是彼岸；凡夫是此岸，諸佛是彼岸。簡單來說就是眾生通過修行而從煩惱輪迴中解脫，並到達涅槃寂靜的彼岸。到彼岸並不是說已經到了涅槃彼岸，而是說修行而能從此到彼，所以重在從此到彼的行法。

「經」梵語作修多羅。本義是線，線有貫穿、攝持不令散失的作用。如來隨機說法，後由結集者聚集誦出佛陀之遺法，再用線把它編集起來，佛法才能流傳到現在。「經」也譯為契經，契者合也，上契諸佛之理，下契眾生之機，具有貫、攝、常、法四義。貫者，貫穿所應知義理；攝者，攝化所應渡眾生；常者，三世不能易其說；法者，十界所應遵其軌。

綜上可知，「金剛般若波羅蜜經」經名的全部含義即是以金剛般的無堅不摧、無障不破的般若智慧對治一切虛妄執著，達到對實相的理解，得到解脫，到達涅槃彼岸。

我們平常可以看到的《金剛經》分成三十二部分，又稱之為三十二分。

這三十二分依次是——

法會因由分第一、善現啟請分第二、大乘正宗分第三、妙行無住分第四、如理實見分第五、正信稀有分第六、無得無說分第七、依法出生分第八、一相無相分第九、莊嚴淨土分第十、無為福勝分第十一、尊重正教分第十二、如法受持分第十三、離相寂滅分第十四、持經功德分第十五、能淨業障分第十六、究竟無我分第十七、一體同觀分第十八、法界通化分第十九、離色離相分第二十、非說所說分第二十一、無法可得分第二十二、淨心行善分第二十三、福智無比分第二十四、化無所化分第二十五、法身非相分第二十六、無斷無滅分第二十七、不受不貪分第二十八、威儀寂靜分第二十九、一合理相分第三十、知見不生分第三十一、應化非真分第三十二。

三十二分的分法不是《金剛經》的「本來面目」，最初被翻譯成中文是不分章節的，南北朝時，梁武帝的兒子昭明太子，他母親深信佛法，為了母親閱讀佛經的方便，他發心按佛陀的思想分出了品目。

今天看到的《金剛經》的三十二分和小標題，就是昭明太子的功勞。這樣我們在學習經典時層次分明，便於掌握。從接引後學、方便眾生，昭明太子做了件非常大的好事、善事。對於後世末法的眾生來說都要通過文字般若，深入到觀照般若和實相般若中去。如果文字都不能認識，文字大意不能理解，那觀照般若、實相般若就很難談得上。從文字般若來看，昭明太子做了一件大善舉，是有功德的。但是，這件事有它的負面作用，因為佛講經說法是不依文解字的，而是首先入於三昧，入了定以後，看眾生的根性，從大智慧海中像清泉細流一樣緩緩流出，因此，他的思想是聯在一起的，成為一個龐大的系統，是不能割裂、分解的。

昭明太子把經分成品目以後，在翻譯佛經時，所有的經都分成了品目。有的品目分得恰到好處，這可以使我們通過文字般若學習、領會佛法。但有的品目因為時代的局限性和翻譯的局限性，分的品目和經的思想內容並不完全符合，甚至有所割裂。分了品目以後，讀經人就按照品目去思，很難整體地把握佛陀的思想和經的主旨。往往犯的錯誤就是一知半解或者是依文解了，隻言片語。

按照佛教的慣例，一部完整的經一般被分為序分、正宗分、流通分三個部分。

序分。序，就是在書前要說明交代的話。對法會的緣起，為什麼有這個法會？說的什麼法？有哪些人來聽經？做一個交代。序分又分兩個部分：證信序和發起序。「如是我聞」等等以下對時間、地點的交代，共有六個方面屬證信序。須菩提偏袒右肩，右膝著地，合掌恭敬，請問佛法以下叫發起序。

佛每一次講經時，因為有這六種因緣的聚合，才有佛陀講經說法的因緣，佛滅度以後在所有佛經前加上六種證信：(1)如是，稱信成就；(2)我聞，稱聞成就；(3)一時，稱時成就；(4)佛，稱主成就；(5)在某處，稱處成就；(6)與眾若干人俱，稱眾成就。

把這六種成就像六塊鋼印一樣印在每一部佛經前，就叫六證信，又叫六成就。因為這六個因緣成就了佛陀的講經說法。也因為這六個鋼印印在上面，我們就毫無疑問地相信這就是佛陀的經典，缺一不可。既使這樣也有偽經在歷史上出現，在社會上流傳！

正宗分是主要思想內容展開論述之所在。佛陀的思想博大精深，講經說法時緩緩道來，條分縷析地把事情的來龍去脈講清楚。這樣就構成了正宗分，是一部經的主體。

經的最後一部分叫流通分。這部分往往是在宣說讀誦、受持、講經、聽經的功德，甚至印行經書的功德。

序分、正宗分、流通分和《金剛經》的三十二分並不矛盾。《金剛經》的第一分、第二分屬於序分。二分往後一直到結尾的二分以前，屬於正宗分。最後二分就屬於流通分了。

當然，對於《金剛經》的內容，歷代高僧大德有不同的分法。

清初通理大師作《金剛新眼疏經偈合釋》，以《金剛經》經文明明具有信、解、行、證之義，所以將《金剛經》全經經文分為四大部分——

第一，略明降住生信分（相當於昭明太子第一分至第八分）；

第二，推廣降住開解分（相當於昭明太子第九分至第十六分）；

第三，究竟降住起行分（相當於昭明太子第十七分至第二十四分）；

第四，決定降住成證分（相當於昭明太子第十八分至第三十二分）。

以信、解、行、證四義來闡明《金剛經》。

對於修持佛法來說，信、解、行、證雖有次序，卻不可為次序所拘泥。信、解、行、證為入道之階，信字尤為重要，成始成終，唯一信心而已。信為道源功德母，長養一切諸善根，《金剛經》中說「信心清淨，則生實相」，足見一個信字，便能貫徹到底。

《金剛經》中佛陀諄諄開示如何而信，如何而解，如何而修，如何而證，學佛者便應生信仰心，亦如是信，如是解，如是修，如是證，則一定體悟到《金剛經》中所蘊藏的無上甚深的般若大智慧。

讀懂了《金剛經》，我們就能破解大乘佛的全部智慧，也能透視大千世界的一切現象的本質，擁有無上的智慧。因此，釋迦牟尼佛在《金剛經》中宣稱：「當知是經義不可思議，果報亦不可思議。」

【歷代推崇】

《金剛經》雖然出自古印度，但它的中文譯本在中國卻影響極大，從古到今，從佛教界到世俗社會，從皇室到尋常百姓家，都非常推崇這部人類最偉大的智慧經典。

1．歷代注疏

《金剛經》傳入中國後，深受佛界歡迎，歷代研習不衰，流通甚盛。各類注、釋、論、頌、疏、記、解、述多不勝舉。

除了早期鳩摩羅什、僧肇等人的注釋外，後來較為著名的有隋代智顗的《金剛般若經疏》，吉藏的《金剛般若經義疏》，唐代智儼的《金剛般若經略疏》，窺基的《金剛般若論會釋》、《金剛般若經贊述》，義淨的《略明般若末後一頌贊述》，宗密的《金剛經疏論纂要》、慧能的《金剛經解意》（亦名《金剛經六祖口訣》）。據慧能說，唐初時已有八百餘家注疏。

宋代又出現了數十家注疏，著名的有子璿《金剛經纂要刊定記》，柏庭善月的《金剛般若波羅蜜經會解》等。

明清又有50餘家注，著名的有宗泐、如玘同注的《金剛經注解》、元賢的《金剛經略疏》、智旭的《金剛經破空論》、《金剛經觀心釋》，德清的《金剛經決疑》、曾鳳儀的《金剛經宗通》、清代通理的《金剛新眼疏經偈合釋》等。

近現代以來，最少又出現了20多家注釋，其中著名的有印光法師的《金剛經研究》、江味農居士的《金剛經講義》、王恩洋居士的《金剛經釋論》、太虛法師的《金剛經講錄》和《能斷金剛般若波羅蜜多經釋》、圓英法師的《金剛經講義》等。

總之，在長達一千五百多年的歷史中，各代所出《金剛經》注釋總數近千家，成為所有佛經注釋之冠。

2．各宗奉習

《金剛經》在中國的盛行不僅表現在歷代高僧的競相翻譯注釋上，而且表現在各大宗派的普遍尊奉習誦上。

三論宗專弘般若學，故而特別推崇《金剛經》。該宗創始人隋代吉藏曾稱揚此經曰：「非雲非雨德潤四生，非日非月照明三界。統萬行若滄海之納眾流，蕩紛異若冬霜之凋百草。」吉藏的三論學說體系與《金剛經》的般若思想有明顯的理論淵源關係。他所著的《金剛經義疏》六卷，為諸多注釋中最詳明懇切的一種。

天臺宗重《金剛經》在於該宗的義理多以般若為基礎。天臺創始人隋代智顗著有《金剛經疏》，文雖簡略，但天臺與《金剛經》之瓜葛於中昭然若揭。明代天臺宗僧人智旭曾撰《金剛經破空論》、《金剛經觀心釋》，直接以天臺宗義解釋《金剛經》。

華嚴宗也非常重視《金剛經》。華嚴二祖智儼在所著《金剛經略疏》中說：「金剛般若波羅蜜經者，蓋是實智之美稱，真德之通號。宗本沖寂，神疑湛一，獨曜幽原，圓明等覺。含暉至郎而泯於分別；冥津玄曠而隱於緣數。斯乃真可謂眾生之本際，涅槃之圓旨，因緣之實性，法界之說府。」華嚴五祖宗密從諸多《金剛經》注釋中「撮掇精英，黜逐浮偽」，著成《金剛經疏論纂要》3卷。另外，屬華嚴一系的還有宋代的子璿、明代的德清、清代的通理等人的《金剛經》釋義著作。

《金剛經》是一部空宗經典，但屬於有宗的法相宗也很推崇《金剛經》。法相宗創始人之一的窺基著有《金剛經贊述》4卷，《金剛般若論會釋》3卷。此作直接繼承了印度大乘瑜伽行派學者無著、世親的《金剛經》論釋，並對其做進一步的合解、融通和發揮。在法相宗內，還有唐釋知恩撰的《金剛般若經義記》2卷，唐釋曇曠撰的《金剛般若經旨贊》等。

在中國佛教八大宗派中，與《金剛經》關係最密切的還要算禪宗。

禪宗自北魏時代南印高僧菩提達摩在嵩山少林寺開創，經二祖慧可、三祖僧璨至唐初的四祖道信一直奉《楞伽經》為印證。四祖道信時已開始參以般若法門。至五祖弘忍則直接以《金剛經》為心印。他在黃梅雙峰山東的馮墓山傳法40多年，聚徒眾多，常勸僧俗持誦《金剛經》，並以其非相無住理論教導徒眾。

禪宗六祖慧能更是因聽聞《金剛經》而一念開悟，所以禪宗在慧能時代更加推崇《金剛經》。慧能說：「若欲入甚深法界入般若三昧者，直須修般若行，但持《金剛般若經》一卷，即得見性入般若三昧。」

近代以來，該經仍被廣為持誦。龜山白衣王恩洋居士曾說：「此經流傳世間最為遍廣，上自儒宗學士，下自走卒販夫，若比丘、比丘尼、優婆塞、優婆夷，乃至皇壇道士，無不持誦是經。」直到今天，《金剛經》仍為廣大佛教徒所普遍習誦奉持，各種形式的經本、經注廣泛流傳於各地寺廟和居士中間。

3．帝王推崇

《金剛經》也為歷代統治者所推崇。羅什首次攜此經進入內地，在很大程度上得力於前後秦皇帝的發兵邀請。第一個漢文本的誕生也是在後秦皇帝姚興的「甚見優寵」，甚至直接參與下譯出的。

南朝梁時，昭明太子對《金剛經》進行研究，科判為三十二分，從而出現了至今仍然十分盛行的三十二分本。當時江南有大居士名傅翕，自號「善慧大士」，人稱「傅大士」，信佛極為虔誠，精通三教典籍。因其孤傲清高，群臣很是不滿，但虔信佛教的梁武帝卻力排眾議，遣使迎入宮內，請其講《金剛經》。但大士剛一升座，便揮案一拍，隨即下座，梁武帝愕然。寶志和尚告其大士講經已畢，後來再請講，大士索板升座，歌四十九頌便去。梁武帝遂題大士此頌於荊州寺四層閣上。《金剛經頌》歷史上名氣極大，惜後世多有假託附會之處，傅大士原旨頗有湮沒。

唐太宗對《金剛經》也十分欣賞。據《慈恩傳》記載，唐太宗曾專門就《金剛經》譯文的完備與否詢問過玄奘。玄奘回答說：鳩摩羅什譯本就標題看缺少「能斷」二字；就內容來看缺少「云何住、云何修行、云何攝服其心」三個問題的第二個問題；在兩個頌中缺少後一頌；在說明一切有為法性空假有的九喻中缺少三喻。針對這種情況，太宗讓玄奘根據帶回的梵本重新翻譯。玄奘譯成後，直接呈奉太宗，太宗立即將新譯本發布全國。

唐玄宗為推行三教並重政策，在各教中選出一部最具代表性的經典親自注釋後頒布全國，其於儒教選的是《孝經》，於道教選的是《老子》，於佛教選的就是《金剛經》。他在注序中對《金剛經》的般若義理大加稱揚，讚其「皆眾妙門，可不美歟！」認為注釋此經即可起到「弘獎風教」之作用。該注完成後，立即受到廣大僧眾的熱烈歡迎，連連提出「表請」、「表賀」，文武百官在都城舉行隆重的接經儀式，佛寺裏也「設齋慶贊」。與此同時，又頒賜天下各館，精寫入藏，以圖永恆。現已在北京房山石經中發現了昔日的玄宗釋文。這是距京師千里之外的幽州百姓於注經後的七八年內刻就的，由此足見玄宗注釋在當時影響之大和流傳之廣。那時長安青龍寺有一高僧名道氤，深通內外經論，玄宗朝應進士科，一舉擢第。出家後奉玄宗敕撰《禦注金剛經宣演》3卷，根據玄宗注義而敷宣其意，繹演其文。因假帝威，此作格外盛行，人稱「青龍疏」，前往寺內聽講者常有數千人之多，一時間風靡神州。

明太祖洪武十年（一三七七年），下詔令禪宗太師宗泐、如玘為《金剛經》及《楞伽》、《心經》三經做注，頒行天下。

明成祖朱棣的《金剛經集注》更為有名，古今盛傳不衰。在書中他高度評價《金剛經》說：「是經也，發三乘之奧旨，啟萬法之玄微，論不空之空，見無相之相，指明虛妄，即夢幻泡影而可知；推極根源，與我人眾壽而可見。誠諸佛傳心之祕，大乘闡道之宗；而群生明心見性之機括也。」如來所說此經，「大開方便，俾解粘而釋縛，咸滌垢以離塵，出生死途，登菩提岸，轉癡迷為智慧，去昏暗即光明。」所以，「是經之功德廣矣，大矣！」

4．世俗傳誦

《金剛經》亦備受世俗社會之禮待，尤其是唐宋以後，皇家屢發敕令，頒經於天下，以使萬民傳誦，永消災禍。在官方的大力提倡下，《金剛經》幾乎成為一般民眾的倫理教科書，幾乎是無家不有，無人不讀，其普及之處，家曉戶喻。

與此同時，社會上的善男信女們廣泛宣傳《金剛經》的神奇效用，《金剛經持驗記》、《金剛經靈感錄》、《金剛證果》、《金剛靈驗》、《金剛果報》及《報應記》、《感應記》等冊子大量出現。人們相信，一些久治不癒的痼疾因受持《金剛經》而解除，貧賤之人因受持《金剛經》而升官發財，甚至因為誦經還可以死裏逃生，還陽復活，猛獸不傷，罡風不能壞，大水不能沒，山崩不能傷，久餓不得死，百矢不能擊；還可使啞者復音，盲者復明，求壽得壽，求子得子，迷途還家，為官標率，善根不滅。這些靈驗故事大多為增福延壽、排憂解難、往生薦亡等個人福慧內容，同時也有表現降敵防盜、為政清廉、和善愛人等社會生活方面良好願望的內容。

【海外流播】

佛教的「老家」在印度，佛教經典《金剛經》當然最早出自印度。所以，要探討《金剛經》在中國境外的傳播情況，其重點應放在它的「老家」印度。

《金剛經》是印度佛教發展變化的產物，在其產生後的三、四百年間，《金剛經》的傳播主要在古代印度的範圍之內。由於該經言簡意賅地闡述了大乘佛教般若思想的核心內容，而這種思想正好順應了當時的社會，體現了佛教理論體系的邏輯發展，並構成整個大乘佛教的理論基礎，所以自其登上佛學舞臺後便迅速流傳，影響日益擴大。

早期，由於大乘佛教被正統佛教視為「非佛所說」，所以，《金剛經》只是在信奉般若經的人群中流傳。後來，隨著大乘勢的增強及其在印度佛教中統治地位的確立，《金剛經》便在廣大範圍內傳播開來。除了口耳相傳外，許多人開始為其造頌做論。

現存最早的論是西元三四世紀時彌勒所做的《金剛般若經論》。到西元四、五世紀時，著名的大乘學者無著、世親兄弟二人又相繼為《金剛經》做釋。無著的注釋名《金剛般若經論》，此外他還做了頌，名《能斷金剛般若波羅蜜多經論頌》。世親注釋有北魏菩提流支漢譯的《金剛般若經論》3卷及唐代義淨異譯的《能斷金剛般若波羅蜜多經論釋》3卷（只存漢譯本）。該書對其兄的論頌做了進一步的注疏，以「二十七疑」明經義，更具獨到之處。論釋中認為，《金剛經》共有二十七個主題，實際包括了般若的主要思想。此後，金剛仙又造《金剛仙論》，對世親的《金剛般若論》再做注釋。

除上述瑜伽行派的注疏外，中觀系的功德施菩薩也曾造《金剛般若波羅蜜經破取著不壞假名論》2卷。該論站在大乘中觀學派的立場上，用真、俗二諦理論解釋《金剛經》，正如論末之頌所言：「我今功德施，為破諸迷取，開於中觀門，略述此經義。願諸眾生類，見聞若受持，照真不壞俗，明瞭心無礙。」（《大正藏》卷25）

西元八世紀時，印度著名的中觀瑜伽行派學者蓮花戒也為《金剛經》做過注，現只存藏文譯本。該注將《金剛經》的內容分為十八點加以論述，竭力調和無著的修行階段論和中觀派的解釋。

印度大乘佛教分為中觀學派和瑜伽行派兩大體系。上述《金剛經》注釋中屬兩大派者皆有，其中多數為非常著名的大乘學者，這充分說明了該經在印度佛教中的顯要地位及流傳普及的廣泛性。

《金剛經》梵文本在中國、巴基斯坦、中亞等地都有發現，中國吐魯番等地並有和闐、粟特等文字的譯本出土。

《金剛經》由印度傳入中國後，又由中國傳入日本、朝鮮、越南等地。歷史上這些地區的《金剛經》一般都是漢文譯本，尤其是羅什的譯本。日本歷史上的許多民間故事均涉及《金剛經》，還曾出現以《金剛經》命名的詩歌。近代以來，隨著佛教在歐美各國的傳播，及西方佛學研究的進展，《金剛經》也傳到這些地區。

《金剛經》傳入西方後曾被譯成多種文字，一八三七年修彌篤根據藏譯首次譯成德文，一八八一年馬克斯·繆勒將漢文、日文及藏文譯本加以校訂，譯成英文，收入《東方聖書》第49卷。一九五七年愛德華·康芝又再次譯成英文，收入《羅馬東方叢書》第8卷。達爾杜根據梵文並對照中國滿文譯本，譯為法文。

近年來，國際上的《金剛經》研究也較盛行，其中日本學者的研究最為著名。

乙 智慧精華

【能斷金剛破「二障」】

釋迦牟尼說法，目的是為眾生指示解脫的法門。求解脫即是從此脫離輪迴，不再參與生死流轉。要達到這個目的，必須擺脫眾生的劣根性——執著。

所謂執著，即是堅持著一個概念，牢牢不放。例如「自我」，一切有情眾生無不以自我為中心，由此出發，去判別事物的是非利害。

佛教認為，執著有兩種，一為「我執」，一為「法執」。

「我執」即是對自我的執著。對一切有形或無形的事物，在概念上均加以堅持，也可視為我執。例如認為有造物主，便是執著於一無形事物的概念。

至於「法執」，一般指對哲理、原則等概念的堅持。即使是佛家所說的哲理原則，倘若堅持其概念，亦同樣犯錯。

為什麼呢？釋迦牟尼在《金剛經》中舉過一個很精闢的例子，如人乘木筏渡河，既渡至彼岸，便應將木筏捨棄，不應背著木筏來繼續上路。佛祖所說的一切法門，其作用無非等於木筏，令眾生藉此解脫，是故若執著於法，即是捨本逐末只知欣賞木筏，卻可能因此忘記了渡生死海至解脫岸的目的。

《金剛經》的經題，唐朝玄奘法師譯為《能斷金剛般若波羅蜜經》「能斷」二字，大有深意。

釋迦牟尼說般若，主要對象小乘弟子，欲令小乘弟子知緣起，還須知緣起性空。

小乘行人一致承認如來三法印：「諸行無常，諸法無我，寂靜涅槃。」可是他們的承認僅根據自己的理解。對「諸行無常」體會得比較深，事實上，這亦比較容易體認，但對「諸法無我」的體認，見地已各有不同，一般來說，其「無我」的觀念未見徹底，因此釋迦牟尼便說般若來加以匡救。這是「能斷金剛」的第一點。

小乘行人對四諦、十二因緣等法，但知法義，可是卻未能了解法本身亦具空性，因此往往執法為實。為此釋迦牟尼便說般若來加以清除。這是「能斷金剛」的第二點。

第一點針對人，所以叫「人我空」；第二點針對法，所以叫「法我空」。不能「人我空」，則必仍有煩惱，是為解脫道上的「煩惱障」；不能「法我空」，便執所知為真實，是為解脫道上的「所知障」。「能斷金剛」便是斷除這兩種妨礙解脫的障礙的。

小乘行人「煩惱障」較輕，「所知障」較重，因此，本經便以「所知障」作為斷的重點。

從另一角度來看，因未能徹底了解「人我空」，故生種種妄相；未能徹底了解「法我空」，故生種種妄見。因此「能斷金剛」便是斷妄相與斷妄見。

一般人看這個世界，自我固然真實，張三李四亦屬真實，以至花草樹木、日月星辰皆屬真實，這便是執「人我」為實，執妄相為真。他們將世間的知識學問視為真實，這便是執「法我」為實，執妄見為真。一有所執，便不能脫輪迴生死。

佛家這種道理，其實十分深奧，即以世間法而言，亦傾向於積極與進取。世間的每一種事物或知識，只有一個時期的真實，這個時期的真實，會被另一時期的真實代替。能被代替，可見其實非真。然而若就其作用而言，每一時期的真實，卻都有一個時期的作用，因此世界便不斷在進步。

有些人以為佛家斷妄相與斷妄見是消極與虛無，這實在是很大的誤解。甚至我們可以這樣說，若有所執，反而會妨礙世界進步，例如哥白尼提出地球繞日，便要給判火焚，那便是中世紀教會「潔我執」的妄見，使世界倒退。

因此我們可以這樣說，不但執著事物與現象有害，即使執著於世間的哲理，亦屬有害。其實何止這樣，便是對佛法生執著，亦同樣有害。

凡由妄相所生的妄見，統統有害。

因此「能斷金剛」，便是斷妄相與斷妄見。經中說：

「凡所有相，皆是虛妄；若見諸相非相，即見如來。」

這即是斷取妄相，進而則斷取妄見，經中說：

「若人言：如來有所說法，即為謗佛，不能解我所說故。」

連如來說的法都不能執著，一執便成妄見，更何況一切世間的聰慧與哲理，更何況小乘的四諦十二因緣。「煩惱障」即是妄相，「所知障」即是妄見，這兩種虛妄十分難除，惟有用般若觀照然後能斷。

所以「金剛」是用以形容般若，二障堅固，惟有般若的功能鋒利如「金剛寶」才能將之斷除，是故便說為「能斷金剛」——二障惟「金剛般若」才能破除！

本經所說，重在「斷」，這即是它跟其他般若經典不同之處。讀《金剛經》，須先明此義，才知釋迦牟尼於般若十六會中，何以惟於此會不正說般若，只一味遮撥（否定），因為遮撥即是斷，妄相妄見都給否定掉，能起妄相妄見的妄心，便自然清淨。現證了知一切虛妄的清淨心，便是般若智。

大乘斷二障說法，實令小乘行人驚怖。為什麼連釋迦牟尼所說的法都不應執著呢？為什麼連成佛這個概念都不能堅持呢？如是種種疑問，都應該向小乘行人解釋，此經即負起這種釋疑的任務。讀《金剛經》必須先了解這點，然後才能領會經旨。

【二道五菩提】

對於《金剛經》的理解歷來也是不盡相同的，印順法師講解《金剛經》時將全經的精華，概括為「二道五菩提」。能掌握此二道五菩提，就會理解本經中須菩提與佛陀二問二答的精義，以及全部經文的次第脈絡。

二道——即般若道和方便道

⑴**般若道**，是說明從初發心到入道見道的事，這一階段以自利為主，重在如何通達諸法的性空之理。

⑴**方便道**，是說明從見道一直到達佛果的事，這一階段以利他為主，重在如何運用方便渡化眾生。

以方便來修般若，修到圓滿時，也叫無上菩提，故般若也叫菩提。如果從菩提上講，修此二道的過程也是修五種菩提的過程。

五種菩提——即發心菩提、伏心菩提、明心菩提、出到菩提和究竟菩提——

⑴**發心菩提**，是凡夫於生死中，初發上求佛道，下化眾生的大心，即發阿耨多羅三藐三菩提心，重在發願，屬於十信位。

⑵**伏心菩提**，是菩薩發心以後，依願力去修行，從六度中漸漸降伏煩惱，與空相應，重在行持，屬於三賢位。

(3)**明心菩提**，是折伏煩惱以後，進而修習止觀，以般若來證悟實相，重在證悟，屬於初地至七地的果位。

以上這三種菩提屬於般若道，是趣向菩提道中，由凡入聖的三個階段，發的都是世俗菩提心，重在證悟，但這時所得的聖果尚未圓滿，還要繼續修行。

(4)**出到菩提**，發勝義菩提心得無生法忍以後，從此漸漸莊嚴佛土，成熟眾生，漸漸出離三界，到達究竟圓滿的果位，屬於八地至十地的行果。

(5)**究竟菩提**，究竟斷除煩惱習氣，自利利他究竟，圓滿證得無上正等菩提，此是如來果位。

以上這兩種菩提屬於方便道，這是趣向佛果自利而利他的兩個階段，發的都是勝義菩提心，所證得的果位是究竟圓滿的佛果。

【般若妙慧在日常】

《金剛經》一開始是一段釋迦牟尼日常生活的紀錄——

「爾時，世尊食時，著衣持缽，入舍衛大城乞食，於其城中次第乞已，還至本處。飯食訖，收衣缽，洗足已，敷座而坐。」

這一段日常生活，應該是佛祖每天的生活程式，也許在每次說法前都是一樣的，可是為什麼別的經中都不記，單單在《金剛經》中記了這麼一段？「爾時，世尊食時」，可以看出佛陀吃飯有一定的時候，想想生活在我們這個時代的人，連家庭主婦，中午，晚上，有時甚至於早餐，時時都有應酬，哪裡有個一定的時間用餐！再看佛陀每天著衣持缽，入城乞食，這是佛陀的戒律。去乞食要穿上整齊有禮貌的衣服，要有威儀。佛祖說《金剛經》的時候，已是六、七十歲的人了，身邊有很多的弟子，他還是每天親自拿著笨重的缽盂去乞食，而且他入舍衛大城乞食，是依家而乞，並沒有挑選，到皇宮乞食如此，到貧窮人家乞食也是如此。此種的以身作則，不但示範持戒，也示範修福。像這種表率又有幾個人能夠做得到呢？

出家人乞食是為了讓眾生有佈施的機會。因為供養有道德有智慧的人，是種福田，是可以得福報善因的。讓人有得福報的機會，這個舉動，本身即是修福。所以佛制乞食，是使出家人有持戒修福的機會，意義極為深遠。

不分貧富，依家乞食，是培養平等心，沒有分別心，所以遵守這個戒律，不但是持戒，並能攝慧。再看經文——「次第乞已，還至本處，飯食訖，收衣缽，洗足已，敷座而坐」，都是有條不亂，多麼安詳莊嚴。吃完飯，收了衣缽，洗了足，馬上就敷座而坐。

想想當今的許多人，吃飯時，常常是這個菜好，那個菜不好；不但吃完飯後很少能靜得下來，連在吃飯的時候，也是一邊吃，一邊看電視，看報紙，轉念頭，談生意，或者生氣發火，何嘗有一刻是真正靜下來的，更不必談入定了。

所以這一段佛陀日常生活的敍述，實在勝過千言萬語，我們如果能常常以佛陀的行住坐臥作日常生活的榜樣，可以說不辜負佛陀的一片苦心。

《金剛經》開篇段描述，除上述含義之外，也給我們另一個更重要的啟示，這個啟示就是我們所讀的這部般若妙慧，是脫離不了日常生活，是不應該和日常生活分開的，是要我們在日常生活中，隨時隨處體會和實踐般若妙理，這才是真正向佛陀學習。

佛陀的弟子須菩提那天是忽然領悟佛陀的著衣持缽，入城乞食，乃至敷座而坐，原來是在示範般若的最深道理。他並不用語言，可是卻教導了他的弟子們不取相、不取法相、不取非法相的般若妙理。正因須菩提領悟了這點，所以他急急從座而起，讚歎佛陀說：「稀有！世尊！如來善護念諸菩薩，善咐囑諸菩薩。」

這段經文，不僅記錄所以有這一次金剛般若說法的直接因緣，也顯示了金剛般若的基本教義。所以研讀《金剛經》，要好好地把握這段經文，不要把它忽略過去。

天皇道悟禪師的一個大徒弟，是禪宗上曹洞宗的法祖，跟禪師辭行時，說：

「我來了這麼久，你也不教我，我跟你告別了！」

師說：「你都來了這麼久，我沒有教你嗎？」

徒弟說：「我端茶遞水，給你揉背啊、洗衣啊！但你從來沒教過我佛法。」「是嗎？你端茶來，我就拿過茶喝；你送杯子來，我就接過杯子；你磕頭，我就合掌還禮。你還要我教你什麼呢？」

跟他辭行的徒弟一聽，豁然大悟！

然後追問一句：「那麼平常人也這樣子，為什麼他不能夠開悟呢？」

禪師說：「平常人食時千般計較，睡時萬般思量，不肯安歇啊！」

所以千般計較，萬般思量，那就已經不是了。所以佛陀在後來回答須菩提「發阿耨多羅三藐三菩提心者，應云何住，云何降服其心」的提問時，說：「應如是住，如是降服其心」，「如是」就是像我這樣食時，著衣持缽，次第乞已，還至本處，飯食已訖，當願眾生，禪悅為食，法喜充滿。

《金剛經》中說：「一切世間法皆是佛法。」一般若妙慧裏都存在，不是只在高高的山頂上，也不是在虛空中，更不是在山洞裏面，而應在日常的行住坐臥之中體會般若。正因為如此，禪宗的馬祖道一說，平常心就是道。

《金剛經》開篇的這段釋迦牟尼佛祖日常生活的紀錄，對我們最直接的啟示是，要保持一顆平常心，在日常生活中修行。

【一切有為法，如夢幻泡影】

《金剛經》是——「一切諸佛及諸佛阿耨多羅三藐三菩提法，皆從此經出」的大乘成佛寶典，而此成佛寶典中，釋迦牟尼佛所說的最後一個偈子是——

> 一切有爲法，如夢幻泡影。
> 如露亦如電，應作如是觀。

佛在涅槃時諄諄告誡弟子要依「四念處」住，四念處是三十七菩提分法中的一部分，即「觀身不淨，觀受是苦，觀心無常，觀法無我。」依四念處而觀，名為正觀；依四念處而住，名為正住。正觀正住，便能解脫自在。

《金剛經》中，佛陀又說「如是觀」，即用智慧般若觀照：「一切有為法，如夢幻泡影，如露亦如電。」這就更為具體、更為直截了當地進一步說明：凡屬有生、有滅、有造作、有形相的，皆屬「有為法」，當然四念處中的「身、受、心、法」以及「貪、嗔、癡」等亦不例外，仍屬「有為法」。而此有為法，不真實，無體性，如夢境，如幻化，如朝露，如電光，有而非真，了不可得。

一個人，如能依如是大乘經論所說的正理如實參悟，以般若觀照來對治無明煩惱，對治貪欲執著，則自能於日常的現實生活中，視聽言動內，無掛無礙，而超然解脫，得阿耨多羅三藐三菩提，終成佛果。

為什麼觀「一切有為法，如夢幻泡影，如露亦如電」，便能自在解脫而成就佛果呢？其原因在於，「作如是觀」，即是明瞭非有非空的中道實相，遠離邊見。

《大智度論》云：「離諸言語，滅諸心行，從本以來，無生無滅，如涅槃相。一切諸法，相亦如是，是名諸法實相。」實相者，即是諸法的真實相，也就是一切諸法皆從緣生，有相無體，如夢如幻之相，是為諸法的真實相。

但是凡夫不通達諸法有相無體、如夢如幻之理，於是執無體為有體，執假相為真實，從而便生倒想邪見，有此倒想邪見，自會起惑造業，由業流轉三界，不得出離。佛陀為破此倒想邪見，故一針見血地道出一切諸法的真實相，而說「一切有為法，如夢幻泡影，如露亦如電。」

為何如夢幻泡影即是諸法的中道實相呢？原因是：宇宙萬有一切諸法皆是眾因緣所生，相如夢幻，性自空寂，這種相有體無、如夢幻泡影的道理，是推之世出世間而皆准，驗之染淨諸法而皆然的絕對真理，過去諸法如是，現在諸法如是，未來諸法亦復如是，諸佛出世如是，諸佛不出世亦復如是。這種萬古不變的永恆真理，唯識宗稱為「真如」。真如者，它是不顛倒的、真實不虛的道理。

佛陀教導弟子觀一切有為法如夢幻泡影，也就是教人用智慧體證真如。因為宇宙萬法無有實體，只有幻相，而此幻相既不表無，又不表有。若說是有，但諸法只有幻相，除此幻相之外，其中再也找不到一個固定不變、有體性的法可得，所以幻相又不是實有。若說是無，但諸法還有幻相，還有因果，所以幻相又不是絕對的空無。

這恰與《心經》所說「色不異空（色空不二），空不異色（空色一如），色即是空（色在空中），空即是色（空在色內）」的道理是完全一致的。若通達此理，自能求證無為於有為之中，求見有為於無為之內，相上見性，有上觀空，即於世間而得出世。反之，如果認為離開夢幻泡影的假象，而另有一真常不變的真如，那就大錯特錯了。

如果通達染淨諸法皆是因緣所生，生如夢幻，實無所生；滅如夢幻，實無所滅，無生無滅，本來寂靜，自性涅槃，這樣自能遠離我、法執著，而當下便是般若智慧，實證真如法性。反之，如果大迷不覺，不通達一切諸法是因緣所生，如夢幻泡影的道理，而錯誤地執幻生之法為實生，執幻滅之法為實滅，執有實在的生滅法，而永遠不能證得無生法忍，這樣當下便見有生有滅的有為法。

為何佛陀沒有直接教人觀無為法，而要教人觀有為法如夢幻泡影呢？這是因為凡夫執夢幻泡影的緣生法為實有，便成有為法；聖者通達有為法如夢幻泡影，不是真實的有為法，這樣有為法便成了無為法。

《瑜伽師地論．真實義品》云：「不於實無起增益執，不於實有起損減執，不增不減，不取不捨，如實了知如實真如離言自性，如是名為善取空者。」只有遠離主觀上的一切分別執著，才能如實通達「善取空」義。通達善取空義，也就是要於常常時、於恒恒時，力觀「一切有為法，如夢幻泡影，如露亦如電。」

此中「夢、幻、影」三喻，顯諸法相有體無，有而非真；「泡、露、電」三喻，顯諸法剎那生滅，無常變化。人們若執夢幻泡影的有為法為真實有，這就是見相昧性的凡夫，則屬「增益執」；若執夢幻泡影的有為法是空無所有，連幻相也否認其存在，這就是見性昧相的惡取空者，則屬「損減執」。增益損減二邊皆與中道實相不相契合。佛陀為破此兩邊的分別執著，故特用夢幻等六喻以直顯諸法的中道實相。因為諸法有相，學人即應不捨幻生，狠抓因果，常起大悲，以廣渡無邊眾生，這就是彌勒大論所說「有即如實知有」，以遠離斷滅頑空的「損減執」。同時又了達諸法雖有幻相，但無實體，雖常起大悲渡化眾生，而心不取相，如如不動，這就是彌勒大論所說「空即如實知空」，以遠離諸法實有的「增益執」。二執盡遣，自然行契中道，而與諸法實相相契合。

若修行者對此道理能部分通達，便是賢者；對此道理能徹底通達，便是聖人。《金剛經》中說：「一切賢聖，皆以無為法而有差別。」所以觀有為法如夢如幻，即是觀法非有非空的中道實相。

【說法者，無法可說】

在《金剛經》，釋迦牟尼佛多次提到，他自己由為於法一無所得，才得成佛果，如「實無有法如來得阿耨多羅三藐三菩提」，「實無有法，佛得阿耨多羅三藐三菩提」，「我於阿耨多羅乃至無有少法可得，是名阿耨多羅三藐三菩提」，他反覆告誡須菩提，不能拘泥、執著於他所說的法，「汝等比丘知我說法，如筏喻者，法尚應捨，何況非法」，「不取於相，如如不動」，甚至他明確告訴須菩提：

「須菩提，汝勿謂如來作是念，我當有所說法。莫作是念。何以故？若人言：如來有所說法，即為謗佛，不能解我所說故。須菩提，說法者，無法可說，是名說法。」

佛祖囑咐須菩提：你千萬不要認為佛在這個世界上說了法——事實上，釋迦牟尼從三十五歲悟道後就開始說法，八十多歲入涅槃，說了四十多年，他這裏都一概否認了。「莫作是念」，千萬不要有這個觀念，認為我說過佛法，「何以故？」什麼理由？假使有人說如來有所說法，真正說過某一種法，「即為謗佛」，是在誹謗。

佛陀給眾生說過念佛法門，說過修止觀，教導眾生修戒、定、慧，所謂三十七道品，說般若，說法相，說唯識，都是他說的。但是此時他卻說，如果有人講我有所說法，即為謗佛，就是譭謗他。什麼理由呢？「不能解我所說故。」因為這個人雖然學了佛法，聽了佛法，但他不能理解我所說的佛法，他沒有懂，所以才說我有所說法。

「說法者。無法可說。是名說法。」

真正的佛法，佛用一句話說完了，就是不可思議。後世到了禪宗，講釋迦牟尼佛在靈山會上，有一天上座說法，弟子們都等他講，等了半天他沒有說話，忽然抓起面前講臺上一朵花一轉，大家也不曉得他是什麼意思，誰都不懂，只有他的大弟子迦葉尊者，破顏微笑。佛看到了後，說：「我有正法眼藏，涅槃妙心，實相無相，不立文字，微妙法門，付於摩訶迦葉。」因為迦葉懂了。這便是禪宗的開始。

佛祖拈花迦葉微笑，到底是什麼意思？這正表示「說法者無法可說」，沒有一個固定的形態來表達。真正佛法到了最後是不可說不可說，不可思議；說出來都非第一義，都是第二義。

無上妙法本來不可說，所以佛在菩提樹下悟道以後，馬上要入涅槃，就要走了。本來他打算什麼都不想講。根據經典的記載，那時帝釋天人都下來向他跪著請求，你老人家不能這樣就走啊！你多生多世發大願，說大澈大悟之後要渡眾生，現在你大澈大悟證道了，你反而要走，不管大家，這個不行啊！

佛回答了一句什麼話呢？《華嚴經》、《法華經》上都有記載——

「止。止。我法妙難思。」

這句話就是《金剛經》的含義了。他連續兩個字，止，止，就是說你停止，你停止，我證得的法，說了你們也不懂。「止」這個字，也告訴了你一念不生全體現。止，一切妄念不生，一切煩惱不起，萬法皆空，定在這裏，然後你可以懂佛法了。所以說；「止。止。我法妙難思。」

由於此心難止，此心止不了，所以一切戒、定、慧，六度萬行，就都從此而建立，從此而發生。所以所有的說法，都是方便；換句話說，佛經三藏十二部所說的也都是教育法。教育法只限於教育法，教育的目的是使你懂得那個東西，如果抓住老師的教育法當成學問就錯了。

「說法者，無法可說，是名說法」的道理，其他佛教經典中也常常講道，如《法華經》中云：「諸法寂滅相，不可以言宣。」《維摩詰經・入不二法門品》中文殊師利云：「於一切法，無言無說，無示無識，離諸問答，是為菩薩入不二法門。」

這就更進一步說明諸法的真實相是不可言說、不可問答表示的，只有用般若智慧去體悟實證，所以維摩居士於《不二法門品》末對眾菩薩問怎樣才能入不二法門時，卻默然不語，以顯示入不二法門只能用般若智慧實證現觀，故後賢有「維摩一默語如雷，驚得文殊歎善哉」的讚語。這就是觀有為諸法如夢幻泡影，自能言亡慮絕，生起真實智慧，而見性開悟。

又如達摩祖師在東土欲返西域時，便命門人各各道來所悟佛法大意。當時祖師門人道副便說：「如我所解，於一切法，不離文字，不執文字，而為道用。」祖云：「汝得吾皮。」比丘尼總持說：「於我所解，一切法如慶喜見阿閦佛，一見不復再見。」祖云：「汝得吾肉。」道育又說：「於我所解，四大本空，五陰非有，於一切法，了不可得。」祖云：「汝得吾骨。」最後慧可默然不語，依位而立。祖云：「汝得吾髓，傳法付衣，為東土二代祖師。」

從這則公案中進一步可以看出，慧可之所以能為達摩印可，而成為東土二代祖師，就是他已言語道斷，心行處滅，親自體證到了法不可說、不可分別的微妙離言的不二境界，這種境界與《中論》所說「諸法實相者，心行言語斷，無生亦無滅，寂滅如涅槃」的道理是一致的。

所以《金剛經》中佛陀告訴發菩提心者應把一切眾生度到無餘涅槃的彼岸去，就在渡化眾生的同時，無我相、人相、眾生相、壽者相；又說要長期心無所住而行於佈施；又說菩薩要無所住而生其心；又說要通達無我，無法才是真實菩薩。因此，真正學佛修行者，只有在度眾生的現實生活中，於常常時、於恒恒時，心常安住在如幻三昧之中，遠離一切分別執著，這樣才能使自他真正同圓種智，共成佛道。

作為一名凡人，覺得釋迦牟尼的這些話太奇特，太難理解，其實他是在告誡世人，他所說的一切法門，都是言語上的引導，真正解脫成佛必須靠修持，由修持來實際體驗

「自性空」的境界。這種境界不可言說，所以釋迦牟尼對弟子不說自己證悟空性時的體驗。就像我們吃糖，無法實際形容吃糖時的感受，頂多說，很甜，或者不很甜，始終說不出自己實際感受的滋味。

《金剛經》對禪宗的啟發最大，所以禪宗的修持最乾淨俐落，只叫你參話頭，當思路陷入死胡同時，參至無可再參，那時便會因偶然的觸發，忽然證得空性，那便叫做「開悟」。

禪宗公案中有許多開悟的故事，所述都只是開悟的過程，並不是開悟的感受。

密宗其實同於禪宗，只不過它安排出許多階段，一步步打基礎，直至最後，依然是修空性。目前世界各地都流行密宗，學密的人，覺得密法很寶貴。倘如知道密法之可貴，只在於它能引導我們修證空性，那態度便正確；若以為密法之可貴，在於它能使我們得世間財、得健康快樂、得本尊加持，那便是執著於法，一有法執，所知障便生，由此墮入妄見，那自然便不能解脫。

因此讀《金剛經》還必須了解，「緣起性空」並非只是理論，而是我們要修持要體認的境界。換而言之，光知道什麼是般若還不夠，一定要親自去證悟那個般若。正如知道什麼是糖還不夠，一定要親自去嘗那糖的滋味。

【無所住行於佈施】

《金剛經》中，釋迦牟尼佛多次提到，發菩提心的人，應「無所住行於佈施」。「佈施」這個詞聽起來很普通，凡是稍稍接觸佛教的人，就知道要佈施，說的再通俗一點就是要捨，向佛寺捐錢、供養法師都是佈施，但這只是佈施的一小部分。佈施的意義，事實上非常廣。

大體而言，佛教提倡的佈施可分為三種：財施、法施和無畏施。

所謂「財施」，就是將你有的資產，包括金錢與其他的物品，舍捐出去，令人得益。從佛法觀點而言，你勸人行財施，或者讚歎他人財施，「隨喜」，這兩種福報也一樣大。如供養佛、供養法、供養僧是財施，因為佛、法、僧能使人得到智慧，得到安慰，離苦得樂。再如捐款給慈善機構、孤兒院、養老院、醫院、佛寺、教堂、圖書館、學校等也是財施，都能令人得益。也許有人會問，我哪裡有那麼多的錢財可以到處佈施？不錯，要知道捨本來是不容易的，唯其難捨能捨，福報才大。

所謂「法施」，嚴格來講，是要將宇宙真理，佛法裏的正知正見，介紹給他人。廣而言之，如助人有機會聽到、談到或看到正知正見的佛書，又如你義務幫忙使法會辦得圓滿，參加的人法喜充滿，也都算是法施。所以法施並不一定要自己精通佛理之後才能做，你替佛教團體流通佛書，幫助正知正見的善知識弘揚佛法，也是法施。再進一步言，教師使學生得到良好的教育；醫生護士為人講解醫學常識，傳授身體的保健；社會服務者給人以適時的安慰，提出善意的建議，使人內心得到寧靜，使家庭和諧，社會安寧，凡此種種，教導宣揚令他人得益，雖說有程度深淺的不同，但都可以說是法施。

所謂「無畏施」，是以大悲心助他人，或其他眾生如畜生野獸等，減少消除其恐怖、憂慮、苦難。所以一般而論，醫生、護士、律師、員警都是施無畏者。

彌勒菩薩在他的《金剛經》頌偈中說了這麼一首偈——

檀義攝於六　資生無畏法
此中一二三　名爲修行住

第一句「檀義攝於六」中的「檀」是梵文Dana的音譯，其意就是佈施。「攝」就是攝受包含，攝於六就是包含了佈施、持戒、忍辱、精進、禪定、般若六種。如何攝呢？偈中的第二和第三句說「資生無畏法，此中一二三」。資生無畏法是三個名詞。資是資產，「資生」就是供給眾生物質的需要，使其不感缺乏，所以「資生」就是財施；「無畏」是無畏施，「法」是法施。

所以「資生無畏法」就是財施、無畏施、法施三種佈施。

「此中一二三」是說明財施、無畏施、法施是和佈施、持戒、忍辱、精進、禪定、般若這六種法門是相互攝受的。這六種法門中的第一種，佈施可以攝資生（即財施），所以是一對一。持戒和忍辱也很清楚，一個人如果持戒嚴謹，能忍辱，則不會惱害眾生，也不可能使眾生起恐怖心，可使眾生減少畏懼，這等於檀義中的第二種無畏，所以六種之中的持戒及忍辱，和「資生無畏法」中的第二種「無畏」是相攝的，因此二對二。助人精進修持習禪及教授般若等大乘教義，令生智慧，就等於法施；所以六種之中的精進、禪定、般若三種即和「資生無畏法」中的第三種「法」相攝，三對三。如此一對一、二對二、三對三，偈中簡說為「此中一、二、三」。偈的第四句「名為修行住」，是彌勒菩薩的結論，就是說佈施是我們應該努力修行的法門。

換一個角度，也可以體會到佈施含攝佈施、持戒、忍辱、精進、禪定、般若等六種法門。佈施是捨，捨你喜愛的東西使人得益。持戒是捨，捨貪捨瞋。忍辱是捨，捨瞋。精進是捨，捨懈怠。禪定也是捨，捨去散亂和昏沉。般若當然也是捨，捨癡、捨執著、捨著有著空，也可以說捨兩邊，捨相對。所以佈施、持戒、忍辱、精進、禪定、般若都是捨，也就是說將佈施的意義發揮到極致，可說是包括了一切大乘精髓。

佈施是佛教修行的大法門，所以佛陀在《金剛經》反覆提倡「不住相佈施」。那麼，什麼是「不住相佈施」呢？

要弄明白這個問題，先看看什麼是「住相佈施」。舉例而言，比如汶川大地震，如果你為災區人民捐了五百元，那麼，這就是佈施。但是，如果你老念念不忘，「我為災區捐款了」，「我捐了五百元，比別人多，別人只捐一百元」等等，那麼你的這種佈施就「住相」了，也就是說，你雖然佈施了，但老惦記在心，老執著於這件事。

無住相佈施，應做到在心中無施主、無受主、無施物或施事。施主、受者、施物，或施事，被稱做佈施的「三輪」，無住相佈施，也就是說，佈施時要「三輪體空」。不然的話，就叫著相了，就叫做——「住相佈施」。

中國禪宗有這樣一個故事——

一老一小兩個和尚過河時，恰逢一年輕女子也要過河。但這年輕女子非常膽小，不敢淌過湍急的河水。這時，老和尚毫不遲疑地把這個年輕女子抱起來，抱著她蹚過湍急的河水。當然，小和尚也跟在老和尚身後過了河。三個人過了河之後，那個年輕女子向老和尚辭謝而去，兩個和尚則繼續匆匆趕路。他們走了半天之後，那個小和尚仍然滿懷狐疑地問老和尚：不是說出家人不近女色嗎？你怎麼把那個女子抱著過河呢？老和尚回答說：哦，你說的是那個女子嗎？我早就把她放下了！你還把她抱著嗎？

老和尚抱年輕女子過河，這應屬於無畏佈施。那麼，這一老一少兩個和尚，到底誰著相了？照大乘佛教的教義來看，抱女渡河的老和尚當然沒有著相，因為他是無住無相的；倒是沒有抱那個女子渡河的小和尚心裏一直有住有相，倒是小和尚著相了。

從《金剛經》的教義來看，菩薩的佈施應當是無住相佈施。

風來疏竹，風過而竹不留聲。

雁渡寒潭，雁去而潭不留影。

這是融佛與道於一體的《菜根譚》中的四句小詩。這四句小詩比較形象地描繪了《金剛經》「無住」的境界。在這四句詩文中，心即疏竹，但風過之後，一切無住；心即寒潭，但雁去之後，也是一切無影無蹤，一切無住。

《金剛經》中，為了宣講「無住」這一要義，釋迦牟尼從兩個方面做了解說：一是「應無所住」；二是「如所教住」。

前者講「無住」，後者講「住」，這兩者豈不自相矛盾嗎？

其實，在釋迦牟尼看來，這兩者並不矛盾，而且是完全一致的。

釋迦牟尼所說的「應無所住」，主要指「菩薩於法，應無所住」。也就是指修證大乘菩薩道時，對於一切佛法應處的基本原則都應當是無住無相。在行佈施時，當然也不能例外。因為一有所住，即是住相。這就是違背了修證大乘菩薩道的總原則。至於「如所教住」，則是釋迦牟尼所講的，若要修證大乘菩薩道時，菩薩就應當按照他所教之法而「住」。而釋迦牟尼所說的「住」是什麼呢？那就是「應無所住」、「住無所住」和「住而不住」。因此，他所說的「如所教住」，仍然是「無住」。

無論「應無所住」、「住無所住」，還是「如所教住」，釋迦牟尼宣講的修證大乘菩薩道的總原則就是「無住」。由此說到大乘佛教特別是《金剛經》所宣導的心靈境界、智慧和信仰，並不是一般人通常所理解的「空」。

《金剛經》並不是講空，而是講一種「無所住」或「無住」的境界、智慧和信仰。若勉強要用空的概念表示，則是一種「空靈」境界。所謂空即心境空：心胸若谷，博大開闊，心如大海，心如長空。所謂靈，即心態無住：一切寶貴榮華，功名利祿，世態炎涼，沉浮順逆，或生老病死等塵緣煩惱，都如風來疏竹，雁渡寒潭，都如行雲流水，過眼雲煙，石光電火，即縱即逝。事來則應，過後不留。過後不住，一切無住。

因此，在修行悟道時，若能修證《金剛經》的無住之法，悟得《金剛經》的無住之境，就是證悟到大乘菩薩道的正宗要義。如果證悟到這一正宗要義，你就有了一顆無住之心，你就能證悟到你心中的理想境界和理想信仰，你就能獲得像菩薩那樣覺悟而有情的人生智慧。

丙　智者妙用

【禪宗六祖惠能：聽聞《金剛經》，言下大悟】

禪宗六祖惠能是佛教史上一大奇人。惠能出身微寒，年輕時靠打柴為生。他自稱不識文字，卻是天生利器，對佛經一聞即悟，對各種佛典爛熟於心，解讀經教信手拈來，正所謂「下下人有上上智」（惠能語）是也。惠能拜見弘忍時不過一介樵夫，卻以一首震古鑠今的偈子壓倒博學多聞的神秀，承繼東山法門，且成為中國禪宗開宗立派的一代宗師，真是不可思議。

據各種版本的《壇經》記載，惠能俗姓盧，祖籍范陽（今北京大興），其父名盧行瑫，曾經為官，唐武德三年九月遭貶遷至嶺南。唐貞觀十二年（六三八年），惠能出生於新州（今廣東新興）。據其門徒法海所集《六祖大師緣記外記》，惠能出生後有兩個僧人造訪，聲稱專為安名而來，其父問何以「惠能」為名，僧人解釋說：「惠者，以法惠濟眾生。能者，能做佛事。」

惠能幼年喪父，家境艱難。長大後靠打柴謀生。24歲那年，惠能聞人讀《金剛經》有省，遂安頓好老母，隻身赴湖北黃梅參見五祖弘忍。

《壇經》如此記載——

時有一客買柴，使令送至客店；客收去，惠能得錢，卻出門外，見一客誦經。惠能一聞經語，心即開悟，遂問：「客誦何經？」客曰：「《金剛經》。」復問：「從何所來，持此經典？」客云：「我從蘄州黃梅縣東禪寺來。其寺是五祖忍大師在彼主化，門人一千有餘，我到彼中禮拜，聽受此經。大師常勸僧俗，但持《金剛經》，即自見性，直了成佛。」惠能聞說，宿昔有緣，乃蒙一客，取銀十兩與惠能，令充老母衣糧，教便往黃梅參禮五祖。

五祖弘忍起初不以為意，但惠能一句——「人雖有南北，佛性本無南北」打動了弘忍，五祖就把惠能留下來在寺院中做雜務。

八個月後，弘忍欲傳衣缽，乃讓門下弟子各做一偈。當時眾弟子中神秀上座為眾望所歸，其他人不敢有非分之想。經斟酌再三，神秀在步廊側壁書寫一偈——「身是菩提樹，心如明鏡台。時時勤拂拭，勿使惹塵埃。」

弘忍認為此偈「未見本性」，讓神秀另做一偈。

兩日後，惠能聽一童子誦此偈，也認為「未見本性」，便託人在壁上另書一偈：

「菩提本無樹，
明鏡亦非台。
本來無一物，
何處惹塵埃。」

此偈一出，四眾皆驚。弘忍知是利器，便於當夜為惠能單獨說《金剛經》，惠能言下大悟。

《壇經》中如此記載——

祖以杖擊碓三下而去。惠能即會祖意，三鼓入室。祖以袈裟遮圍，不令人見，爲說《金剛經》。至「應無所住而生其心」，惠能言下大悟，一切萬法，不離自性。遂啓祖言：

「何期自性本自清靜，

何期自性本不生滅，
何期自性本自具足，
何期自性本無動搖，
何期自性能生萬法！」
祖知悟本性，謂惠能曰：「不識本心，學法無益。若識自本心，見自本性，即名丈夫、天人師、佛。」

五祖遂傳衣缽與惠能，囑其到南方待機傳法。惠能領法之後，星夜兼程，發足向南，隱於四會、懷集之間。其間遭惡人尋逐，歷經坎坷，十六年後方至廣州法性寺。其時印宗法師講法，二僧議論風動幡動，惠能言「仁者心動」，印宗遂將惠能請至上座，請教佛法。惠能這時才出示衣缽，印宗為之剃髮，惠能也從「盧居士」變成了「六祖」，正式開壇授法。

這就是《壇經》所講述的六祖惠能的家世、求法、得法、避難、說法的經過。

《壇經》記載惠能不識字，但他對許多佛教經典非常熟悉，他在宣講佛法時時常引經據典，這讓後世許多人對其「不識字」感到懷疑。從惠能的成長經歷來看，其文化程度不高應該是事實。但惠能乃上等根器，對佛法的領悟能力非平常人可比。他能夠在聽人誦經的時候，即領悟其要旨，甚至可以馬上給誦經人講解，比如，給無盡藏尼講解《涅槃經》，給法達講解《法華經》，都是這樣。不識字，在世俗人眼中看來是惠能的劣勢，但在天資聰穎的惠能那裏，劣勢反而成了優勢，他不必像許多學修佛者那樣做一個知解之徒，拘泥於經教，而可以直接契入，頓悟成佛。

弘忍能夠將衣鉢傳給不識字的寺院雜役，而沒有傳給他一直器重且受徒眾信服的神秀，也反映了弘忍大師的魄力。事實證明，弘忍沒有錯，惠能確實是佛門龍象，是東山法門的真正繼承者，中國佛教史也因為惠能的出現，而掀開了新的一頁。

惠能在法性寺受戒以後，在廣、韶二州行化四十餘年，渡人無數。唐代大詩人王維在《六祖能禪師碑銘》中盛讚曰：「既而道德遍覆，名聲普聞。泉館卉服之人，去聖歷劫；塗身穿耳之國，航海窮年，皆願拭目於龍象之姿，忘身於鯨鯢之口，駢立於戶外，趺坐於床前。」可見，惠能在南方已經聲名遠播，影響至東南亞、南亞一帶。

惠能因聽聞《金剛經》而開悟見性，所以他在渡化眾生時，也極力提倡人們去持誦《金剛經》。《壇經》之《般若品》中記載有惠能這樣的一段話——

「善知識，若欲入甚深法界，及般若三昧者，須修般若行。持誦《金剛般若經》，即得見性。當知此經功德無量無邊，經中分明讚歎，莫能具說。此法門是最上乘，為大智人說，為上根人說……若大乘人，若最上乘人，聞說《金剛經》，心開悟解，故知本性自有般若之智，自用智慧，常觀照故，不假文字。」

今天，如果我們想成為擁有無上智慧的上根大智之人，怎能不遵從六祖惠能的開示，持誦《金剛經》呢？

【武則天：妙筆寫就《開經偈》和《云何梵》】

在目前所流通的《金剛經》念誦本中，在經文正文之前，一般有一個《開經偈》和《云何梵》，《開經偈》是一首七言絕句，寫道：

無上甚深微妙法，百千萬劫難遭遇。
我今見聞得受持，願解如來眞實義。

《云何梵》寫道：

云何得長壽，金剛不壞身。
復以何因緣，得大堅固力。
云何於此經，究竟到彼岸。

願佛開微密，廣爲衆生說。

這兩個偈子，在佛教文學方面，稱得上是大手筆。寫這種大文章不能夠寫得輕佻，也不能夠寫得幽默，要很嚴謹恭敬才行。

這兩首偈子的作者是誰呢？不是深山老林裏的高僧大德，不是不染紅塵的菩薩大士，而是中國歷史上曾經君臨天下的一代女皇武則天。

《開經偈》的意思很明顯，大致是說「人身難得，佛法難遇」，既然此生得遇《金剛經》這樣的「無上甚深微妙法」，就要信解受持，以參透如來說此法的「真實義」。

《云何梵》的大致意思是這樣的——

「云何得長壽，金剛不壞身。」如何可以得到清淨、長壽，永生不死呢？究竟怎麼樣才能真正活得長？得到像金剛石那樣的「不壞身」呢？這裏是提問題，換句話說，這個經典本身就是告訴人們，怎麼樣得到生命永恆不滅的那個「本來」。

「復以何因緣，得大堅固力。」大堅固力也是我們人類所希望得到的；但是我們要用什麼辦法，哪一種因緣，才可以得到堅固的力量？人世間的一切都不牢靠、不堅固。壽命也是不堅固的，頂多活一百多年就要走了。家庭、父母、子女、夫婦相聚都不堅固，終歸要分散的。佛經上經常有一句話：聚會必有消散。聚攏的因緣完了，統統要分散。發了財，鈔票來了，終歸有不發財的一天，錢也有消散的一天。權利拿到手，總會有失掉的一天。房子建築起來也總會有毀壞的一天。世界上有沒有一個東西是堅固不破的？這個大堅固力，到底有沒有？到底到哪裡去找呢？

「云何於此經，究竟到彼岸。」研究《金剛經》以後，如何了解其中的法門，如何能夠脫離三界苦海，而達到常樂我淨的極樂世界。

「願佛開微密，廣為眾生說。」這些人生問題，希望佛能打開最微妙祕密的法門，向廣大眾生宣說。

武則天是中國歷史上唯一的女皇，也是一位與佛有緣的皇帝，她在做皇帝前，曾經幾度出入佛寺。她母親楊氏篤信佛教，所以年幼的武則天經常隨母親進香拜佛。14歲時因為姿容超群，被唐太宗李世民召入宮中，立為「才人」。在侍奉唐太宗13年後，太宗駕崩，由於沒有生兒育女，按當時慣例，被送進長安郊外的感業寺剃度落髮為尼。

但是，由於在唐太宗在世時，武則天就與太子李治心心相許，所以李治做了皇帝之後，沒多久，就將武則天召入宮中，寵倖無比。這也為武則天一步一步地奪取最高權力奠定了基礎。

毋庸置疑，武則天很早就接觸過《金剛經》，而且在削髮為尼時一定是天天受持讀誦。對於《金剛經》的「真實意」，天姿聰慧的武則天一定也是悟透了，不然寫不出

「開經偈」、「云何梵」這樣既充滿激情又莊重的文字。她對釋迦牟尼佛的虔誠是真誠的，不然，不管如何做作也寫不出這麼好的、如今仍被僧俗兩界廣為傳誦的偈子。

史家說起武則天信佛，總是從政治的角度看，說她信佛莫過是政治手腕。她為了個人野心，為了當上皇帝，偽造了《大云經》，利用中國傳統的讖緯文化，暗示自己是金輪聖王轉世，應當代唐作皇帝。當了皇帝之後，又把佛家抬得高於道家，還是為了鞏固自己的地位。

然而，從她寫的關於《金剛經》的兩個偈子看，她對佛學、佛法、佛教不只是用其充當政治手腕而已，她無疑是對《金剛經》在內的佛經是下過真功夫的。

後代史家普遍認為武則天崇佛莫過是政治手腕，這裏有很深的文化偏見。中國人習慣認為，所謂崇佛者莫過如梁武帝那樣建廟修塔、崇僧崇尼、燒香磕頭、淫祀濫祭，在行政上則是慈悲為懷，慈善為本。

武則天一生，廟塔建設不少，淫祀濫祭也是有的，但在行政上及作為上絕對不迂腐，當斷必斷，絕不手軟，實事求是，絕不拘泥。她頭腦中沒有什麼固定的框子，一切從實事出發，從國家的大政出發。

從今天看來，她的行政大半都恰到好處，該殺的不姑息，該寬的不殘暴，該獨斷的獨斷，該集思廣益的集思廣益。狄仁傑、諸遂良、姚崇……這些中國歷史上傑出的宰相皆是她發掘出來的，並且都對她五體投地，實在是個奇蹟。

在武則天的手中，中國的政治、經濟、軍事達到了高峰，中國文化也達到高峰。玄奘、慧能、善導、神秀……皆是在她當政的時代產生的佛教大師。

武則天是真懂了《金剛經》的，她的生存行為，就是——「應無所住而生其心」。

武則天生前，讓人在自己身後的陵墓上豎一塊「無字碑」，即不寫一個人。這塊無字碑，至今還矗立在她與李治合葬的乾陵上。對於這塊千古以來絕無僅有的無字碑，後代的文人騷客們有多種解釋和附會，但是如果用《金剛經》來解釋的話，則只三個字——「無所住」。

丁 智語集萃

1. 若菩薩有我相、人相、眾生相、壽者相，即非菩薩。

——如果菩薩心中還存有自我的相狀、他人的相狀、眾生的相狀、時間與壽命長短的相狀，那他就不成其爲眞正的菩薩。

2. 菩薩於法，應無所住，行於佈施。所謂不住色佈施，不住聲、香、味、觸、法佈施。

——菩薩對於萬法，應無所執著，以不執著的心廣行佈施，即不應執著於色相而佈施，不應執著於聲音、香氣、味道、觸覺、意識而進行佈施。

3. 凡所有相，皆是虛妄。若見諸相非相，則見如來。

——一切所有的相狀都是虛妄不實的。若能徹悟一切相狀都是虛妄不實的，那才眞正證見了如來的眞正體性了。

4. 不應取法，不應取非法。

——不應該執取任何法相，也不應執取任何非法相。

5. 汝等比丘，知我說法，如筏喻者。法尚應捨，何況非法。

——諸比丘，你們應該明確，如來所說的一切法，如同渡河要的木筏子一樣，渡過了河，就應該棄筏，而不應背著筏前行。如來所說的法尚且應捨棄，何況那些有違佛法的外道邪說呢？

6. 如來所說法，皆不可取，不可說，非法，非非法。

——如果所說的一切法，皆不可執取，也不能用言語名相去詮釋，它不是佛法，也不是非佛法。

7. 一切聖賢，皆以無為法而有差別。

——一切聖者和賢者，都是因爲在所了知的無爲法方面，因證悟的深淺不同，而有果位高低的差別的。

8. 一切諸佛，及諸佛三藐三菩提法，皆從此經出。

——十方一切諸佛及諸佛所具有的名叫「三藐三菩提」的無上正等正覺，都是從這部《金剛般若波羅蜜經》中產生出來的。

9. 諸菩薩摩訶薩應如是生清淨心，不應住色生心，不應住聲、香、味、觸、法生心，應無所住而生其心。

——一切菩薩和大菩薩都應當這樣生起清淨心：不應該對眼識所見的種種色法生起

執著心，也不應該對聲、香、味、觸、法等種種塵境生起執著心，而應該對一切事物和法相，沒有任何執著地生起清淨心。

10. 離一切諸相，即名諸佛。

——當心眞正沒有任何執著地離一切虛妄相狀的時候，才能稱得上成就諸佛如來。

11. 若心有住，則為非住。

——如果心中有一念的執著，那就不能如佛所說，如理如法地生起「無住」心來。

12. 須菩提，若善男子，善女人於後末世，有受持讀誦此經，所得功德，我若見說者，或有人聞，心則狂亂，狐疑不信。須菩提，當知是經義不可思議，果報亦不可思議。

——須菩提啊！如果有善男子、善女人，在將來的末法時代，受持讀誦這部《金剛般若波羅蜜經》所得到的功德果報，我若一一詳盡列舉，也許有人聽到後會心狂意亂，疑惑不信。須菩提啊，應當知道，這部《金剛般若波羅蜜經》的無上甚深義理是不可思議的，信奉、受持，並讀誦解說這部經典所獲得的果報之巨大，也是不可思議的！

13. 如來所得法，此法無實無虛。

——如來所證得的諸法實相，如果用言語來表達，可以說既非實有，又非虛無。

14. 善男子、善女人發阿耨多羅三藐三菩提心者，當生如是心：「我應滅渡一切眾生，滅渡一切眾生已，而無有一眾生實滅渡者。」

——善男子、善女人，凡發心求取名叫「三藐三菩提」的無上正等正覺者，應當如此生心：「我應當渡化一切眾生，使他們滅盡煩惱，脫離六道輪迴的苦海，而進入無餘涅槃；如此渡化了一切眾生，但實際上沒有一個眾生被我渡脫。」

15. 如來者，即諸法如意。

——所謂如來，即諸法的本來面目，一切諸法體性空寂，無有毫釐差別。

16. 若菩薩通達無、我法者，如來說名真是菩薩。

——如果菩薩能夠透徹領悟我所說，徹底破除我相、破除法相，如來說他才眞正是菩薩。

17. 過去心不可得，現在心不可得，未來心不可得。

——過去的心念是虛妄不實不可得到的，現在的心念也是不可得到的，未來的心念同樣是不可得到的。

18. 若人言，如來有所說法，即為謗佛，不能解我所說故。

——倘若有人說如來有法可說，那他就是在誹謗佛，他不能理解我所說的眞諦。

19. 說法者，無法可說，是名說法。

——所謂的說法，實際上是沒有什麼可說，只是名義上叫做「說法」罷了！

20. 是法平等，無有高下，是名阿耨多羅三藐三菩提。

——佛法是絕對平等的，沒有高低上下的區別，因此上稱其爲正等正覺，大澈大悟。

21. 以無我、無人、無衆生、無壽者，修一切善法，即得阿耨多羅三藐三菩提。

——以不執著於我相、不執著於他人相、不執著於衆生相、不執著於時間壽命相的「無住心」，來修持佛所開示的善法，就能得到名爲「三藐三菩提」的無上正等正覺。

22. 若以色見我，以音聲求我，是人行邪道，不能見如來。

——若想以虛妄的色相見我，以聲音尋求我，這種人是在修持邪魔外道，是不能眞正證見如來的。

23. 發阿耨多羅三藐三菩提心者，於法不說斷滅相。

——發心證悟無上正等正覺的修行者，雖然認爲「諸法無常」不執著於法相，但對於一切法不說「頑空」虛無的斷見。

24. 如來者，無所從來，亦無所去，故名如來。

——所謂如來，就是本來如是，並不是從哪個地方來，也不會到哪個地方去，所以名之曰「如來」。

25. 佛說微塵衆，即非微塵衆，是名微塵衆。

——佛說微塵眾多，並非眞的是微塵眾多，因爲微塵是緣起性空的，只是爲了言說的方便，才名之曰「微塵眾多」。

26. 如來所說三千大千世界，即非世界，是名世界。

——如來所說的三千大千世界，並非眞的是一個三千大千世界，因爲三千大千世界是緣起性空的，只是爲了言說的方便，才叫做「三千大千世界」。

27. 云何為人演說？不取於相，如如不動。

——怎樣給他人演說開示這部《金剛船若波羅蜜經》無上甚深的義理呢？應該不執著和拘泥於這部經的文字表相，不執著於一切法相，而應以般若妙慧，契合於如來所證悟到的眞如法性，不爲一切名相所傾動。

28. 一切有為法，如夢幻泡影，如露亦如電，應作如是觀。

——一切世間的有爲諸法，都是虛妄不實的，皆如夢，如幻，如泡，如影，如露，如電，應當如此去觀照世間的一切。

〈全書終〉

國家圖書館出版品預行編目資料

讀經典4堂課／盧志丹 著　初版，新北市，
新視野 New Vision，2021.07
面；　公分 --
ISBN 978-986-06503-0-3（平裝）
1.推薦書目

012.4　　110006416

讀經典4堂課

作　　者　盧志丹
出　　版　新視野 New Vision
製　　作　新潮社文化事業有限公司
電話 02-8666-5711
傳真 02-8666-5833
E-mail：service@xcsbook.com.tw

印前作業　東豪印刷事業有限公司
印刷作業　福霖印刷有限公司

總 經 銷　聯合發行股份有限公司
新北市新店區寶橋路 235 巷 6 弄 6 號 2F
電話 02-2917-8022
傳真 02-2915-6275

初版一刷　2021 年 07 月